The Impassioned Reason

Political Philosophy as Moral Intervention

钱永祥 —— 著

动情的理性

政治哲学作为道德实践

南京大学出版社

本書中文簡體字版由聯經出版事業公司授權出版，原著作名《動情的理性：政治哲學作為道德實踐》
版权登记号：图字10-2019-386号

图书在版编目（CIP）数据

动情的理性：政治哲学作为道德实践 / 钱永祥著
. — 南京：南京大学出版社，2020.10
ISBN 978-7-305-23105-6

Ⅰ.①动… Ⅱ.①钱… Ⅲ.①政治哲学—研究 Ⅳ.
①D0-02

中国版本图书馆CIP数据核字(2020)第131286号

出版发行 南京大学出版社
社　　址 南京市汉口路22号　　邮　编 210093
出 版 人 金鑫荣

书　　名 动情的理性：政治哲学作为道德实践
著　　者 钱永祥
策 划 人 严搏非
责任编辑 郭艳娟
特约编辑 杨晓琼 王倩蔚

印　　刷 山东临沂新华印刷物流集团有限责任公司
开　　本 880×1240 1/32　印张11.375　字数 237千
版　　次 2020年10月第1版　2020年10月第1次印刷
ISBN 978-7-305-23105-6
定　　价 68.00元

网　　址 http://www.njupco.com
官方微博 http://weibo.com/njupco
官方微信 njupress
销售热线 （025）83594756

目 录

序　言

本书志在探讨政治哲学领域里的一些棘手学术议题。这些议题虽然属于学院中专业的学术研究，不过笔者之所以注意它们，却是源于难以自已的现实关怀。在政治哲学这个领域中，这种学术与实践交织互动的情况并不足以为异。政治哲学密切关注、介入社会生活的现实，即使最抽象的概念分析，其结论也可能“像铁轨的转辙器一样”（韦伯语）影响到无数人的真实生活。何况从事政治哲学的学术工作，思考者必然要时时进行价值立场的厘清与反思，生命的各种安排方式也就不时地呈现在眼前，逼使你去有所认定与有所拒斥。政治哲学其实涉及了“如何进行公共生活”这个问题，而这个问题显然是一种在公共意义上的生命哲学。它的实践面向是很突出而无可回避的。

不过政治哲学的实践意识并不是明朗利落的现成品，等着我们取用；相反，它会随着我们对于身处的历史脉络与时代环境的不同理解，而呈现不同的面貌，从而造成各种政治哲学之间的分歧，有待思考者自行寻索与梳理。笔者在本书中对于政治哲学及其实践意涵的理解，倾向于当代以平等为根本价值的自由主义。在笔者看来，这并不是宣示性地摆出某种立场，而是来自一种认知性兼评价性的判断（因此有其是非对错可言）。在认知层面，笔者认为人类在一路历经无数血腥的教训之后，通过反思与调整逐渐走向了一种崇尚人道与平等的方向；在评价层面，笔者相信这种走向构成了一种“进步”，代表人类的意识（即使实践还远远落在意识后面）在道德意义上走向了一种更好的境界。在笔者的心目中，在今天从事政治哲学的思考，必须先肯定这个大方向，并且设法铺陈这个大方向所呈现、所依据的几项基本的原则（或者说关于公共生活的基本信念）。这些原则包括：

1. 每个个人在现实生活中的命运与遭遇都具有最高的道德分量；

2. 每个个人对自己生活的观点、利益判断与向往是不容轻易抹杀的；

3. 每个个人之间的平等地位是必须尊重的；

4. 政治正当性的终极基础必须来自共同体的成员自主的认可。

政治哲学的职责，便是证明这些原则在认知的层面上具有明确的内容与理据，在评价层面上则体现了一些不容回避的价值。人类懔于历史上充斥着的杀戮、残酷、压迫、剥削与歧视，不得不标举这几项关键的道德原则，避免再蹈覆辙。平等主义的自由主义，比较完整、自觉地表现了这些关于历史脉络与时代环境的判断。本书的学术取向与实践意图，便是由这些判断所引导、促成的。

用这种方式去理解今天的时代状况与政治哲学的处境，当然只是众多的可能理解方式中的一种。针对今天——特别是在中文世界——的历史脉络与时代环境，不少人提出了大异其趣的理解与判断，从而发展出与自由主义大相径庭的——甚至于根本否定自由主义所推许、珍惜的一些价值的——政治哲学。这种情形不足为奇："只要人类的理性会犯错误，只要人类拥有自由去使用理性，就会出现不同的意见。"[1]一如哲学有传统却没有正统；政治哲学同样有其传统可言，其间却并没有一个正统来规定政治哲学一定要设定什么价值或者原则，一定要遵循哪一种典范。不过，虽然大家对于时代的处境会有不同的诠释方式，但在选择我们的价值认定的时候，思想者有责任维持伦理上的做人本分要求，以及理知上的认真、诚实。首先去正视历史中的牺牲者与受苦者，关注身边人们的生活状况，避免耽溺于花哨的理论、蹈空的理想、需要高昂代价的乌托邦，或者只欢呼强者、能者、胜利者的道德竞技场，只看重集体光荣而不见个体渺小命运的历史观、价值观。政治哲学所推敲出来的观念与价值，攸关无数人的切身权益，容不得心态上丝毫的奢侈纵欲或者轻浮虚无，尤其要警惕思考"若有所得"时难免的道德优越感。为了善尽自己在伦理上与理知上的责任，笔者在书中针对当代中文世

[1] 汉密尔顿、杰伊、麦迪逊：《联邦党人文集》第十篇，程逢如、在汉、舒逊译（北京：商务印书馆，1980年）。

界中传播较广的一些观点提出了检讨与批评。我并不好辩，不过应该辩论的时候，我更愿意以认真的说理表达自己的信念，同时也借由认真的批评对不同意见者表示尊重。

几年前，笔者应命为周保松先生的《自由人的平等政治》一书作序，其中说道：

> 政治哲学乃是一种道德性的实践，一种面向现实的介入。正是由于政治哲学着眼于个人所受待遇的是非对错——也就是认为每一个人被社会所决定的待遇与命运是有是非对错可言的——它的道德意义才更清朗突出。它肯定个人的自主与平等，关心个人的遭遇和命运，对社会现状提出检讨批判，同时又对社会生活抱持着即使高远却多少可行的道德期待，期待每个人的一辈子能够活得成功、如意，也期待社会可以趋于公平、稳定。一个人若是对于这些事物缺乏关怀，没有追求的热情，难免会视政治哲学为概念游戏、高头讲章，即使能带来知性的挑战，也缺乏道德的紧迫张力。

这种对于政治哲学及其实践含意的认知，我在当年与今天都服膺不疑；因此我很愿意如一位年轻朋友所提议的，把当年书序的标题移来作为本书的副题。但必须强调，政治哲学完全是一种理性的活动；唯其说理，才能趋近于更妥当的认知，也唯有靠说理内在的普遍主义性格，我们才能平等地考虑所有相关者的利害。不过这种理性必然源自“情”的鼓动——也就是因为人间的种种艰辛与苦难令我们感到不忍与不甘，动情之后发为关怀与在意——才能构成实践的介入。因此，本书以“动情的理性：政治哲学作为道德实践”为书名[2]，一则标举政治哲学情理兼顾的双重性格，二则交代作者自己在写作中所积郁的个人心境，请读者明鉴。

[2] 若用英文来表达，我愿意写为“The Impassioned Reason: Political Philosophy as Moral Intervention”。

致　谢

在本书出版之时，我要感谢多位师友与家人。林毓生先生与王汎森、萧高彦、林载爵等几位朋友给我许多鼓励鞭策，他们的关心与善意是本书终能问世的一大动力。本书多篇文章当初发表之前接受过多位审查人的批评与建议，这次结集出版前的专书审查，又一次收到了两位审查人的意见，对这些政治哲学的同道我必须表达谢意。联经出版公司的编辑沙淑芬小姐认真负责、任劳任怨，总编辑胡金伦先生也多方照顾，在本书的出版工作上惠我良多；刘佳奇、吴家恒两位慷慨相助，在文字、版面以及美编等多方面用心料理，帮我解决了许多困扰，让这本书呈现自己的性格，对读者也更为友善，我要向他们致上谢意。从起意编纂本书，到中间的漫长整理过程，李琳在她自己的繁重课业之余，始终关心与协助不辍，包括找出我已经遗忘的一篇文章收入书里，提醒我可以用给周保松先生的书序标题作为书名的副题，又对于全书的文字与引注费心检查修饰，我要向她表达诚挚的感谢。这本书中各篇文章的写作前后历时十年，我要感谢丽美在这段漫长时期当中，虽然几乎天天都得忙于她自己攸关台湾公共生活的报社主笔工作，仍适时对我敦促与支持；我也要感谢前后五位猫家人的真情陪伴，让我对生命本身、对如何关怀生命，都多了一些深刻的体会。最后，家母年事已高，却体贴我也已经不再年轻，总是坚持自己料理生活，不愿意增加我的负担，我十分感激她的生养之恩与源源不绝的照拂。

多年困勉而学，我的学术工作充其量算是尽心，找到了一些自己的想法，却完全说不上学术贡献。但即便如此，这一点点微薄的成果，也要得助于远近很多人的盛情与关怀。想到自己的有限，相对于人们的宽厚给予，我是很知足而感恩的。

钱永祥

2013 年 8 月于南港—汐止

导　论

把道德关怀带进政治生活

争论一般性的哲学问题，不可能是政治的日常课题，但是这不表示这些问题无足轻重，因为我们认为答案是什么，会塑造公共文化与政治实务背后的各种态度。如果我们认为，正义而且秩序妥当的民主社会之不可能，乃是理所当然的常识，那么这些态度的质量与格调就会反映该常识。魏玛宪政体制之所以败亡，一个原因就是德国的传统精英竟然没有人支持该宪法，或者愿意合作让该体制运作。他们不再相信一个像样的自由主义的国会体制有其可能。这种体制过时了。从 1930 年到 1932 年，这套体制先是只能指望接连几任威权主义取向的内阁政府。但随着这些政府由于缺乏民意的支持渐入颓势，兴登堡总统终于被迫求助于既拥有民意支持又被保守派认为可以控制的希特勒……

20 世纪的几场战争，以及其极端的暴力与节节上升的破坏性……尖锐地提出了一个问题：政治关系是不是只能听命于权力与强制？如果一种在合理的意义上正义并且能够驯服权力为己所用的社会并无可能，而人类虽然不是无可救药地犬儒、自我中心，但大体上并无所谓道德，我们大可借康德的话追问：人们在这个世界上活着值得吗？我们的假定必须是：一个在合理意义上正义的政治社会是可能的，而这种社会要可能，人类必须要具备一种道德本性。当然不是完美的道德本性，但是这种本性要能够了解、遵行，并且在足够的程度上认同一套关于权利与正义的合理的政治观，愿意支持由这套政治观的理想与原则所引导的社会。……本书行文在许多读者看来抽象而且不食人间烟火，部分原因在于我的这种关注……

对此，我无意辩解致歉。[1]

本书收集了笔者在过去十年之间所写的十几篇论文。这些文章原本都是独立的单篇，但是这次重新整理它们以供结集出版时，我发现这些文章之间的呼应与联系尚称完整，各篇所探讨的主题也前后接续。虽然写文章的当时只想到当下面对的具体题目，但是我会去关注、思考这些题目，毕竟反映着自己的视野与关怀的面貌，因此即使当时并没有充分的自觉，但是心里的所信与所惑，自然会形成或多或少的一贯性与整合性。我希望这种一贯性与整合性，能将这些文章组合成一个整体，构成一本尚称主题完整、论证持续的专书。

[1] John Rawls, *Political Liberalism*(New York: Columbia University Press, 1996), pp. lxi–lxii.

这篇导论由三个部分组成。在第一节，对于本书所关注的主题，也就是自由主义所依据的价值观点以及其一部分的延伸意涵，我想提供扼要的综述；在第二节，我想说明这个主题背后的道德关怀何在，以及这种道德思路与“政治”这件事的关系是什么；在第三节，我想谈一下这种道德关怀所体现的道德意识，以及这套意识对“道德”这件事的独特理解方式。本书是一种理知的探索，但贯注着实践的关怀；我希望这篇导论能帮助笔者自己以及读者理解本书背后的道德动力所在。

一 自由主义的价值认定及其意涵

这些年来，我所关注的议题触及了几个方面。这些议题之间的关系，反映在本书的结构与内容上。这些议题的内容、关联性，以及我的大致想法，可以撮要综述如下。

1、自由主义所认定、追求的价值。自由主义的整个思想传统，认定了个人具有自成一格的、最高的价值。为了说明在什么意义上个人具有这种价值，传统的理论要靠一些宗教性质的、形而上学性质的，或者关于人的特定质量与能力的默认作为支撑，可是这些都会面临难以克服的挑战。笔者认为，所谓“个人具有最高的价值”——因此不能换算或者化约为其他的价值，在其间做兑换——意思是说个人乃是“价值之源”。这并不是说价值仅是主观的，事物本身不可能具有独立的内在价值，只能由人来赋予；而是说，任何价值（包括毫无疑义的诸般内在本有价值）都不是个人需要无疑义地接受或者拒绝的。相反，个人可以对事物的价值进行论证、反思、否定或者接受。个人的这种“主体”地位，代表个人才是价值的终极认定者，即使个人的认定并不一定是正确的，不能、不会检讨修正甚至于改弦易辙的。在这个意义上，个人具有一种凌驾于其他价值的独特价值。

2、个人的价值选择需要评价性的理由。个人并不是任性、恣意地拒绝或者认可某种价值的。所谓“我喜欢”即构成了价值，显然是一种卡通化了的自由主义。笔者在本书中再三着意强调，个人对于价值的认可（或者否定），其实是一种评价，而评价一方面可以回溯到个人的自我界定、自我认知[2]，另一方面也必须援引是非好坏的评价标准，同时这些标准势必超越了个人视野以及当下的脉络、情境。这类标准不一定需要具有终极的权威，自我之界定也不是不能变动修改的。可是无论如何，这类评价需要获得理由的支持。如果我们接纳一项价值，只是因为认定该事物具有某种内在本有价值，却不能提供更一般性的理由去证明该价值，我们便不啻受制于该价值，不再具有主体的身份，我们的判断也只是成见，并没有足以说服他人的理由。如果接受一项价值居然与自我认同、与一般性的评价标准毫无关系，该评价其实只构成了突来的冲动，无足以称为具有评价含意的我的选择。

3、理由蕴含着公共理性与普遍主义。进一步分析“理由”的概

[2] 评价涉及了评价者如何理解自己、想象自己、投射自己，源自泰勒发展的“强评价”理论。请参见本书第十章的相关说明。

念，自由主义的两个关键想法——理由的普遍主义与说理的公共性格——便可随之导衍出来，这两个主题的真正含意也才明朗浮现。我强调说理必然有其公共的面向，特别表现在“他人能够视为合理”这个基本的要求上。因此，公共领域、公共理性，其实都是必要的制度，让个人能够按照说理原则证明自己的价值观。我也指出普遍主义不仅并不与价值多元论冲突，并且在现代的价值多元的情境里，普遍主义（而不是相对主义）才是说理的自然结果。关于普遍主义，在今天的中文知识界、言论界，流行着一些因为简化故而流于偏狭的错误观念，本书的分析或有澄清的效用。在这方面，我进一步强调两点：一方面，“承认”这项重要的要求并不抵触普遍主义；另一方面，妥当理解之下的普遍主义（相对于出于误解的“超越他者的普遍主义”与“否定他者的普遍主义”），其实是一种主体与他者合作缔造的成果。

4、个人追求理想生活所需要的制度与资源条件。自由主义认定个人具有最高的价值，这里所谓的“个人”，当然不是抽象的意志或者人格，而是正在具体生活的有血有肉之人，试图把生活过得“好”的、有向往但是也会遭遇挫败的现实中人。从这种个人的生命实况出发，自由主义在论述、要求各项个人权利以及基本的政治、社会制度时，眼中关注的对象，并不是某种缥缈的自由意志、道德人格，而是“个人实现一己的人生安排”这个陈义至为强劲、具体的目标——这种具有肉身且能思考与感受的个人，不仅必然需要各种人身的安全、自由与公民权利，并且必然需要各类生活资源（衣食住行、医疗、教育、养老）、社会的平等尊重（参与人际关系与社会生活），以及文化的支撑（自我的肯定、精神生活）。由于这种思路考虑到了一个个生命的生活实况，所以在一方面，它所要求的社会制度更能照顾到具体人生的需求与差异，在另一方面，也有助于缔造人们相互同情、关怀的民胞物与的相通基础。

5、发展在当代中文思想环境中的批判立场。以上的几个议题，虽然都是西方自由主义传统——尤其是近几十年来发展出来的“平等主义的自由主义”——的主要论述所在，但本书的讨论仍以当今中文世界的思想状况作为主要脉络与背景。根据以上的几项想法，我针对这十余年来在中文世界流传较广、影响比较大的几种政治思想的不足之处提出了质疑，包括马克思主义关于资源分配的主张、哈耶克的自发秩序观、施特劳斯的美好人生观、新儒家关于“天”以及“道德实践”两个概念的理解，以及施密特对政治的界定。此外，在厘清“承认”概念的过程中，我也对流行的多元文化主义做了分析与批评。最后，我还以伯林为实例，检讨自由主义传统本身面对个人与历史之间紧张关系时的一些困扰。

必须承认，本书对这些议题的处理并不全面，不仅忽略了一系列接踵而至的重要问题，即便是处理到了的问题，探索也不够深入。这些缺失，期待新一代的批评者来指正弥补。不过接下来，我想离开本书所探讨的议题本身，退后一步，探讨另一层次的两个问题，那就是本书为什么要强调从道德要求来思考政治哲学，以及我所强调的这种价值认定，背后默认了什么样的道德意识。

二 道德观点如何介入政治[3]

赋予个人最高的价值，显然是一种规范性的要求：在道德意义上之外，我们很难想象个人在其他的意义上能取得如此崇高的地位。问题是，在政治领域中，这样的道德要求能够发挥什么作用，扮演什么角色？

就此而言，政治哲学跟道德哲学都处在一种尴尬的处境里。一方面，它们都是规范性的思考，也就是关切“应然”；但另一方面，它们的思考所得必须适用于现实生活里的制度与人，这些都是真实具体的“实然”，自有其实然的规律与来自现实的动机在发挥作用，不见得接受应然的指挥。终极而言，政治哲学、道德哲学的存在理由就是用应然指导甚至于节制实然。那么如果这个理由本身只是虚幻的愿望，政治哲学、道德哲学岂不是就丧失了存在的理由？

当然，我们深信道德对于个人是适用的，但即使就个人而言，道德也有其局限。第一，道德本身并不是一套一元的、统一的、明确的规则；面对同一个情境，两种互不兼容的做法可能都可以称为道德；道德不一定能为行为提供决定性的指导与评价。第二，道德

---

[3] 周保松先生对于本节初稿提出了许多批评。他认为任何政治秩序都具备内建的正当性要求，也就是说，每一种政治的支配方式，都同时必须设法向被支配者提出关于自身正当性的说法。而一切正当性要求，终极都要诉诸某些道德理由、道德原则。因此他并不相信政治可能脱离道德考虑。我与他的分歧，似乎在于我认为这种正当性要求可以诉诸许多非道德性的价值或者理由，包括民族主义、经济发展、宗教、历史哲学、权力本身的逻辑等等。用道德考虑要求于政治，并不是人类历史的常态，即使在今天这个民主时代也往往难以落实。显然，问题在于我们对于“道德”的理解不同，同时对于“正当性”的期待也不一样。

规则本身的正当性难免受到挑战，尤其是历史与文化相对论的挑战；如何抉择或者调和“他们的道德”与“我们的道德”，确定某一种道德确实更符合道德的本质，是很棘手的问题。最后也是最重要的，即使在个人的生活中，道德也只是一个面向，或者说是一种视角。真实的生活包括了道德之外的其他各种面向与视角，会提出不同于道德的考虑与理由，因此，在某些情况中，当事者必须忽视甚至于违反道德的要求。即便在同一个人的生命操守中，道德也难免与其他的价值或者考虑发生冲突，至少构成两难，严重时甚至造成撕裂。伟大的文学作品中，不乏对这种人生实况的动人描述。有人认为道德优先于其他考虑，认为道德上的失败即是整个人的失败，这种道德上的一元绝对想法，多少流于天真而过分的道德绝对主义，可能蜕变为道德上的狂热，形成一种泛道德主义（general moralism）。

那么把道德应用于政治——也就是政治哲学——算不算一种泛道德主义呢？政治当然是人类生活中的一个重要领域，很多人认为它自成一个价值—伦理范畴，拥有自己的价值与规则，并不是一般意义下的道德所能管辖指挥的。马基雅维利、霍布斯、韦伯以及所有接受“国家理由”的思想家均持这种观点。[4] 可是当代政治哲学——特别是英语的自由主义政治哲学——所自许的任务却正是演绎出一套“政治道德”，也就是从道德视角出发，为政治原则、政治

---

[4] 在光谱的另一端，激进的革命者援引阶级革命的“理由”，同样反对用一般的道德去规范政治上的必要手段。见托洛茨基：《他们的道德与我们的道德》；读者如果有意思考这整个问题在个人生命中的复杂面向，可以读 György Lukács, *Tactics and Ethics: Political Writings 1919-1929* (London: New Left Books, 1972), pp.3–11。这篇短文应该是卢卡奇对他的师友韦伯的响应兼挑战。

体制、政治价值提供一套凌驾其上的规范，借以保证政治生活体现了道德上的正当，仿佛从而方能取得政治上的正当性。

自罗尔斯发表《正义论》迄今已有四十余年，这一形态的政治哲学一直居于从哲学角度去思考政治的主流。但它所受到的批评也一直不断，尤以晚近为甚。[5]批评者指出，自由主义的政治哲学以为在现实的政治过程之外或者之先，可以独力找到道德原则，为政治过程的进行和结果提供规范与评价，但这是注定失败的。

他们指出自由主义的缺陷在于，它的思考并没有介入政治现实，它误解了政治行动者的动机、目标、处境，以及所需要面对的各种问题。它忽视了作为政治本质所在的权力运作自有其逻辑，更无视于政治的主体乃是组织、群体而不是个人，决定性的作用力量来自结构而非意志，以及“可行性”和“及时性”在政治决策中的关键分量。更激烈的批评者会说，自由主义所推导出来的道德原则，虽然务求具备普遍性，超越特定历史阶段、特定社会、特定立场的局限，并不是当下情境的产物，但实际上这种假想的抽离往往掩盖了事实存在的权力关系，徒然美化现状而已。

这些对自由主义政治哲学的批评涉及了复杂的问题，无法简单地响应和处理；但是由于政治与道德的对比确实很明显，本书强调道德原则与道德价值在政治生活中的重要角色，显然需要做一些说

[5] 在这里我指的是新起的“政治现实主义”，代表人物应推威廉斯，见 Bernard Williams, *In the Beginning was the Deed: Realism and Moralism in Political Argument* (Princeton and Oxford: Princeton University Press, 2005); 也 可 见 Raymond Geuss, *Philosophy and Real Politics* (Princeton and Oxford: Princeton University Press, 2008)。这一种新观点的综合评论，可以参考 William Galston, “Realism in Political Theory,” *European Journal of Political Theory,* 9(4), pp. 385–411，2010。

明（如果不是辩解）。我的想法是：试图为政治生活注入一些道德思考的成分，并不是因为道德这件事居于政治之上位的尊崇地位，足以移除（displace）、取代（replace）政治，也不是因为道德有意指点政治的实际运作。[6]政治哲学之所以试图从道德的角度探讨政治生活所应该遵循的原则、不能违背的价值，正是因为政治的确自有其追求的目的与运作的逻辑，可是它的目的（无论多么宏伟）与逻辑（无论如何强大），注定忽视人之所以为人的一些特色，而这些特色却是道德的关怀所在。简言之，道德之所以试图介入政治，并不是因为道德优越感或者来自对政治的独立性不够理解、尊重，而是因为道德本身自有其人本主义[7]的关怀，出于这种关怀，出于维护个人尊严的责任，政治哲学必须从道德的视角来要求政治人（主要是

---

[6] 当然，着重道德的自由主义看重政治参与的重大道德意义，更没有所谓“去政治化”的企图。在今天，不少人受到了施密特的影响，认为自由主义代表一种“去政治化的政治”。但施密特界定自由主义的方式是取民主（即政治参与）作为对立面；既然去除了公民的政治行动，自由主义当然只剩下程序（形式规则与经济利益）。这是借着定义本身的片面性来指责被定义事物的单面性。他对于政治这件事的理解，也是单向度的，只看见政治中的敌我冲突一面，却忽视了在冲突之外政治尚有调和冲突的职责。毕竟，政治与敌我斗争在概念上是两回事。其实，自由主义可以说正是意图让公民（而不是敌我）的政治生活成为可能。这一点，在中文世界提出“去政治化的政治”概念的汪晖，反而看得清楚，直接指出政治民主和言论自由乃是“现代社会的不可或缺的政治价值和政治权利”，认为“文革”正是因为派系斗争压制了结社自由、言论自由、社会自治，等等，才导致“去政治化”，造成了悲剧。见汪晖：《去政治化的政治：短20世纪的终结与90年代》（北京：三联，2008年），第35—36页。至于汪晖对“政治”的理解是不是自相融贯，他心目中的真正政治又需要设定什么道德预设与制度条件，则尚待他的进一步说明。

[7] “人本主义”并不等于“人类中心主义”。如下文所言，人本主义所关注的是人类这种生命形态；这种生命“是一场有始有终的现实血肉生命，必然有生老病死、有感受和需求，会向往与追求，会受到挫败与伤害，当然也会欺压与伤害其他个体”；它并不是“一种抽象单薄的人格、意志或者能力”。在这个意义上，其他许多物种（动物）与人类（the human animal）一样应该纳入道德考虑的范围；他们的生命一样需要受到高度的关怀。至于高到什么程度，与人类的权利、利益如何比较，都是动物伦理学的课题，在此只能搁置。

公民，以及正在要求公民权利的人）提高自己的道德意识，避免让个人沦为政治运作的刍狗。[8]

在政治哲学的各个取向之间，自由主义的道德色彩尤其明显，也最充分表达了这种人本主义的关怀。[9] 自由主义特别强调个人的无上价值，作为政治、经济、社会各方面思考的前提。这不啻从个人的道德属性、道德地位出发，对制度思考设定限制：制度的探讨必须顾及制度对于个人所负的道德义务。自然法传统、契约论传统，或是更强调主体的自主地位的康德、密尔等传统，都遵循着这样的

---

[8] 有必要说明，本文这种“从人本主义的立场要求政治去尊重、实现某些道德价值”的想法，与林毓生先生所检讨、批评的“道德与思想意图的谬误”，所处理的乃是两类问题，并不相互抵触。按照林先生的分析，“道德与思想意图的谬误”指的是一种“认为道德与思想的意图（intention）可以直接有效地导致政治秩序的建立的观念”。[林毓生，《政治秩序与多元社会》（台北：联经出版公司，1989 年），第 40 页。] 林先生所关注的问题是：中国自由主义的先驱人物虽然肯定政治秩序必须维护个人的尊严与个人的自由，但他们没有认识到这样的秩序只能寄身于法治，由法治所构成，却误以为人们的理知与道德意图可以直接产生这样一套自由主义的秩序。本文所发展的道德意识，则是要求政治秩序必须体现某些人本主义的道德价值。本文所关注的问题是：从人本主义的角度看，有一些价值必须坚守，才不会导致不公平地牺牲一些个人；由于只有自由主义关于人的认识充分掌握了这些价值认定，所以梳理与重申这些价值认定，既有助于澄清自由主义的制度应该具备什么内容，也有助于指出各种反对自由主义、用其他价值压倒个人价值的想法，是会以个人的尊严与利益（甚至于生命）为代价的，违背了人本主义的基本价值观。林先生所检讨的“道德与思想意图的谬误”的思路，至少肯定了自由主义所追求的诸项价值，只是对如何实现这些价值的路径有所误解；但在今天的中文世界中，有不少思想取向已经不再肯定自由主义所追求的价值，质疑何必追求这些价值。我所忧虑的是，从林先生所关注的中国自由主义先驱一代，到 21 世纪的中文知识界，时事推移，不少人的价值意识已经愈来愈远离自由主义的基本价值观，也就是远离了人本主义的道德立足点。

[9] 其实，政治的所有“理想”思维，包括保守主义、无政府主义、社会主义，尤其是马克思主义，都有抗拒政治、扬弃政治的乌托邦倾向。这些政治思想都设想让政治从属于某个更高的规范性的权威，例如经过时间沉淀考验出来的传统、自发的秩序、自由人的结合、“社会力量”，到最后是国家的消亡（马克思眼中的巴黎公社、列宁在《国家与革命》中所描绘的“邮政一般的”行政国家）。但是它们不一定从道德观点出发，更不一定由某一种道德人本主义所驱动。

思路，不同则仅在于如何说明个人的这种地位与价值。

其实，个人价值作为一种正面的主张，并不容易证明或者说明。历代的自由主义思想家提出了多种关于个人地位与价值的说法，并没有形成完全妥当的定论。在本书中，我试着从“价值之源”这个想法着手，说明个人的独特地位之所在：任何价值最后都要由个人来认定。但是后退一步，离开理论上的论证，我们更想知道：为什么我们要如此关注这个问题？如果我们（以及任何政治哲学包括自由主义）不再坚持关于个人价值的道德认定，所放弃的是什么？

简单地说明一下这个道德直觉所包含的内容，就可以看出它的否定是多么得严重。“个人具有最高的价值”这句话听起来平淡乏味，像一句空洞的口号，因为我们总是可以追问，个人基于什么特色取得这种价值？传统的说法是个人具备理性、自由意志、自我意识、语言能力、道德感，等等，不过为什么这些特色或者能力就能赋予个人某种价值？如果有人缺乏这类能力，就丧失了这种价值吗？ 其实，“个人”并不能被想象成一种抽象单薄的人格、意志或者能力，而是有其明确的内容，并不空洞：每个个人都拥有一场有始有终的现实血肉生命，必然有生老病死[10]，有感受有需求，会向往与追求，会受到挫败与伤害，当然也会欺压与伤害其他个体。这些内容共同构成了每个个人的生活，也就是一场生命的整体过程。这样看“生命”，生命便说得上成败、好坏、承受了多少利与害、遭到

[10] “生老病死”这四个字已经变成轻飘飘的口头用语，其实这四件事不仅是人生中的重大事件，并且是范畴性、构成性的事件，决定了每个生命的面貌与结构，也决定了其中大多数的其他事件的内容与意义。

了多少正与负的影响、结局又是什么程度的精彩丰富（flourishing），还是虚掷糟蹋（waste）。简单言之，每个个人的生命，都在直接、具体的意义上，说得上过得如何。

关键的伦理问题是，我们认为“个人的生命过得好与不好”这个问题有多重要？当我们说“个人具有最高的价值”时，我们并不是在描述一件事实，而是在表达一种关切，认为这个问题具有最高的重要性；否认“个人具有最高的价值”，不啻否认个人过得如何是最重要的议题。所谓最高的重要性，意思是说如果为了追求其他崇高、急迫、重大的价值和目标，必须以某些个人的生命过得不好为代价，我们多少会感到不安，甚至于认为不对。各种制度政策，各种社会习惯与文化成规，也必须接受这个问题的追问。当然，事实上，各个社会经常否定个人的最高价值，认为还有其他价值，其重要性凌驾于某一些[11]个人的生活与遭遇，为了这些价值可以不惜对他们的人生造成伤害或者剥夺。宗教信仰、传统的维系、文化的繁荣、民族的兴亡、某些精英价值的存废、伟大的事功、崇高的理想、宏伟的集体建设、“多数人”的福祉、公共利益、集体安全，等等，都不时被视为足以压倒个别个人的理由。人类历史的巍峨成就与暴行血迹，经常是由牺牲一些个人的代价所铸造的。但是，到了今天，这种对个人价值的否定，我们的道德意识还愿意接受吗？我们不想以道德的名义表达抗议吗？

---

[11] 以某一种更高的价值否定个人地位的说辞，通常并不会否定所有个人的地位，而总是心照不宣地挑出某一些人作为追求该价值的代价。

这种道德意识并不是自由主义所独有，只是自由主义的政治哲学完全是由这种道德意识所鼓动的。我称这种视个人生命之兴盛、个人生活过得好为最高价值的道德意识为“人本主义”。这是一种对人性、对世界的特殊看法，也是一种对于价值之间的高下如何做判断的抉择；而下一节会谈到，它更是一种对于“道德”的特定理解方式。出于这种人本主义，自由主义对于政治的价值与制度提出要求。而由于这种人本主义是一种出于道德观点的价值观，它的要求也具有明确的道德性格。这种道德要求与政治运作的原则会有严重的冲突，道德要求往往会落空，自由主义想要用道德驯服政治的意图经常失败。不过，自由主义的人本主义没有选择，只能期待时代的道德意识能够发展出更多的人本主义成分。在这个意义上，自由主义是一种抗议的声音，为个人的尊严站出立场，即使它的要求往往像是旷野中的呼唤。

三 扭转道德观：从道德成就转向关怀苦痛

既然这种人本主义的道德意识，除了试图排除政治对于个人的压制与牺牲之外，它对于什么是“人生”也有着特别具体、现实的理解，那么它对于“道德”的理解也会有相应的调整。这一点值得正视，因为这种对于“道德”的特定理解，有助于厘清自由主义应该用什么方式表达对于个人生命的关切。笔者认为，在这个问题上，自由主义的自我认识可能还有待进一步的调整与转化。

什么是“道德”？在一般的理解之中，道德是一些规范，指示我们如何做对的事情、成为好的人。这种理解道德的方式，不仅符合一般的常识，也构成了西方道德哲学的主流。

麦金泰尔在《追寻美德》一书中，对于西方道德哲学传统所理解的道德这件事，提出了一个很有启发性的说法。[12]他指出，西方道德思想的传统体现了一套由三个部分所组成的架构，在一头设定一个“人性的实然状态”，在另一头设定一个“人性的应然状态”，道德则位于中间，帮助人们从实然状态过渡到应然状态。麦金泰尔强调，这个架构预设了一套目的论的人性观，也就是用“目的”（telos）的观念去证明人从实然状态向应然状态的移转为什么是一件应该做的事情，从而为道德的功能与依据提供了明确的基础。如果抛弃了目的论，那么就只能靠道德本身来为应然状态提供内容及其理据，结果道德会变成“为了实现道德而实践道德”，麦金泰尔认为这是不可能成功的。由于他认为“启蒙计划”的核心目标就是祛除目的论布下的迷魅，他的结论是：整个启蒙计划注定失败，启蒙时代之后的道德哲学都无法为道德这件事找到合理的说明。

在此，我所关心的并不是麦金泰尔对近代道德哲学的批评是不是成立，而是想循着他所提供的三段架构，在缺乏明确的目的论支持的情况之下，为道德寻找功能与依据。道德的功能显然在于把人从某一种状态带到另外一个状态，并且在某种实质的意义上，后面的状态必须要好于前面一种状态。否则，道德岂不只是一种形式的

---

[12] Alasdair MacIntyre, *After Virtue* (Notre Dame, Indiana: University of Notre Dame Press, 1984), ch. 5, 特别见 pp. 54–55。

繁文缛节而已？（“穿鞋子的时候，先系左脚的鞋带！”）因此，我们的确需要设定一种“人性的应然状态”，跟“人性的实然状态”做对比。但是，如果不仰仗某种目的论，这种“应然的人性”（“好于”）是不是只是凭空设定呢？而如果无法详述“应然的人性”是什么内容，我们要根据什么衡量的尺度去说某一个状态比另一个状态来得好？并且这里所谓的“更好”，既要具有实质内容，也要说得上具有道德意义，至少不是经济意义、文化意义、宗教意义上的“更好”。

对这个问题我并没有完整的答案。不过我想提出一种看法，那就是对道德这件事的宗旨发展一种特定的理解；我们会发现，这种理解跟现代道德意识的走向一致，也跟自由主义的道德观点（自由主义原本就是这种现代道德意识的产物）相吻合。这种道德意识，不再关注如何借助于道德把人们带入某种道德成就意义上的应然状态，而是以减少伤害与苦痛为其主要的着眼点，把人的应然状态理解为尽量减少了非应承受的苦痛、伤害的状态。[13]换言之，我们可以探索另外一种理解道德这件事的路径，那就是着眼于减轻不应承受的苦难，增加生活的能力，并且强调这种日常生活意义下的苦难与能力。我认为，与其关怀彼岸世界、成圣成贤，或者让人生过得更为“美好”，我们是不是应该更期待道德用心在保护与帮助弱者、

---

[13] 请见我的两篇小文章：《“道德进步”：一本书与一种历史观》，《政治与社会哲学评论》40期（2012年3月），第203—217页；《为什么道德要关注“受苦”？关于“道德进步”的一项补充》，《政治与社会哲学评论》第41期（2012年6月），第207—213页。下文的一些段落，直接引自后面一篇文章。如这两篇文章所示，Steven Pinker, *The Better Angels of Our Nature: Why Violence has Declined* (New York: Norton, 2011) 给了我很大的启发。

减少不公平的苦痛上面？

这个想法，与一般对于“道德”的理解背道而驰。在一般的理解中，所谓道德帮助人进入一种较好或者理想的境地，必定假定了个人具有相应的道德能力，并且也假定了道德所关心的是当事人如何发挥这种道德能力，以取得某种道德质量，进入某种道德境界，这包括了成为“好”的人，或者做“对”的事情。可是行为的“对”与人格的“好”要根据什么来界定呢？显然，“对”与“好”不可能只诉诸当事人的德性、当事人身上的道德成就，好像这些德性、这些成就，本身便具备了完整、独立的道德意义，无须涉及当事人对于身边世界、对于其他个体所造成的利与害的冲击。其实如前面所说的，“对”与“好”根本不可能只从道德这件事的本性来推出，仿佛道德的目的即在于实现道德，跟道德之外的事态无关。事实上，这种对于道德的理解，把注意力集中在道德主体的身上，正好忽视了受到其影响的他者。

不难发现，在道德哲学的传统中，苦痛并不是一个突出的主题。一些道德哲学家例如斯多亚学派、康德，尤其以尼采为代表的精英（英雄）伦理学，便不见得会认为受苦与道德有直接的关系，其舒缓减少也并没有明显的道德意义。而一向居道德哲学主流的至善论（perfectionism）（包括儒家在内）、本务论，或者各类强调彼岸救赎的宗教伦理，多数并不很在意日常的平凡苦痛，更不会强调其道德意义。[14] 受苦当然不好；但是若要说明受苦在道德意义上也是不好

[14] 这些学派，甚至于认为在某些情况之下——例如帮助人们完成修炼，确证信仰，确证“选

的，我们得针对道德思考的主流提出更实质的论证。

让我们回到麦金泰尔的三段架构。道德需要预设人的实然状态；但是要谈人的实然状态，我们能不把苦痛放在核心的位置上吗？如果如此，道德不是便应该去正视个体生命本质上的脆弱（vulnerability）吗？"受苦"并不只是某种生理感受；它是生命的状态，展现了受苦者会受到伤害这个最根本的性格。一旦道德意识以受苦为焦点，一切受苦者共通的脆弱性质、特色也会跟着进入我们的道德意识。受苦的可能性，奠立在一件明显的事实上：一切有生之物（包括所有的人类与动物），正因为他是生命，所以都是脆弱无助、能力有限、随时会受到摧残伤害以至于死亡的。生命的生物性与动物性凝聚在肉体之上，具体而慑人地体现了这种软弱、逃不开伤害的处境；"动情"则是在感情上脆弱与会受到伤害的明证。（也许只有超越的神与佛才能自外于这种命运；不过他们也挂念众生，这种牵挂势必会导致受伤。）人性的这种实然极为明显、无可争议，如果道德思考没有考虑到它，反而让人觉得意外。可是不少道德理论在设想（人类）道德主体的时候，却正好忽视、鄙视，或者试图克服、摆脱这种与生俱来的生物的、动物的肉体与情绪因素，寄道德希望于理性、意志、信仰的献身、浩然之气、勇敢坚毅的性格、权力意志（超人）、圣人，等等。它们假定，必须要克服人性平庸

民"或者得救的地位，摆脱肉身的动物性以及女性文化因素的污染——苦痛具有正面、积极、不可亵渎的价值。孟子给"天将降大任于斯人也"所施加的条件；肉体痛苦带给宗教苦修者的狂喜出神状态（参见威廉·詹姆斯的《宗教经验之种种》相关章节）；Ernst Jünger, *On Pain* (New York: Telos Press, 2008) 一书对于痛苦的歌颂，都是生动而雄辩的例证。

软弱的情绪与欲求，摆脱肉体的耽溺与拖累，才能躲开身心苦痛的侵袭与骚扰。但是这些理论，只顾要求主观的努力，却不愿意设想，一个生命，既然必然受制于残疾、病痛、老化，既然生理的需求注定不能一劳永逸地满足，既然身体的各项功能经常退化、失调、败坏，既然各种欲求与情绪的骚扰不断，既然情感的波动有如海上浪涛、有如风中的残枝一般无法静止：这样的生命，从道德角度来看应该是什么面貌？对这样的生命，道德又会要求我们如何自处与对待？这些道德理论认为道德旨在帮助人进入一种独立并掌握了己身意志，不为情欲、身体与外在横逆命运所左右的自主状态；进入这种状态，是道德所要求的义务，也是一种道德意义上的成就。但若生命的实然真相反而接近上面的简单描绘，道德理论该如何把这种实然纳入考虑呢？其内容应该包含着什么样的关怀与要求呢？

当然，道德并不是宗教，并不负责协助人类解脱此生此世的苦难。但是许多苦难与伤害并非来自自然的生老病死，而是由人力与制度所造成，并且并不是当事人所应当承受的，道德难道不用理会吗？可是多数道德理论，由于寄希望于道德圣人、道德能人、道德强人，想从他们的境界来理解道德所要追求的应然，忘记了具体生命本身原是脆弱且本质上就随时会受伤害的，结果反而忽略了无处不在的人造苦痛，贬抑了苦痛在道德上的分量，阻碍了同情怜悯之情的发展；甚至由于苦痛反映着受苦者的脆弱无助，有失人性的体面，会发展出各种对于受苦者的鄙视。更进一步，由于生物性、动物性所带来的生命的基本状态往往表现在肤色、性别、性倾向，尤其是年龄等范畴的某些生物、生理、心理的特色上，结果经由文化成见的建构，会演变成根深蒂固的歧视与压迫。相对于此，另外一些人，着迷于上述居然摆脱了生物性、动物性的道德主体，取为理想的自我形象，以为自己真是摆脱了“本质”局限的绝对自由人，结果衍生了各种精英意识，甚至于演变成种族、性别、文化上的优越感。最后，暴力、残虐的存在与弥漫，也无法成为道德思考的焦点[15]。

这样看来，改变我们对道德的理解方式，把道德的焦点从追求道德主体的道德成就，转移到关怀个人的生活遭遇，关怀一切个体蒙受的不公道的伤害与苦痛，是有很重大的意义的。道德所要求的应然状态，当然不是解除人类实然状态中的所有苦难。但是道德确实可以采取积极的态度，把“减少不必要的苦痛与压迫”视作它所追求的应然。这种道德意识，也可以为自由主义的价值认定提供踏实的内容。这样的自由主义，我愿意称之为以关怀为主旨的自由主义。[16]

---

[15] 这些议题，请参考努斯鲍姆（Martha C. Nussbaum）的一些著作，包括 *Hiding from Humanity: Disgust, Shame, and the Law* (Princeton, NJ.: Princeton University Press, 2004)；方佳俊译，《逃避人性：恶心、羞耻与法律》（台北：商周出版社，2007 年）。她的 *Upheavals of Thought: The Intelligence of Emotions* (Cambridge: Cambridge University Press, 2001), pp. 315–327, 342–350, 对于笔者有很大的启发。

[16] 写完这篇导论之后，我有机会读到唐小兵先生的新著《十字街头的知识人》，其中援引阿伦特检讨“关注苦难”在政治上的负面意义，与本文的思路似乎背道而驰，但是实际情况可能要更复杂。我的想法是：“关怀”是自由主义政治道德的原则与义务，却并不构成自由主义政治本身的原则或者义务；道德观点介入政治时，乃是希望政治的体制与运作，能从关怀的角度去将每个个人的遭遇与命运列入考虑。阿伦特所批评的则是把“怜悯”直接化为政治原则，结果个人消失，怜悯变成一种必备的情绪或者德性，反而转成一种诛心的理由，“大恐怖”“清洗”（或许可以加上“整风”）皆由此而起。见 Hannah Arendt, *On Revolution* (New York: Penguine Books, 1977)，特别是第二章“社会问题”。阿伦特的观点值得详细分析，希望来日我有机会深入讨论。

四 结语

本书志在澄清自由主义政治哲学的一些基本问题。在这些基本问题之列，我认为它的价值认定最属根本但也最难以充分说明。毕竟，只有在价值意识上厘清自己的信念之后，我们才能进一步发展出政治上的要求。不过，在这个“不知有神，也不见先知”的时代，特别是在彻底的祛魅与幻灭之后，价值认定虽然是无所逃避的问题，却也可能是人类最无力处理的问题之一。笔者并不认为自己已经找到答案。不过，目睹政治势力以排山倒海的力量决定着无数生灵的命运（无论正面负面），我们不能不追问，在人之所以为人的特色之中，难道没有足以与政治力量抗衡的资源吗？既然对人们命运的关怀只能归诸我们坚持人性尊严的义务，这种以关怀为主轴的道德意识为什么不能作为资源，供我们守住最后防线？

必须承认，“道德意识”同样是一个晦暗模糊的概念。它的内容有一部分来自一个时代弥漫的感觉方式，尚有待沉淀；也必定有一部分来自哲学的反省，来自我们吸取历史教训之后的痛定思痛，需要冷静的思考；但还有一部分，需要由个人去发掘与培养，特别是发展自身的道德情感（moral sentiments），尤其是同情与关怀这两种能力。本书的观点与论证在很大的程度上依赖着某种道德意识，但是在各个章节中，我几乎完全没有触及这个重要的问题。这个缺失，显示了笔者自身的局限。我花了很长的时间才开始缓缓憬悟心中问题的全貌。在此借着这篇“导论”，大略说明什么样的一种道德意识引导、驱动着作者在本书中的思考，希望来日我能对这种道德意识的相关问题有更深入的探索与交代。

第一辑

自由主义的道德认定

第一章

道德人与自由社会

从林毓生先生对中国自由主义的一项批评说起[1]

一 前言

中国自由主义的历史与命运，一向是林毓生先生的主要学术关怀所在。在这个问题上，他曾经多次指出，由于中国自由主义者往往将个人的价值理解为一项工具（例如反传统的工具，或者追求民族富强、追求高质量的国民、追求“进步”、追求个性解放的工具），缺乏自由主义应该视个人具有内在价值的“纯正性”，遂注定了中国自由主义早晚要承受工具的见弃命运：一旦民族主义或者反传统思潮（或者其他的实质目标）找到了比推崇个人更为有效的工具，自由主义自然秋扇见捐。林先生认为，在这个意义上，中国自由主义

[1] 本文曾经收在丘慧芬编：《自由主义与人文传统：林毓生先生七秩寿庆论文集》（台北：允晨出版公司，2005年），第33—54页。这次收入本书前，做了许多修改，特别是关于自然法传统之不足的几个段落。

的失败，连悲剧的意义都付诸阙如[2]。

时过境迁，经过几十年的历史经验与教训，我们今天或许能更充分地理解，无论反传统主义还是民族主义，所代表和追求的价值都与自由主义迥异。可是昔日的问题并没有因此就完全消失：由于20世纪下半叶海峡两岸两个社会的历史经历使然，对抗极权主义和威权主义成为中文世界自由主义的首要关怀；自由主义的主要使命，集中于批判政治势力的垄断与压迫，相对之下，对于基本价值的意识，依然不免趋于简化与淡化，缺乏知识上与道德上的沉重与紧张感。结果，林先生所提出来的问题尽管关键，所获得的共鸣回音似乎还是有限。其实，自由主义若是不把个人的价值视作理论的原点，即使抖擞精神于反威权和反极权，仍有可能失去理论与道德两方面的基石。中文自由主义如果要有发展的可能，势必不能回避如何看待"个人"这项价值的问题。

本文认为，由于理论本身的逻辑使然，如果自由主义并没有确定它的价值核心，它在政治、社会、经济各方面应该提出什么要求，也会难以确定。本文的目的因此至为有限：在理论上理解林先生所提的问题的结构，并用几个例子，呈现前人处理这个问题的大致面貌，特别关注他们如何处理价值意识与制度要求之间的关联。但由于问题太过复杂，在此我并没有意图提出自己的解决方案。

---

[2] 林毓生先生在这个问题上的意见，请见他的《思想与人物》（台北：联经出版公司，1983年）里的多篇文章，特别见其中的《五四时代的激烈反传统思想与中国自由主义的前途》和《史华慈、林毓生对话录》二文。

二 自由主义论述的三个组成部分

一套自由主义的论述，随着时空条件不同，当然可以有自己的关怀与焦点。不过，按照政治理论的逻辑与通常的期待，一套自由主义的论述，应该具备三个组成部分。第一，它需要有其现实的针对性，往往要对于现行的政治、社会制度中的非自由制度或者势力提出批评、表达抗议、要求改变。因此，自由主义通常会发展一个以批评、反抗为主旨的战线或者焦点。第二，自由主义需要提出一些防卫性的制度设计，以图较长久地为个人提供保护，减少压迫势力侵犯的可能。因此，自由主义通常也会在政治、经济方面发展一套制度性的要求。第三，自由主义还需要说明，这些设计所要保护的东西究竟是什么？权利、自由等要求所意图维护的是一些什么样的利益或者价值？因此，自由主义通常还会提出一套有关个人的尊严或根本利益的说法，以建立自由主义所推崇的核心价值。

这三个部分，可以进一步说明如下：

首先，自由主义必然是一种针对性的批判理论，因为它在性质上便是一种在是非之间有所判别、臧否，对于自己心目中的“是”有所坚持与倡导（advocacy）的规范性主张，对于现实中的各种事态，会有所维护、有所拒斥，也会有意加以更易。它必须检讨社会、政治各方面涉及个人自由的制度或理念，判断是不是可以接受的。因此，作为政治论述，自由主义不会没有对立面；这种有立场可言的针对态度，往往演变成抗议性的批判，批评某种制度、某个势力违反了自由主义的是非标准。当然，这种现实性格，会使得一套自由主义的论述不得不呈现其时代、社会的特色，同时也受制于这些特色的局限。无论如何，从这种针对现状提出正反评价的姿态来着眼，自由主义往往构成一种异议式的论述。

但是自由主义的针对性异议，需要有其理据：它需要设法指出，它的对立面在什么意义上是错的，应该加以谴责和改变。在此，自由主义通常会指出，对方侵犯了他人并没有资格染指的个人的权利与自由。进一步，自由主义会将它维护个人自由的意图，在制度面上发展成具体的主张，以求更彻底、有效地达成维护个人自由的目的。这方面最常见的设计，就是尽量巩固各项个人的自由与权利，包括宪政、法治、民主等方面的构想和建设。这个部分，往往构成自由主义作为一套政治论述的特点所在。通常，一个人若是在这些问题上提出较为正面、完整的主张，他就会被视作一个自由主义者。在这个层面上，自由主义构成了一套与其他政治主张有所区别的关于制度的论述。

为什么上述两个组成部分要分属两个层次？第一，很显然，它们是“反对”与“主张”的两面关系：后者企图取代或者防范前者，也通常构成了取代或防止的理由所在。其次，很多时候，对侵犯权利与自由者提出批评反对，所动用的理由不一定立足在个人的权利与自由之上：保守主义可以以传统体制的价值为理由，反对政治权威的扩张；基督教可以反对政府压迫宗教，但是理由可能在于此举剥夺了某些人蒙受救恩的机会，而不是有违个人的信仰自由；更有人以效率为理由，主张市场具有重大功能，但是并不理会市场对于个人自由（或者形成社会自发秩序）的贡献。由此可证，反对的论述与主张的论述，是应该有别的。

不过，自由主义还应该拥有第三个层面的关怀，旨在指出自由主义这些制度上的主张，所追求、维护的核心价值究竟是什么。当它在第二个层面上提出有关人权、自由、民主等制度性的设计的时候，我们可以追问：这些事物的理据何在？这里问的，并不是来源意义下的问题：权利、自由从何而来；而是理据的问题：为什么这些权利与自由应该获得尊重与认可？权利与自由等制度的价值，似乎需要由它们所服务、所保障的某种东西的价值来证明。自由主义需要针对这个东西的价值提出说明，形成有关核心价值的论述。

历史上，自由主义的多数理论陈述，都包含着异议论述和制度论述的成分。在西方世界，从有关宗教与良知的宽容开始，到有关统治者权限的界定，到政府正当性的来源何在、个人自主的空间多大、社会管理规则的性质如何确定，等等，自由主义一方面挑战当时当地威胁个人自由的各种力量，同时也提出制度上的建议。这中间具体的主张和议题太过繁复，在此不论；不过它们构成了自由主义政治论述的主要内容，殆无疑义。

但是第三个层面的存在，也同样难以否认。当然，有人会试图显示，个人的各项权利与自由自有其内在价值，而非只具有工具价值。[3]不过不难看出，各项自由与权利的重要性，具有明显的高低轩轾：某些自由（例如在道路上如何行车）是可以打折扣甚至于受到严格管制的，而另外一些自由（例如言论自由、良心自由）则是完全不容外力染指的。要说明其间的差别何在，似乎必须涉及各项自由所担负的功能。换言之，既然各项自由与权利所要服务或保护的

---

[3] 需要强调，本文着眼于自由、权利的工具价值，完全不代表业已认定它们不可能具有本身的价值。世上很多事物都同时具有工具价值与本身的价值，知识、爱情、追求理想（随手举三个例子）皆是如此。至于这些自由、权利，乃至于自由作为一个一般的状态（而不只是可以列举的具体自由项目），在什么意义上有其本身的价值，本文不能处理。相关的问题与区别，Ian Carter, *A Measure of Freedom* (Oxford: Oxford University Press, 1999) 做过相当全面的讨论。

对象不同，而由于这些对象的轻重有所差异，各种自由也有轻重的不同。这时候，自由所要服务、保护的东西究竟是什么，就值得深究了。

历史上，这个问题的答案，通常出之以两种形式。[4]一种形式的答案，强调某种社会性的理想与自由制度的关联，其中最为人所知的具体主张，就是强调社会的“进步”（progress）与自由有着极为密切的关系：自由有利于取得社会进步。19 世纪的密尔[5]与 20 世纪的哈耶克[6]，都使用了这个论证路径。这个传统的影响力很大，对中国自由主义者——如后面要谈到的殷海光与徐复观——也有强弱不等的作用。不过，在此我们不拟讨论它。

另一种形式的答案，则强调个人的道德地位、道德价值与自由的关系；这种道德价值，通常借着自由主义关于“人”的基本认知来表达。简单地说，在自由主义的一个重要理论传统里，诸项权利与制度，往往被视为是为了服务或者维护个人所具有的某种重要价值（而不是上述“进步”之类的社会理想）——并且这种价值有其绝对的、内在的关键意义——而需要的制度。不错，自由主义必须——揭橥

[4] 见上引 Carter，*A Measure of Freedom*，pp. 46–54。不过，我认为另外还有一种可能的论述方向，就是基于人性或者现实，强调自由的制度才是可行以及稳定的制度，压制不仅成本过高，其成果也如同缘木求鱼。这种倾向于现实考虑的说法，本文不做讨论。

[5] 论者多指出，密尔为自由提出了两套论证。一套论证以个人的自我发展为论据，但又强调了自由带来这种自我发展时，会对其他人、对社会带来某些效益或者好处。本文认为，单从《论自由》一书的行文来看，自我发展乃是密尔的主要论证所在，效益论证则是针对“那些最需要说服的人”而发的辅助论证。见 J.S. Mill, *On Liberty*, Gertrude Himmelfarb, ed., (Hammondworth: Penguin, 1982), p. 128.

[6] 在哈耶克的自由主义里，个人价值与“进步”的紧张，以及这两个概念各自的位置，请参见本书第八章“演化论适合陈述自由主义吗？——对哈耶克式论证的反思”。

个人的自由与平等，否则无足以成其为自由主义。但是自由主义之所以追求各种实现自由与平等的制度，原因在于它们乃是服务或者维护个人身上这种道德特色的最合适的工具。林毓生先生即是循这个方向理解自由主义的。本文的关心所在，亦即这个理路。[7]

三 个人的尊严与价值：以康德和密尔为例

在这里，一个重要的问题是：如何陈述自由主义直觉坚持的“道德的个人”这个理念，既足以奠定个人的某种自足价值，又可以开展、导引出自由主义所期望的各种制度？

在进入这个问题之前，需要先说明历史上其实有过一种并不从个人的道德地位出发的自由主义，那就是自然法传统。但是由于它的理论前提与现代性有所扞格，无法表达自由主义关于个人的道德信念，遂逐渐丧失了理论上的意义。[8]

---

[7] 见诸林先生在理解自由主义以及儒家传统时，赋予道德自主性这个概念的关键地位。在稍早之前，林先生还撰写专文，循这个模式探讨康德道德哲学与儒家人观的对话，可见这个模式影响他理解自由主义的程度。见 Lin Yu-sheng, “A Dialogue between Kant and Confucius (and Mencius) concerning Human Rights，” paper presented at the International Conference on Political Philosophy, Beijing, 2001。

[8] 近代道德哲学（包括政治哲学）从自然法转向“内在论”（internalism，即把规范之权威的来源从外在事物转移到主体的内部），以及自然法与自由主义的关系，本文的叙述参考了 Stephen Darwall, “Norm and Normativity,” in Knud Haakonssen，ed., *The Cambridge History of 18th Century Philosophy*；J.B. Schneewind, *The Invention of Autonomy: A History of Modern Moral Philosophy* (Cambridge: Cambridge University Press, 1998) 的相关章节；James Tully, “Locke on Liberty,” in Zbigniew Pelczynski and John Gray, eds., *Conceptions of Liberty in Political Philosophy* (New York: St. Martin’s Press, 1984), pp. 57-82，以及 Leo Strauss, *Natural Right and History* (Chicago: University of Chicago Press, 1953)。

近代初期政治思想所使用的自然权利说，由于理论架构的特色使然，似乎完全避开了“道德人”这个问题。自然法的自由主义色彩，并不是来自直接肯定个人的地位，而是在于具有超越性、普遍性的自然法赋予了个人某些权利，这些自然权利先天地属于个人，无待由政治权威与社会环境来赋予，反而对于实存的权威构成阻碍。契约论进一步从缔结契约这项活动的一些特定条件，说明个人在“自然状态”中已经是自由而平等的，制度只能补这种状态的不足，不能违背原先已经拥有的权利。从这种思路出发，可以形成一种针对制度的、较为素朴的自由主义政治学说，洛克是经典的例子。所谓“素朴”，意思是说，权利与自由乃是天理、神意所决定的事实，并不需要什么关于“人”的理想来支撑。自然法体现一种超越的理性（斯多亚学派），或者来自创世神（基督教），表现了宇宙的秩序与人类正确行为的标准，本身即具有规范性，也指明了人类应该追求的目标。由于人类具有理性，或者由神所创造，具有当然的道德地位，自然法传统并不需要再去认定、证明个人本身具有独立的价值，更不会说自由制度的目的在于服务人本身所代表的这些价值。简略言之，在自然法传统中，价值是客观存在的，无待于人的判断与选择。在洛克的思想中，自然法传统所关注的反而是：如何防止个人借着自由而误用理性，或者违背了神的旨意，结果违背了自然法的要求。这时候，政府就派上用场了。

自然法传统的这种思路，能不能导出关于个人以及道德价值的自由主义意涵，显然高度依赖于它的形而上学的或者宗教的前提。一旦这些前提逐渐隐退或者崩溃，自然法并不能产生自由主义的结论。这个情况，经典的代表是霍布斯。他那种“祛魅”之后的自然法，变成了求自我保存的趋利避害规则。个人的判断与抉择以私利为原则，并且这种私利决定了是非对错好坏的分辨。个人本身乃是利益和价值的唯一决定者，并且他仅有义务去追求自己的利益与价值，不需要接受其他权威或者其他人的约束，直到为了消弭这种情况之下隐含的危险，自愿接受一位绝对主权者的统治为止。这种祛魅之后的个人，仍具有一种很素朴的优位原则或者自主原则，可是其道德含意十分消极。在这套论述里，个人虽然有权利与义务去判定——并且追求——自己的利益，但是这种利益并不具有规范意义；个人本身具有的唯一价值只是满足自身的欲望与生存。换言之，霍布斯式的自然法，并不包含对于个人价值的肯定，更不会基于个人的价值去论证制度应该具备什么特色。

从以上描绘的线索可以看出，自然法传统本来用更高的权威去导出个人的尊严与价值，一旦这种权威破灭，自然法传统便很难为自由主义提供积极的理据。于是在日益明显的“现代”的条件之下，自由主义逐渐放弃了自然法论述，转而回到个人本身，强调他的价值主体身份。

到了康德与密尔的自由主义，个人作为一项独立的价值，甚至是最高的价值，终于得到明朗的陈述。他们以各自的方式展示，个人之所以取得这种地位，乃是因为就个人与他的利益以及价值认定之间的关系而言，个人乃是这类价值的源头，而这种价值主体的身份，具有最高的道德价值。[9] 说到明白以个人为核心价值的自由主义，当推康德和密尔为典范。

在康德的分析里，人类这种独具的特色，在于个人的道德自主性。自主性旨在排除外在权威以及内在情欲的指导驱迫，使得个人有能力成为自行立法的道德主体。可是在什么意义之下，自主性算是一项内在的（intrinsic）——甚至于绝对的——价值？为什么自主的个人具有无上的价值，需要社会、政治制度的保护？这是因为，所谓个人是自主的，意思必然是说，事物或者行为之所以有价值，其价值必须来自个人的自主认定：是个人自身的意志所具有的道德性格，让他所选择的作为取得了道德上的价值；而这些作为的道德价值，最后让行为的结果取得道德价值。反过来说，如果行为的结果——即他所追求的某种事态——居然具有独立的价值，也就是本身即具有内在价值，独立于个人的认可与选择，那么行为便只可能具有工具价值；而我们的意志也需要参考该独立价值，以该价值为理由，才能知道该做什么。这就不再是自主，而是构成了他律，从

[9] 拉莫尔称这种想法为“个人主义”，他所举的例子，正是康德与密尔所说，“对于任何关于美好生活的实质观点……我们的忠诚应该是有条件的，保持经过反思而修改的余地。真正有价值的生活方式，一定是我们认为由自己从一种批判的超然立场所选择的，或者会选择的生活方式。价值的源头，因此也就是最高的价值，正是表现在这种选择的姿态中”。查尔斯·拉莫尔：《现代性的教训》，刘擎、应奇译（北京：东方出版社，2010 年），第 139 页；原文见 Charles Larmore, *The Morals of Modernity* (Cambridge: Cambridge University Press, 1996), p. 128。在较早的 *Patterns of Moral Complexity* (Cambridge: Cambridge University Press, 1987) 一书里，拉莫尔所用的字眼是 expressivism (p.76)，所指虽然也是康德与密尔，不过着眼点并不相同。

而该行为便丧失了其道德性格。[10] 换言之，只要承认个人具有道德的自主性，也就必须承认个人具有绝对的价值，先于一切价值，并且唯因为如此方能够成为一切道德价值的来源。

上面的陈述，似乎在“价值”与“道德价值”之间有所游移，这是因为在康德对道德的理解中，在肯定道德人的道德价值的时候，也必须肯定道德价值的地位高于其他意义之下的价值。个人意志取得道德价值的途径，端视它能不能“出于义务”行事，不以任何特定目的或者动机作为行动的理由。这就是康德所谓的“善的意志”（the good will）；而如康德所言，这是唯一“绝对善”的事物。相形之下，其他一切非道德性质的价值，由于都相对于特定的目的、需求才称得上具有价值，便都只具备相对的（工具）价值。因此，只要个人具备了善的意志，也就具备了绝对的价值。或许我们可以这样解释康德的论旨：所谓个人的决定能力是自主的（其意志和理由属于自身），意味着世上的事物没有比这种能力更有价值的。在这个意义上，康德证明了个人的自主性具有最高的绝对价值，也因此，它需要受到自由主义各种制度的维护。

这种从个人与价值认定的关系着眼，论证个人的价值的做法，

[10] 参见 J.B. Schneewind, “Autonomy, Obligation, and Virtue: An Overview of Kant’s Moral Philosophy,” in *The Cambridge Companion to Kant* (Cambridge: Cambridge University Press, 1992), pp. 316–317。此处对康德的理解也受益于 Christine M. Korsgaard, *Creating the Kingdom of Ends* (Cambridge: Cambridge University Press, 1996), ch. 8。必须说明，由于康德的观点极为复杂，本文直接借用了上述两位学者诠释重建的结论，并没有自行分析康德的叙述和论证。

不只为康德采用，密尔也是一个经典的例子。[11]不过密尔所着眼的人的道德特色，不同于康德。个人不仅应该按照自己的“性格与判断”生活，追求个人独特的个体性，即独特的人格；并且唯有在追求个体性的过程里，个人方可望发展自身的能力与性格。

换言之，个体性的发展与个人的发展，构成一种有机的关系：在追求个人的信念与生活方式的过程中，当事人需要使用和锻炼他的各种官能，从而让这些“人类特有的禀赋”[12]（122）获得发展。密尔强调，“自我发展”与“个体性”其实是一体的两面（128）。但他又申明，在两者之间，个体性固然乃是个人幸福的一个主要成分，也是个人与社会进步的首要因素（120），不过，个人“尽性”将自己发展到可能的最高程度，才是最高的价值，使得这样圆满的生命形式不仅对于当事人自己来说更有价值，也对其他人更有价值（127—128）。密尔关于人类价值的看法，接近一种“至善主义”（perfectionism），即认定个人各种能力的尽“性”发展（其中包含个人的独特性），乃是最高的价值。

我们不得不问，为什么自我的发展构成了最高的价值？密尔提供了肯定的答案，却没有直接明白地提供理由。单纯的至善主义自然可以直接回答这个问题，不过它设定了自己一套固定明确的价值

---

[11] 本文有关密尔的说法，忽略了他的效益主义措辞，完全视他为一个以个体发展为最高价值的人文主义式的自由主义者。这种诠释，见 Isaiah Berlin, “John Stuart Mill and the Ends of Life,”(1959)。in Isaiah Berlin, *Four Essays on Liberty* (Oxford: Oxford University Press, 1969)。在中文里，相关的争议可参考江宜桦：《自由民主的理路》（台北：联经出版公司，2001 年），第六章。

[12] 以下文中括号里的数字，指 J.S. Mill, *On Liberty*, Gertrude Himmelfarb, ed., (Hammondworth: Penguin, 1982) 的页码。

观，不一定含有特定的自由主义成分。或许我们还是要从“个体性”这个概念本身找答案：所谓自我发展成独特的个体，即是说发展出特属于自我的独特能力、性向、品味、判断，而这些性向与判断的独特性之所以具有价值与正当性，正是因为个人去做出独特、属于自我的价值判断，不仅是必要的，同时也是权利。这个说法不啻是认定，价值的来源在于个人的独特判断；价值并不是某种客观独立存在的事实，而是需要由个人去认定、去实现的。这当然原本就是密尔谈个体性的用意所在。在这个意义上，个人的独特、尽性的发展，乃是最高的价值。任何价值皆须从发展了的个人来产生；个人的发展，并不能以某种客观、定型的价值为在先的模范。

康德与密尔在哲学上的立场与取径，堪称南辕北辙。他们论证个人的主体地位的途径，也完全不同。不过，关于个人在什么意义上取得最高的道德地位，成为一项绝对的价值，他们都强调了个人作为价值来源——由个人来认定外在事物的价值、赋予价值，而不仅是追求、遵从客观价值——这项基本默认。不承认这项预设，个人的自主性即成泡影。承认了这项预设，则个人的价值与尊严即可以成立。为了维护这项预设的地位与价值，自由的制度与平等的地位殆为必须：自由主义的制度性主张，尤其是个人的权利与自由，也就得到了正当性。[13]

---

[13] 在康德与密尔的哲学中，个人的价值认定不同于霍布斯式的价值判断，并不是由主观的欲望或者偏好来决定，而是具有客观的对错标准，因此他们也会承认个人的选择有可能出错。这个极为关键但时常被误解的问题，本文未能讨论，但在以下几章多有触及，请读者参考。

四 个人的尊严与价值：以殷海光和徐复观为例

如果说，早期中国自由主义对于个人的绝对价值缺乏自觉的重视，那么相当有意义的是，在较晚的中国自由主义者身上，却可以见到与康德或密尔比较接近的思路。如前所言，自由主义旨在维护一个具有独立价值的"道德人"理念，康德与密尔便是明确的例证。那么倘使如林毓生先生所言，近代中国早期的自由主义论述，缺乏这样一个理论和道德的层面，是相当严重的缺陷。不过，下文想要指出，到了稍晚的一辈，至少殷海光与徐复观两位先生，已经开始有了改变。他们确实意识到了这里有一个关键的问题，也就是如何设法肯定个人内在的、独立的价值，作为自由主义其他主张的源头。

我们读殷海光与徐复观的著作，很容易注意到，论思想动力，他们的实践取向似乎远远超过了纯粹知识性的兴趣。不错，他们都奋力撰写理论性、学术性的著作，不过这些著作似乎都受到更根本的一些关怀所驱动。这种实践关怀，又不像大家所熟知的其他思想家一般，着重于启蒙或者救亡、科学与民主，或者其他某些特属于社会理想性质的追求，而是一种悲悯之情，对于个人在时代以及世变中所遭受的侮辱、压迫、扭曲、"抑压委顿"，感到深刻的同情和不平。换言之，殷、徐两位对于时代与世变，是透过个人生命的遭遇和委屈来理解，而不是透过较为抽象的思想范畴、社会范畴来理解。因应这种悲悯的情怀，他们对于个人应该拥有什么样的心灵生活、社会人格、政治地位，有着相当强烈的积极想法。这种舍外在理想而回归人身遭遇的视野，在此前（以及以后）的中国自由主义者身上，是比较难见到的。笔者认为这种感情的贯注，多少开启了他们心中对于“道德人”理念的意识和重视。

可是，这样理解的个人尊严，要如何加以陈述？要赋予个人什么样的道德地位或者特质，才能充分表达他们所理解的人的“尊严”，进而成为要求自由制度的理由？殷、徐二位的说法，作为理论而言诚然仍属简陋单薄，但他们的信念与思想方向是明朗而动人的。

殷海光对人的道德地位具有强烈的个人感受，论者通常归诸殷氏个人的性格特色，从而疏忽了这种感受在理论上的意义。要突出这种理论意义，一个简单的方法就是指出，他的思想与密尔有一些呼应之处。[14] 他关于个人的理解，或许可以用他常用的“人本主义”一词总括：“人本主义强调个人的特殊质量，强调文化的多彩多姿……在生物演化的历程中，个人是最高的成品。我们要肯定个人，拿个人做真实的最初起点，逐步向外延伸。一个人除了为团体尽义务之外，他可以较充分地发挥他自己的能量来自我实现。……人本主义的架构是对个人生存权利的肯定，对个人尊严的肯定，对道德价值的肯定，对自由的肯定，以及因此对开放的心灵和开放的社会之趋近。”[15]

这种“人本主义”的个人观，在殷海光所描绘的个人图像里，须凭强烈的意志去克服外在的限制，追求个人发展，方可实现。但

[14] 这种呼应源自何处？除了殷氏本人的时代感受之外，是阅读密尔《论自由》而得？抑或是受到了 19 世纪英国新自由主义对中国知识分子的一般性影响？将个人的成长视为自由主义的核心价值，在 19 世纪 20 世纪之交的英国思想界，并不出奇。如当时一位代表性的人物霍布豪斯（L. T. Hobhouse）所言：“自由的基础在于成长这个理念。”（The foundation of liberty is the idea of growth.）引自 Gerald F. Gaus, *Political Concepts and Political Theories* (Boulder, Colorado: Westview, 2000), p. 62。

[15] 殷海光，《中国文化的展望》（《全集》8，710）。以下引殷海光著作，均以林正弘主编，《殷海光全集》（台北：桂冠图书公司，1990 年）为本，简写为《全集》，后列卷数以及页码。

这并不是某种纵情式的唯意志论。殷海光相信，这个过程里，最艰难的部分在于克服外在的限制，而只有经过“理性”锻炼、认可的意志，才有足够的鼓舞力量去面对外在的挑战与限制。换言之，理性不只是一种纪律，更具有锻炼与检验的效用；经过它的考验之后，个人才能够更成功地去反抗和发展。

殷海光关于外在压迫力量的讨论，要多过有关个人追求之内容的说明。外在的限制当然形形色色，随历史条件而不同，例如暴力、经济、神话都有可能妨碍个人的发展。但是读者会意外地发现，殷海光认为，到了近代，“个体之贬值”的元凶乃是“科学技术与工业”，它将人的价值从“基本价值”贬为“工具价值”。“这一种世变，是最可怕的基本世变。”[16] 这场悲剧，一旦加上权力的利用，则演变成近代的极权统治，对个人造成最大的伤害。这个主题，从 20 世纪 50 年代的最初期开始，到他生命最后的一刻，在他的思想里始终居于很突出的位置。[17]

可是殷海光本人，在著作里并没有正面探讨“科学技术与工业”造成的“个体之贬值”的详情。他的主要抨击，集中在政治权力——无论左派或者右派——造成的“个体之贬值”。他有意识

[16] 殷海光，《自由人的反省与再建》（《全集》13，162—163）。

[17] 1968 年 5 月 9 号致林毓生的信（《全集》10，128—129）。殷海光对于现代科技乃至于整个现代文明（尤其是他所认识到的美国文明）的批判与厌恶，似乎尚未见到后人提出分析。他在许多人心目中主张“西化”“现代化”“科学主义”的形象，与他对“现代性”的这种反感构成强烈对比，是一个值得深究的问题：他究竟是站在什么样的——前现代的，抑或某种较为辩证的现代的——立场上抗拒“现代”的？如果他有机会接触到西方近代有关现代性的反思（而不只是他在生命末期注意到的存在主义、中国文化，或者基督教），他的思想会产生什么变化？

地以自由主义者自许，动力也即在此。但是须要强调，维护个人的“自主与自动”[18]、发展自我人格、实现自我理想，始终是他的核心价值。侵犯这个核心价值，即构成了对于个体之贬抑。反抗个体所受到的贬抑，自由主义当然是一个主要的途径，但是人格的提振乃至于文化的途径同样重要。

确实，殷海光将人格的提振放在很高的位置：如何正视精神的解体与堕落，追求精神的超拔和振作，是他在著作里始终强调不已的主题。在人类历史上，自主与自动的精神首先表现在与自然搏斗，接着转向到“对专制政体与暴君的搏斗”[19]。这种反抗，又在很大程度上仰赖精神性的力量。精神性的力量之陷溺，一个重要原因在于“大家心目中的现实主义”[20]。在著作里，他时常鼓励个人在心态上要求振作，“巩固自己，振奋精神”[21]，视个人心理上的振作、坚毅为维系个体价值、反抗外在压迫的关键，甚至于可以通贯于孔仁孟义、对真善美的向往乃至殉身。[22]这是一种以人格内在力量对抗外在横

---

[18] 殷海光，《自由主义的蕴涵》（《全集》11，192）；又见上引《自由人的反省与再建》，第 178 页。

[19] 上引《自由人的反省与再建》，第 178 页。

[20] 《自由人的反省与再建》，第 172 页。

[21] 《自由人的反省与再建》，第 182 页。

[22] 在《自由的伦理基础》（《全集》15，1139—1199）一文中，殷海光大体上旨在阐发哈耶克 *The Constitution of Liberty* 第一部分的若干论点，可是很突兀的，他谈到“内在力量的培养”，并且做了许多发挥。其实，哈耶克在该节所谈的乃是“degrees of coercion”，仅在行文时带到了内在力量（inner strength）会影响“镇制”对于个人的作用程度 [见 F. A. Hayek, *The Constitution of Liberty*（Chicago: University of Chicago Press, 1960）, p. 138.]，并没有将“内在力量”看作“个人超生物的力量实体的核心”，会使“任何镇制手段都失效”（第 1190—1191 页）。不过，由此倒是可以见出，殷海光对于个人人格力量的重视。

逆的典型想法；殷海光似乎并未意识到，人类的人格是否也具有内在的缺陷幽暗，有可能表现为外在的魔性破坏力量。

由于这样一种“道德人”的概念，殷海光关于自由主义的了解，在内容上比较宽广。在 1959 年，他指出，只要某种要求是“人之为人”所必要的，自由主义都会去为它努力，他举出了思想解放、人权自由、经济平等，以及民族独立四个例证。他指出：“相对于不同的时代和不同的环境，自由主义各有其不同的主张内容。可是，它们却有共同的特色，就是为了人类任何种类的解放而与任何形式的既成权威抗争，在这抗争的过程里，自由主义者总是表现着积极前进的精神。”[23] 换言之，他心目中自由主义的制度性要求，乃是基于“人之为人”的要求推衍出来的，并不局限于某些特定的自由或者人权项目。后来，殷海光开始对一些制度要求发生怀疑，特别是经济平等。不过他那种从核心价值到制度要求的推导方式，并未见到改变。

徐复观先生是“（殷海）光提到时常所厌恶的人物，但亦为光心灵深处所激赏的人物之一”。[24] 他与殷海光的价值意识、学术背景和思考方向均称迥异。可是他的个人观与自由观，却与殷海光出奇地接近。根据自己对于儒家思想的重建，徐氏提出了一个道德人的图

[23] 殷海光：《论自由主义者及其任务》（《全集》12，765—766）。

[24] 殷海光 1969 年 8 月 24 日致徐复观信（《全集》18，81—82）。徐复观论殷海光，除了见此处所引《痛悼吾敌，痛悼吾友》（亦收在下举书第 158—164 页）一文之外，《对殷海光先生的忆念》（1970）深沉有加，更值得参考。此文收在《徐复观杂文：忆往事》（台北：时报出版公司，1980 年），第 168—179 页。

像，称之为“道德性的人文主义”[25]。这种想法之为人文主义，是因为其中不假上帝或者外在权威颁布道德上的目标，而是要由个人自行设定这种目标。如何设定？靠的是“道德内在说”，即人有内在的能力去认识和实践道德的善，不过这种能力有待提升和培养，并且要在人伦日用之间实践方可实现[26]。徐复观的意思是，在儒家的观点中，个人可以凭借本身的人性资质——在适当的条件与努力之下——成全道德的要求，成为“善”人。也即，每个人都有条件靠自己的努力取得道德成就。这个想法，更一般地来说，即个人有可能——并且有道德的义务——自行寻找该做的事、该追求的目标，以求实现道德能力，作为成德之路。徐复观常用“自本自根”一词来形容这个状态。

徐复观发展这个“道德人”的概念，本是为了说明“儒家精神的基本性格”，其实也就是对儒家思想做整体的理解。因此，这套道德人的概念的各种意涵，可能需要放回儒家的论述体系里，才能被充分掌握。这也是徐复观多数著作的主要用心所在。不过，在徐复观谈自由主义的时候，“道德人”这个概念的意思可以独立于儒家

[25] 徐复观，《儒家精神之基本性格及其限定与新生》（1952），见《儒家政治思想与民主自由人权》（台北：八十年代出版社，1979 年），第 61 页；《释论语的“仁”》（1955），见《学术与政治之间》（台北：台湾学生书局，1985 年），第 311—312 页。

[26] 见上引《儒家政治思想与民主自由人权》，第 59 页，第 66—67 页。这里（以及下引“内在价值论”）所用的“内在”一词，意思其实并不太清楚。它似乎同时指相对于“工具”一词的固有内在（intrinsic），也指相对于“后天获得”一词的天生内在（innate），这时候的部分意思应该还涉及相对于“实现”一词的“潜能”。本文倾向于后面两种理解，但是假定前一种意思已经包含在内。至于这些意思有没有可能整合成一个融贯的概念，请见下注 29。

思想来看。[27]“道德人”本有成德之质在内心，一旦“一个人面对自己而要求自己能真正成为一个人”[28]，也就是开始“自觉自反”，他会产生“我的自觉”或者“自作主宰”的追求。这条路，即个人追求成人成仁的道路。由于它是一条实现个人属于人的道德禀赋的道路，徐复观心中的道德人，也是一种需要培育、教导、保护，以求发展、实现的主体。

从这样一个道德性的主体，徐复观认为可以推导出明确的政治和制度含意。一方面，“凡在思想上立足于价值内在论者的，即绝不承认外在的权威”[29]。他相信西方民主的基础在此。另一方面，他也有理由说，“我的自觉”或者“自作主宰”，“即是自由主义”，或者即是“自由主义的生活的精神状态”。进一步而言，由于这样的道

[27] 徐复观提出了一个深刻的认识：“以社会中各个人的立场来争取自由权利，其本身即一绝大之文化价值，而不须以另一文化活动为其价值。”《从现实中守住人类平等自由的理想》(1953)，见《学术与政治之间》，第273页。

[28] 《释论语的“仁”》，见前引书第311页。

[29] 《儒家精神之基本性格及其限定与新生》，见前引书第66页。这里所谓的价值内在论，当然不同于素朴目的论“橡树内在于橡实”的简单图像，而是将价值的实现视作一个“一方面努力于实现，另一方面检讨实现的成果，借逐步的摸索、修改、落实价值而调整、发现、厘清自己所欲实现的价值究竟是什么”的复杂过程，因此有失败、扭曲、修改初衷的可能，其成果不仅呈现多种样态，并且在分歧之间，有时候有高下之分、有时候则全无比较的可能。我猜想，徐复观的价值内在论，与 Charles Taylor, *Hegel* (Cambridge: Cambridge University Press, 1975), pp. 13ff. 所谈的黑格尔式的“表现论”(expressivism)不无一些呼应之处，即人的活动及生命，要用“表现”这个独特范畴来类比和理解，而不能用机械的、生物的或者行为主义的模式理解。不过，这个问题牵涉到了对于整个儒家人观的理解，非我所能置喙，此处我并不准备做太多的比附。徐复观：《中国人性论史：先秦篇》（台北：台湾商务印书馆，1977）的讨论值得参考，不过在一些关键的问题上（例如个体性如何与普遍人性调和、自由的可能性系于什么样的人格结构、歧异如何处理），徐氏的分析架构实在太过简略，恐怕很难如他所愿，发展成一套完整的“道德人文主义”理论。请读者参见本书第十章对道德内在说的检讨。

德人有所需求，人格的完成既必需人权的树立[30]，也需要自己独立自主的生存权利[31]，需要民主的政治制度。尤有进者，在制度方面，人格的完成需要经济[32]、社会、政治等方面的条件，则更不待言。

殷海光与徐复观有关个人价值的认定，尚有不少需要厘清的地方。一方面，他们都深信个人具有至高的价值。但是个人的这种道德地位，需要奠定在一种有关价值如何由个人来自主地赋予、认定的理论上。然而他们并没有完整地发展这种理论，仅提出了一些方向性的提示。另一方面，"自主与自动"，或者"自本自根"的人，最后会实现什么样的人格价值，或者为什么注定会体现"科学的人本主义"[33]或者儒家的人格理想（而不是其他的人格理想），他们也没有深入追究。至于所谓"实现人格"究竟是怎样的一个过程，牵涉到什么样的人性能力，他们显然缺乏必要的概念工具去作答。不过，无论是殷海光的"自主与自动"，抑或徐复观的"自本自根"所呈现的个人人格理想，都足以与密尔心目中所谓培瑞克里斯式的人格对比并论[34]，而与稍早几辈中文自由主义者关于人的静态、简单、平面的图像大异其趣。他们两位的著作，对于后人始终有一定的吸引力，部分原因或许就在于此。

[30] 徐复观，《为生民立命》（1954），见《学术与政治之间》，第 280 页。

[31] 徐复观，《儒家政治思想的构造及其转进》（1951），见《学术与政治之间》，第 53 页。

[32] 徐复观主张"相当的计划经济"，理由是"要以经济的相对平等，来维护人类的民主自由"，《从现实中守住人类平等自由的理想》，前引书第 277 页。

[33] 殷海光：《中国文化的展望》（《全集》8，707）。

[34] Jonathan Riley, *Mill on Liberty* (London: Routledge, 1998), p. 82.

五 从个人尊严与价值到制度的要求：罗尔斯

以上简略叙述的四位思想家，都本着自己的哲学前提或者倾向，肯定了个人自有的尊严和价值，奠定了自由主义的道德基础。他们也都以自己的方式，或多或少地发展了一些关于自由主义制度的原则。但是对于制度原则与核心价值之间的关系，他们并没有明确地当作一个问题来面对。相比之下，罗尔斯明确地掌握住了这中间的关联。如前所言，他这种问题意识乃是一套完整的自由主义论述不可或缺的，值得我们重视。

“自由而平等的个人在公平的条件之下进行社会合作”，乃是罗尔斯正义理论的根本主题兼核心理想。关键之处在于，罗尔斯论个人的自由与平等，是借着所谓“道德人”的两项“道德能力”来陈述的；自由与平等并不是静态的规范性理想，而是两种能力的运作状态。这两项能力（powers/capacities）分别指正义感（能够理解、运用和遵行正义原则的要求）和价值观（能够形成、修改和追求一套一己生命的目标）。尤其值得注意的是，与传统自由主义的论证方式迥异，罗尔斯认为个人具有这两项能力，并不是建立在某种道德哲学或者人性论的分析（遑论信念）上，而是基于民主社会里公民进行公平合作这三项概念的预设：所谓民主的公民，一方面有能力参与和利用社会合作，也就是有能力与他人一起设计、认可，并且力行正义的规则，另一方面则有能力在相互有利的前提下，理性地经营自己的生活，也就是根据自己构作的理想，实现自己的理想生活。个人之成为社会的完整、平等的成员，正义感和价值观这两项能力乃是充分兼必要的条件。自由与平等是借着这两项能力来界定的：个人的自由，指人们有机会运用这两种能力；个人的平等，则指每个人都在起码的程度上拥有这两种能力。

既然人们为自己所设定的价值观多种多样，社会合作所急需的公共正义观——也就是社会合作的公平条件——如何可能？罗尔斯强调，为了找到合作的条件，并不需要先设定一套普遍的理性价值观作为依据；只要确认某种所有公民都能肯定的局部利益，即可以导出所需要的正义原则。他认为，对道德人，也就是愿意在社会合作中实现相互好处的公民来说，“发展和运用”上述两种道德能力，乃是“最高层级的利益”（highest-order interests），因为这两项能力乃是他们达成社会生活目的的充分兼必要条件。可是不遑多言，这种利益的增进，也就是这两种道德能力更好的实现，有一些制度和资源乃属必要条件，罗尔斯称之为“基本资源”（primary goods），包括各种基本权利和自由、基本的所得和财富，以及“自尊的社会基础”[35]。罗尔斯强调，根据这种最高层级的利益，以及人类社会生活的一般条件，人们在所谓的原初情境中缔约，寻找社会基本结构的正义原则的时候，会考虑什么原则最能够为每个人确保这类基本资源。缔约者决定社会基本结构的规范性原则的时候，不仅指出了什么基本资源必须确保，也知道它们之间的优先次序。[36]

---

[35] 罗尔斯心目中基本资源的具体项目，请见他的正义两项原则。“基本资源”通常译作“基本善”，恐怕并不妥当。需要指出，对于缔结正义契约之前所需要的条件，罗尔斯也有所论列，请见下注 36。

[36] 罗尔斯的相关构思至为复杂，以上的匆促叙述，当然不免简化与粗疏之弊，也不及提供相关的引文和参照信息。众所周知，罗尔斯推导出基本资源的途径，前后期有一些很重要的变化，在此也不赘言。不过须说明，本文的叙述，特意完全根据“Social Unity and Primary （转下页）

罗尔斯这种进路，具有三个特色。第一，他用两种道德能力来陈述个人的自由与平等，根据社会合作这个概念的意涵，为自由与平等提供了明确并且可以分析的内容。这种为自由与平等寻找依据的方式，似乎可以避免传统方式的一些争议与模糊。罗尔斯自己认为，他的做法躲开了康德自主性以及密尔个体性两套哲学学说的争议性格。根据同样的考虑，殷海光与徐复观关于个人道德特质的想法，受累于他们的哲学立场与模糊之处尤多，我们有理由参考罗尔斯的做法来加以修正。第二，从道德人或者民主公民的两种道德能力，推出实现它们所需要的各项基本资源，不仅帮助我们指认自由主义在制度层面上应该要求什么，并且也为这种要求提供了很具体的理由。对比之下，前述四位思想家，所构思的道德人的特色均高度抽象，或者模糊，或者诉诸某种特定的人格理念，不仅注定引起无解的争论，对于制度层面上的问题，也只能提出一般性的建议。第三，这样推出的基本资源分配原则，由于属于所有公民都可以认可的一套政治正义观，具有完整的公共性，不仅具备客观的标准，并且借着这种公共性，构成明确的指标，有助于解决多元社会中思考分配原则时的人际比较问题。[37]

（接上页）Goods”(1982)一文里的陈述；他后期成书著作里的说法，大体均依循该文。该文现在收入 John Rawls, *Collected Papers*, Samuel Freeman, ed. (Cambridge, MA: Harvard University Press, 2001)。作为第十七章，特别见第 365—367 页。值得注意的是，罗尔斯曾经提过，在正义第一原则之前，可以加上一个更优先的原则，要求人们的基本需求获得满足——如果这类需求乃是理解和使用基本权利的必要条件。这类事物——我推测应该包括基本的教育、健康、温饱、居所、人身安全等——应该也列入基本资源之列。见 John Rawls, *Political Liberalism* (New York: Columbia University Press, 1993), p. 7。

[37] 如上注所言，罗尔斯赋予基本资源的理论意义，涉及相当复杂的议题，与本文主题较无直接关联，在此只能简单地叙述。

这些特色显示，罗尔斯关于社会制度的主张，确实系以维护、发展个人（的道德能力）为宗旨。换言之，他延续着自由主义传统的思路，一方面申论自由主义赋予个人的核心价值地位，另一方面则推导这种价值要透过什么样的制度来维护和落实。

六 结语

本文旨在呈现自由主义一个很根本的问题，即如何陈述它所珍视的核心价值，以及如何从这种价值推导出妥当的原则，以规范社会基本制度。在上文中，我们先用康德、密尔作为典型的例子，说明他们如何建立个人的优先地位。接着，我们又以殷海光、徐复观两位中国思想家为例，说明他们如何设法得到同样的结论。最后，我们以当代的罗尔斯为例，指出他可能较完整也最有意识地面对了我们所关心的基本问题。跟前述四位思想家比起来，罗尔斯的讨论，可以说是上述自由主义基本问题的典范陈述。

本文开始时，我们提到林毓生先生曾批评中国早期的自由主义者未能认清自由主义应该坚持的核心价值。本文的论点显示，林先生的批评在两个意义上是成立的。第一，中国自由主义者，大体上未能发展出一套“道德人”的理念；即使在殷、徐两位的思想里，这套想法也局限在一种特定的哲学和文化传统里，未能成为独立的政治理论。第二，如何从核心价值推导出制度的原则，中国自由主义者通常只能提出素朴的建议，缺乏完整的理论建构。

第二章

自由主义的价值意识与社会想象[1]

一 前言

自由主义究竟是一套“厚”的还是“薄”的学说？它能处理基本政治制度以外的问题吗？对于文明、历史、社会的众多议题，它能提出一套系统的立场来发表意见、争论长短吗？或者它应该谨守本位，正视世界上各种价值立场的多元，为了让多元之间在公平的条件之下达成稳定共存，仅以政治性的共识为已足？这里所追求的“共识”，是不是只能具备最起码（或者说贫瘠）的内容？

当代中国自由主义正面临着这种“政治自由主义”所引发的疑问。笔者认为，政治自由主义并不“薄”。它所提出的政治原则其

[1] 这篇文章源自 2007 年 6 月浙江大学外国哲学研究所在杭州举办的一次座谈会。我的发言稿在会后写成文章，先在《思想》第 8 期（台北：联经出版公司，2008 年）发表，后又收入“知识分子论丛”第七辑《现代性的多元反思》（南京：江苏人民出版社，2008 年）；两次发表时的题目稍有不同。

实具有相当强韧的价值意识，对于人类的社会生活应该具备的面貌有自己的一套价值判断。这样的一种判断，除了如罗尔斯所言构成了一个社会的“公共政治文化”，同时更应该理解为一种泰勒所谓的“道德秩序”，塑造着我们的社会想象。自由主义其实是有着自身的社会想象的，应该把这种想象变成公共讨论的主题。一旦如此，自由主义会发现自身其实并不贫瘠。

二 自由主义的当前处境

从20世纪末到21世纪初，自由主义的思想论述，在中文世界显得居于守势。所谓“守势”，并不是说它的主张与视野在客观现实中不再构成有意义的社会与政治选项，而是说另有一些在价值观与政治判断上迥异于自由主义的思想取向，开始直接对它提出质疑。这些质疑在人们眼里构成了忽视它、拒绝它的充分理由。跟20世纪末它在中国大陆（以及更早一些时候的中国台湾）的处境相比，自由主义似乎进入了一个必须反躬内省的时期，无法再将自己的主张视为当然。过去，只要以环境中的各类压迫、垄断与歧视作为对照，即足以证明自由主义本身的妥当，无须对话和辩论；现在它需要面对其他思路的挑战，整理自己的立场与理据。这个发展，对自由主义的生命力[2]毋宁说是有利的，也有助于中文政治思想界建立理论论辩的习惯。

[2] 学说教义要靠挑战才能保持“生命力”，见密尔：《论自由》，程崇华译（商务出版社，1959年），第二章；他说：“一到战场上已无敌人的时候，教者也好，学者也好，就都在他们的岗位上去睡觉了。”

中国台湾的情况论者已多，此处不再赘述。就中国大陆而言，对自由主义的思想挑战来自多个方面，其中又以下列三者较为常见且突出：

第一，自由主义的现代性纠葛：无论是出于前现代、后现代，乃至于后殖民现代性、“另类现代性”的理由，也无论这些理由本身是否成立，在当前的知识氛围中，怀疑和挑战西方现代性的确已经蔚然成风。因此，中国一部分知识分子对于自由主义自许为现代性的政治形式，也有所怀疑和挑战。他们认为，如果（西方启蒙的）现代性有其严重的缺陷和限制，那么自由主义也一样是有缺陷和限制的；至少，自由主义并没有能力去反省和弥补现代性的缺陷。至于这种反（西方）现代性的思路会采取什么立场，答案则不一而足，西方式的后现代主义、保守主义、新保守主义，或者各种古典主义、儒学社会主义、国学热，都已经先后出现。

第二，自由主义的资本主义纠葛：另一类流行的看法认为，由于自由主义与资本主义、利伯维尔场有着紧密的关系（甚至根本就是同一件事物的不同面向），历史上也常常充当资本主义的政治形式与法律形式，那么自由主义一定支持资本主义、市场体制，以至于没有能力批判和节制资本主义、市场机能的缺陷与限制；或者必须吞咽、维护资本主义的各种后果。于是左翼人士反对自由主义，因为它太贴近资本主义；右翼则尽量抹除资本主义与自由主义之间的分野，不惜开除各种非“古典自由主义”的同胞（各类强调平等正义的自由主义，如19世纪的新自由主义[3]、福利国家、社会民主，乃至于美国从新政以降的自由主义，均在排挤之列）。

第三，自由主义的中国纠葛：上述自由主义与“现代性”、资本主义的紧密关系，在它身上还留下了“西方／美国”的烙印。但由于“西方”与种族主义、帝国主义、殖民主义有着不解的历史渊源，而中国近代史的动力所在是反帝、建立现代国家、形成“中国特色的社会主义”，中国与西方世界的紧张关系，自然会株连到自由主义。晚近，随着中国的“崛起”态势，更出现了一种相应的大国意识，强调中国与西方世界的差异与抗衡关系，强调“中华性”的特殊、正当与价值，对于西方的自由主义政治经济传统高度提防，反对普世价值和普世性的规范与秩序。另一方面，大国意识强调国家的主权尊严与行事的自主，国家主义和权力现实主义的思路与价值，也就自然会压倒自由主义与个人主义以权利为本的思路与价值观。

这三种挑战究竟有多少内容耐得住推敲，是不是足以对自由主义构成实质的威胁，在整理分析相关的论点文本之前，不必武断地先下判断。不过，自由主义与其说是轮廓分明的一套理论，不如说是一个源远流长的思想—政治传统；既然是传统，就不免由于其流变的暧昧复杂而变成稻草人：无论批评者还是赞同者，都不难各取所需，为自由主义定罪或者叙功。相对于此，本文则想要回头反省自由主

[3] 在今天的中文世界，似乎只知作为Neoliberalism的“新自由主义”，完全忘却了作为New Liberalism的“新自由主义”。其实，这一支从19世纪到20世纪英国的主要政治思想传统，包含了自由主义对于资本主义的许多检讨与反省，奠定了福利国家的道德哲学基础，影响不可谓之不大，我们不应该遗忘。

义本身的价值观与关于社会生活的想象。这可以分两方面来谈。首先，自由主义与其急于反驳上述三种批评，不如回头整理本身的价值理念，看看在这个时代，它是否仍然能经营出值得追求的社会理想。这无异于说，自由主义在一个新的思想环境中，面对现代性的颠踬、社会的不公平，尤其各类“特殊主义”的崛起，有必要重新整理一己的核心价值，响应这些质疑。其次，本文还想相应地扭转当代自由主义过度收缩到“政治自由主义”的趋势，强调自由主义的核心价值观点，应该看作是对一种关于广泛社会生活（而非仅公民政治生活）之理想面貌的理解，事实上，它乃是当前多种“社会想象”的雏形，渗透到各项基本制度。这套观点是不是还有活力，是不是必须被其他观点所取代，才是自由主义梳理上述三种纠葛的关键所在。

三 政治自由主义

在正面描述自由主义的价值理念之前，有必要先检讨自由主义政治哲学当前的一个趋向。面对价值多元的难局，西方学院自由主义推许“中立”，提出了两种常见的响应（分别从道德的和利害的理由出发），均着眼在自由主义必须自我设限或者消极地走向“政治化”，认为自由主义应该只是一种狭义的“政治学说”（而不是关于社会、文化、价值的全面主张），其目的不在于解决争讼不休的实质价值议题，而是寻找一个各方均有理由（道德的理由或者利害的理由）接受的架构，让大家即使想法迥异甚至于冲突，仍能够经营共同生活。在这两种（重道德或者重利害）响应方式看来，如何评价现代性、资本主义，乃至于鼓吹某一种文化或文明的地位，并不是自由主义的课题所在。简单地说，自由主义只是要提供一套政治与法律的框架，让关于这些问题（以及许多更棘手的问题）的各种立场能够在公平的条件之下展开争论与进行社会合作即可。这个态度、这种对于自由主义的理解，泛称为“政治自由主义”。

政治自由主义的出发点，在于大家耳熟能详的“价值多元论”。价值多元论指出，人们所持有的信念和所追求的终极价值（其中不免包括对于现代性、资本主义，以及一己的文化、民族、身份认同的评价）不仅不一样，通常还会引发冲突，并且这个情况并不是可能改善或者用说理来解决的。既然如此，社会共同生活要依据什么样的共通原则呢？面对这个问题，自由主义当然要从自由与平等两项根本价值出发。因为重视平等，所以必须承认每个人都有等值的权利去做判断与抉择；因为重视自由，所以必须承认每个人的抉择会各行其是。由此，价值多元论在自由主义的视野里取得了无可动摇的前提地位。但在此必须强调，自由主义肯定价值多元论，并不是基于怀疑论（人类无法判断不同价值的高下好坏）或者相对论（所有的价值都是一样的高下好坏）；更不是因为价值多元这件“事实”本身有什么内在的价值[4]；而是因为自由主义肯定了个人的平等

[4] 罗尔斯一贯使用“价值多元论的事实”一词；拉穆尔也清楚分辨“价值多元论”（相对于价值一元论）与“合理的分歧”（相对于一致看法）是不同的概念，指出前者是一套关于世界或者价值之本性的理论，后者则只是人类处境的一项现实，本身并没有理论地位。当然，由于价值多元的状态，人们拥有更多的选择可能，作为一种资源还是有其重大价值的。拉穆尔着力分辨政治自由主义的“合理的分歧”与韦伯、伯林式的“价值多元论”。见查尔斯·拉莫尔：《现代性的教训》，刘擎、应奇译，第七章；原文见 Charles Larmore, *The Morals of Modernity* (Cambridge: Cambridge University Press, 1996)。

与自由，而价值多元乃是平等与自由状态无法避免的结果。

在价值多元论的限制之下，一个社会的基本政治制度，如果还要尊重平等与自由两项根本价值，显然就不能再取某一种特定价值观点作为理据。制度的这种根据只能是“政治性”的，也就是不诉诸特定的信念与价值，不以文化、经济、社会，或者知识性的立场为根据，而是以某些由“公民”身份的平等与自由所衍生的价值为根据。

当代英语系的自由主义哲学家，多数接受了政治自由主义的这个基本取向。他们之间的差别，仅在于如何理解所谓的“政治价值”。例如，晚期的罗尔斯与拉穆尔都用“政治自由主义”一词来表达自己的观点，虽然他们所标举的政治价值，由于涉及“对所有人平等的尊重”或者“道德人的自由与平等”，仍然具有强烈的道德性格。但也有如葛雷的“共存自由主义”则更为彻底，深信价值多元业已侵蚀了任何道德原则或关于道德人的共识可能，自由主义不必妄想取得任何理性的共识，从而只能以和平共存——因为和平共存有利于自己——作为理由，接受共同生活的原则。[5]这样的政治价值，更接近霍布斯式的利害考虑。

价值多元论所逼出来的这类政治自由主义，针对价值提出了三个想法：其一，信念与价值观不能作为政治原则的根据，因此本身并不具有直接的政治意义，对于政治生活也并无直接的贡献；其二，有关“人”的看法，足以蕴含某种特定价值观，也同样不具有政治

[5] 约翰·葛雷著，蔡英文译：《自由主义的两种面貌》（台北：巨流图书公司，2002 年）。

意义，无法作为自由主义的核心价值；其三，政治领域与其他涉及价值考虑的“伦理”领域，需要截然划分。罗尔斯、拉穆尔、葛雷以及其他一些人，都接受了这种政治与伦理领域“断裂”或者“不接续”（德沃金语）的想法。

我们应该如何看待这三个想法？大略言之，这些想法一方面有助于清理自由主义的价值意识，但另一方面也对其价值意识形成很大的局限。一方面，历史上，自由主义出于现实所诱或者所迫，确实喜欢诉诸一些系于特定信念的目标，例如说自由主义有助于追求真理、发展文明、解放个性、推动社会进步，等等。政治自由主义认为这类价值不应当，也无法构成政治制度、政治原则的理据，是很有道理的。但另一方面，历史上，自由主义基于其个人主义的出发点，须视个人为终极价值。为了说明个人如何具有这种终极的价值地位，思想家提出过一些确有见地的人格理论，其中最著名的就是康德的自主个人观，以及密尔的个性个人观。可是政治自由主义，从罗尔斯到拉穆尔到葛雷，都明确并且不厌其烦地排除了这两种有关个人价值地位的说明。拉穆尔直率表示：自由主义是一套“关于政治的哲学”，而不是一套“关于人的哲学”[6]，这充分表达了他们的看法。但是这个看法需要梳理商榷。

这种想法，将“伦理人”从政治哲学移出去，只保留形式意义下的“道德人”或者公民意义下的“政治人”，或者更极端地将政治

[6] Charles E. Larmore, *Patterns of Moral Complexity* (Cambridge: Cambridge University Press, 1987), p. 25.

合作建立在和平共存的利害考虑上，是有其理论兼现实意义的。现实中，为了在具体的冲突情境中求取共存甚至合作，政治自由主义提供了一种有原则（而非只计算利害）的解决之道；理论上，国家的中立原则奉“对所有的人公平”为圭臬，既非相对主义，也不会允许国家自行其是，当然值得肯定。但是，自由主义的视野不会局限在政治性价值上；社会生活的本质也不会赋予政治领域完整的自主。那么，在价值多元的节制之下，自由主义的视野应该如何开展？

要回答这个问题，价值多元论便不宜喧宾夺主。在自由主义的视野中，“主”是什么？如上面所言，自由主义的主旨并不是维护价值多元论，而是在于维护那使得价值多元成为“事实”的个人的平等与自由。那么进一步追问，为什么平等与自由如此重要？那当然不是因为如此方可实现价值多元，而是因为平等与自由维护、助长了某种事关个人的关键利益。可是一旦追问这种利益是什么，就不能如政治自由主义一样，仅强调个人必须要是公民，需要在制度上保障其自由与平等，而是要问：“个人”的根本利益何在？显而易见，这是一个“关于人的哲学”的问题，终究会涉及现代性、社会正义，以及普世主义等棘手的议题。

四 更强韧的价值意识

如前所言，政治自由主义关切的首要任务，是在价值多元的事实前提之下，协助公民找到进行社会合作——或者和平共存——的条件。本文的论点是，这个任务固然很重要，可是追问得还不够彻底：为什么这件工作如此重要？显然是因为，自由主义的制度构想牵涉到了至关重要的个人利益。说得戏剧化（也简化）一些，自由主义本身（以及价值多元论本身）并没有内在的实质价值；它的价值来自于它所维护、帮助，以及构成[7]的某种地位更高的个人利益。政治自由主义坚持，对这种个人利益只能做限于政治层面的解读，从而得出，公民身份之下的合作条件，即是这种利益在政治领域最具体的表现。但是如果要说明个人本身的这种最高的利益，似乎不能不先提出一套超乎政治的人格理论。问题是：这有可能吗？

如本书前一章所述，在自由主义传统中，一旦追问到这种终极价值的问题，逻辑上会转变成一套有关“自我”相对于周遭环境作为“价值之源”的分析，目的在于证明个人这种主体具有终极价值。不过，既然关于“个人”价值的两种最雄辩的理论——康德的自主性理论与密尔的个体性理论——均已由于自主与个体性两项价值并不是能够普遍获得接受的价值（不论其背后的理论又是如何争讼不休），而遭到当代政治自由主义者的普遍谢绝，那么还有其他可能，说明自由主义所要维护的重大价值是什么吗？

针对这个问题，当代自由主义者德沃金和金里卡开启了一条思路。由于追问自我需要具有什么样的内在结构（康德）或者生活态

---

[7] 自由主义本身并没有实质的内在价值，但是我们不要因此误以为它只有工具价值；毕竟，在内在价值与工具价值之外，还有“构成价值”这个类别。下面会说到，自由地选择一件事物，构成了该事物之所以有价值的部分原因，因此我必须强调自由主义对于价值的“构成”（constitutive）功能。在涉及信念、终极价值观的问题上，当事人的自主认可与接受，确实是该信念或者价值观构成他的美好生活的一部分原因。在这个意义上，我们不能说自由主义所要求的制度等只有工具作用，仿佛自由选择与所选择的价值彼此完全独立。

度（密尔），方足以成为“一切价值之源”，需要提供繁复的形上学、人性论论证，确实事倍功半，我们不如改弦易辙，从概念的分析上追问：个人的最高层级的利益[8]是什么？德沃金的答案是：追求理想的人生。既然个人最高层级的利益在于追求一己的理想人生，那么显然就有必要追问“追求美好的人生”这件事，究竟是什么样的一回事？德沃金这个概念分析性质的问题貌似抽象，实际上蕴含着具体的内容：一旦开始追问什么叫作“追求美好的人生”或者“价值的选择”，就能逐步看出，个人的最高层次的利益，并不只是单纯地选择、认定一项理想安顿生命，更在于检查和测试个人当下所认定、追求的理想，是不是值得追求的理想。因此，所谓“去追求美好的人生”，完全不等于对于特定的“理想的人生”的抉择与认定；它并不是一个静态的接受过程，而是一种动态的、在追寻中塑造的过程。这里所关注的是一种批判、反思的活动，而不是一种状态或结论。在这条思路之下，我们可以提出三项观察：

> 第一，一个人永远无法确定他当下认定或者追求中的理想人生，是否即是真正的理想人生。原因在于，理想人生所牵涉到的价值，并不是根据当事人此刻事实上拥有什么愿望所能判定的，而是要牵涉到评价，牵涉到超乎愿望

[8] 德沃金把这个概念归于罗尔斯。我们用“最高层级的利益”去检验、选择其他的利益，判断这些利益是不是我们所要的；它们是我们对生活中各种内容作评价与选择的指标。见 Ronald Dworkin, “Comment on Narveson: In Defense of Equality,” *Social Philosophy and Policy*, vol. 1, issue1 (1983), pp. 530–546。

与偏好而涉及各种可能价值的判断。这种判断不仅参照“我是什么样的人”“我希望成为什么样的人”，更要参照“我应该成为什么样的人”，因此永远有怀疑、修改的余地和必要。

第二，但是当事人自己不能确定的问题，当然更不是其他人（包括政府以及宗教导师）能够替他来判断的。理由在于，理想的人生或其他价值观，一定需要经由当事人自己来认定，才真正具有价值。世界上存在着许多美好的事物以及理想，但是它们要构成某人理想人生的一个组成部分，必须要由当事人先来认可其美好与价值。当事人的认可，因此乃是美好人生的一个构成部分。

第三，由于当事人的认可，同时是一种对于自我的界定；而这种认可，又是一种高度评价性的活动，我们就必须认真面对一个问题：自我界定以及评价两种活动，都需要大量的文化与社会的资源，绝对不是政治性层面的资源、权利与机会所能穷尽的。换言之，追求最高层级的利益，并不是公民身份所能完全照顾的事，而需要更广泛的社群、历史、文化，以及制度层面上的资源与条件[9]。

---

[9] 这里所列的三项想法，根据德沃金、金里卡的著作，按照笔者自己的理解与思路整理而成。请参见德沃金：《至上的美德：平等的理论与实践》，冯克利译（南京：江苏人民出版社，2003年），第六章，以及金里卡的两本著作：《当代政治哲学导论》，刘莘译（台北：联经出版公司，2003年），《自由主义、社群与文化》，应奇、葛水林译（上海：上海译文出版社，2005年）。德沃金的观点架构十分复杂，此处的叙述高度简化。

在这三点思考的引导之下，我们回到前述自由主义的问题：自由主义需要提供什么制度性的条件，方足以按照这三项要求，庇护和协助个人追寻美好的人生？简单言之，首先，需要各类的自由，让个人有追寻与推敲、怀疑的空间；其次，需要各类权利，让个人能够摆脱既有的价值观与身份角色的局限、社群关系的羁绊、政治权威的支配与强制；再次，需要文化、知识上选项的开放与多样，让个人有条件选择与经营不同的价值观；最后，当然还需要各类物质性与社会性的资源（包括人身安全、健康、温饱、教育、社会地位等起码的资源），让上述的各类权利、自由、空间、资源具有实质的意义，而不仅是形式性的装点。这些条件，多数都是自由主义所设想的公民身份所能涵盖的。但是，公民还必须从事高度评价性的活动，诠释并且找到理由去认同这套公共生活。这时候，自由主义当然不得不注意在经济、社会、文化，乃至于性别、生活方式上的各类制度的意义，但这类意义通常并不是“中立”的理由能够指点过问的，反而需要强大的人性理念来支持与监督，更需要针对现代性、资本主义，乃至于国族特性与普世价值有深入的论辩。总而言之，自由主义不能以“政治性”或公民概念自限，不承认这些价值议题在诠释——以及改造——公共领域时的关键角色。[10]

笔者认为，这条思路为自由主义开拓了一个比较坚实的发展方向。比起不过问价值观问题、束手面对价值多元的景况，仅以“政

---

[10] 政治自由主义与“整全”自由主义最大的不同即在于，“中立的理由”是否足以构成诠释与接受公共制度的充分依据。笔者认为，这两者均属于极端；自由主义其实走在两者之间的第三条路上。

治”自限的政治自由主义，由于进一步追问“价值观的抉择”是怎样一回事，立足点似乎更宽广扎实，立论也要来得更强韧而积极：它可以导出更多的维护个人所需的资源与条件；它有可能根据各种价值观究竟是不是正视个人的最高层级利益，而在其间有所评比轩轾，不至于坠入“一切皆可”的相对主义；它也对于个人提出了高度的挑战，以一种非形而上的自主观要求反思的生活，让自由主义成为一套更彰显人文价值的政治思想。这样的自由主义，不但不会回避有关现代性、资本主义，甚至于文化认同的议题，反而乐于介入相关的争论，提出一己的明确主张。

五 自由主义的道德秩序与社会想象

不过，这套思路之所以丰富，还有一个更重要的原因，也是关键所在。不同于晚近自由主义将个人的价值观视为自明，不再追问所谓选择一种价值观牵涉和预设了什么，上述这条思路同时还意识到，所谓的价值抉择、生命安排，并不是单纯的个人“偏好”之挑挑拣拣；任何一种关于个人与价值之间关系的设想，都涉及了对于社会生活方式的理解与评价，以及自我的身份如何界定；也就是会牵涉到一套关于社会的想象，以及一种关于自我在其中的位置、自我与他人的关系的叙事，自由主义并不例外。换言之，如果采取这条思路，我们就需要找出一种陈述自由主义核心价值的方式，不能停留在纯粹概念层面进行分析，而要进一步指出这些分析所揭露的自由主义核心价值，如何构成了自由主义的社会观与历史经验的一部分。一旦建立了这种联系，前述自由主义在中文语境里所面对的挑战，其实乃是自由主义论述需要照顾的一个主要部分。

有趣的是，即使政治自由主义者如罗尔斯，也并没有忽视自由主义所应该关照的这种广泛面向。常听到有人批评，罗尔斯这类哲学家陷在抽象概念的分析之中，所论根本无涉于现实。他曾辩解称，之所以要从抽象层次极高的基本概念谈起，乃是因为现实中间的多元分裂蔓延深远。但他更再三致意，他的出发点其实并不是抽象概念，而是提炼“公共政治文化”，将社会生活设想为“自由而平等的个人在公平的条件之下进行社会合作”，然后追问探讨“这样的社会如何可能”。我要强调，罗尔斯用“公共政治文化”作为出发点，正是因为他要突出一个常遭政治哲学专业所忽视的思想史、社会史的事实：人们对于社会生活不仅有一套基本的想象，并且这类想象作为制度惯习，尤其是有意识的诠释传统，已经凝聚沉淀在该社会的“公共政治文化”中。当然，一个社会的公共文化不免是暧昧混浊、众说纷纭的，并且这种文化中所包含的社会想象不一定与自由主义同调。譬如，到了今天，无论在一般民情舆论中，还是在学院的论述里，所谓社会生活乃是丛林式的弱肉强食，所谓社会生活乃是一部大机器的运转，所谓社会生活系于博爱互助，或者依靠某种自发性的秩序，甚至于某一种历史选民的专政，都还是很有作用的社会想象。但这些想象，谁具有更明确的道德规范含意与价值意识，谁能更有说服力地将社会生活的各个方面统合成为整体，谁更能说明历史的动向与社会制度的正当性？罗尔斯认为西方历史已经解决了这些问题，剩下的工作就是由政治哲学家从中提炼“纲举目张的根本理念”，显然过于乐观；但他引历史为证，强烈推荐一种关于社会生活的特定理解，也并非闭门造车。他所选择的社会想象是“自由而平等的个人在公平的条件之下进行社会合作”。他认为，不从这里出发，才会坠入抽象的逻辑推演。但是从这里出发，问题就变成：这个想象是不是真能掌握现代社会生活的主要面向？

借用另一位哲学家泰勒的字眼，我认为罗尔斯之所以要从“公共政治文化”出发，正是因为其中沉淀着今天多数人心目中社会生活所体现的“道德秩序”。[11]自由主义要重视“公共政治文化”，是因为自由主义所设想的个人之核心价值会影响我们的社会想象，进而影响社会的基本制度与基本价值观。泰勒用道德秩序这个概念，指一套关于社会生活的基本面貌与性质的想法。他举的例子包括前现代东西方均流行过——也是中国人很熟悉——的秩序宇宙观，即世间万物构成一个上下隶属的层级秩序，其间的自然秩序与人间秩序之间具有某种模拟或者感应的关系。但到了现代，由格劳秀斯及洛克所发展的自然法理论则认为，社会乃是“平等的个人在互利原则下追求安全与富裕的工具”[12]。泰勒强调，这类对于道德秩序的看法，不仅提出了一套价值与规范，并且还呈现了相关的脉络，足以说明这些价值与规范的意义，以及其正当性所据。

我用泰勒的“道德秩序观”概念，补充罗尔斯的“公共文化观”，是想要显示，政治自由主义的哲学家出于专业习惯，容易将这类道德秩序观抽离孤立，仅视为一套哲学前提（如罗尔斯视为建立正义观时所用的“纲举目张的根本理念”），从而忽视了道德秩序观

[11] Charles Taylor, *Modern Social Imaginaries* (Durham: Duke University Press, 2004).

[12] 这个陈述，泰勒分为四点（个人主义、社会作为满足日常需求与利益的工具、个人的权利与自由，以及平等）加以说明，见上引书第 19—22 页。

作为一种关于社会生活的直观想法，会借着移转、渗透、蜕变等过程，影响与转化“社会实务”，在社会生活的各个领域，发展出不同的社会自我理解。社会的这种自我界定方式，泰勒称为“社会想象”，例如欧洲现代有关市场经济、公共领域，以及民主自治的图像，即构筑了现代社会成员的自我理解、生活背景，以及相互的期待。泰勒认为，从上述格劳秀斯与洛克所陈述的自然法道德秩序观（平等的个人根据权利借助于社会生活追求现实的利益），衍生成西方现代性的各类社会想象（市场经济、公共领域、民主自治），构成了欧洲现代性的历史。

这套从道德秩序到社会想象的分析架构，帮助我们看出，自由主义并不只是一套概念层面的伦理—政治原则，从外面指导（或者无力指导）社会制度；相反，它包含着一种基本的社会观、某种关于社会基本面貌与性格的图像，进一步在各个社会领域中构筑恰当的社会想象，让一己的面貌变得更明晰，同时又不得不有所蜕变；至于由它所催生的社会想象，也必须相应于外在条件以及当下的道德秩序观的内容，逐渐调整、衍生自己的内容和制度型态。

从这样的角度来看，自由主义与现代性，与资本主义，乃至于与非西方社会，其实并没有已经定型了的一种相合或者相斥的关系。历史留下了一些遗产，我们称之为中国自由主义的历史。可是这页历史，即使不论其内容的贫乏，原则上也不会告诉我们，自由主义在今天的中文世界能扮演什么角色。相反，今天的中文世界，仿佛处在一个迟到的格劳秀斯—洛克时期，在传统解体之后，人们仍在寻觅这个文明的基本社会观、道德秩序观，追问社会生活的基本目的与一己的责任究竟为何、对于社会又有什么期待。经过三百年的反思与实践，西方的道德秩序观已经从洛克蜕变到了罗尔斯与德沃金，从“平等互利”蜕变成“公平条件下的社会合作”，从资产阶级、男性家长所支配的共同体蜕变为挤进了各类人类族群乃至于动物和生态系统的“混合共同体”。相对而言，中国则经历了皇权宗法社会的崩溃、西方现代性的入侵、建立现代国家，以及社会主义的动员与实验。中国知识分子必须追问，这些历史，凝聚出了什么道德秩序观、什么社会想象？各位反现代性、反资本主义、追求“中华性”共同体的思想家们，准备提出什么不同于自由主义的道德秩序观（亦即非“自由而平等的个人在公平条件下进行社会合作”）？在各种内外现实条件之下，这种道德秩序观又可能蜕变、衍生出什么样的社会想象（亦即非“平等主义的自由主义”的社会制度）？“自由而平等的个人在公平的条件之下进行社会合作”，与中国革命史所追求的道德秩序观以及社会想象（“具有中国特色的社会主义”），相类相异又何在？我想，中文世界中不论是自由主义的批评者或者辩解者，都应该面对这些问题。

六 结语

本文在开始时，举出了自由主义在当今中国的环境里面对的几个纠结：自由主义对于现代性、资本主义，以及中国的特殊性，是不是能提出完整的说法、评价与响应？本文认为，自由主义认定个人的最高层级利益在于追求美好的生活，已经带出来了一种道德秩序观；为了将这种道德秩序观发展成完整的社会想象，自由主义正应该针对现代性、资本主义，以及中国如何适用普世价值等问题发展自己的论述，反对自由主义的人也应该提出相对的价值观、秩序观，以及社会想象。

笔者想要强调，自由主义的价值意识虽然默认最少的特定价值立场，设法以“政治价值”的形式为已足，但它其实是很丰富强韧的，足以对于上述几个议题提出意见与判断。自由主义的价值意识没有“厚”到排他或者压抑他者的程度，但是它并不“薄”；足以发展成一套完整的社会想象。

第三章

道德平等与待遇平等

试探平等概念的二元结构[1]

一 前言

一般认为，在各种政治价值之列，“平等”属于左派的政治主张，并不特别受到自由主义的青睐。但是笔者的看法相反。传统的左右之分混淆了制度论述与基本价值之分，造成了很大误解，并不妥当：自由主义不仅跨越了用平等或者自由的优先地位划分左右的传统窠臼，并且平等乃是自由主义所设定的最根本的政治价值。自由主义认为个人的最高层级的利益在于“追求一己的美好人生”，这是它的核心伦理价值；因此，自由主义所认定的核心道德原则自然即是尊重个人的这项利益，包括尊重追求这项利益时所需的各项条件与资源。既然如此，自由主义的核心政治道德，便在于认定每个

[1] 本文第一稿系“公民社会基本政治社会观念研究计划”第二次研讨会（2002年10月25—26日）的论文，会后曾做过较大幅度的修订、增补。今稿系因应《政治与社会哲学评论》的两位匿名评审人的意见进一步修订而成，作者要对他们的批评与建议表示感谢。

人的这项利益是平等的；政治共同体、政治权威对每个人的这项利益必须付出平等的关怀与尊重。在这个意义上，笔者曾经根据德沃金的说法，强调自由主义所认定的根本政治价值乃是平等。[2] 在此，为了厘清相关问题，进一步说明当代自由主义对于平等概念的理解，我将试着针对平等这个概念的历史与结构，撰写一章简短的概述。

在西方政治思想的传统里，平等是一个相当古老，也相当基础性的议题。古典政治哲学和基督教传统，均注意过与平等相关的许多问题，也根据各自的内在逻辑，对平等概念的意思有所发挥，对平等的价值有所肯定（或者否定）。不过，要到近代，尤其是 18 世纪以后的西欧，平等才真正成为一项独立而强大的核心政治价值，有关它的讨论也益发兴盛。

但是平等概念究竟应该如何了解？它的要求究竟是什么？平等又牵涉到什么问题？历来的讨论，在这几方面的说法有如乱麻，并不容易理出头绪。有见于平等概念的内在复杂程度，往往干扰到今人对于它的认知与评价，在深入它的内容细节之前，先对它的结构加以整理，是有理论与实践两方面的意义的。

本文的主旨并不在于枚举排比有关平等的各类观点，而在于整理出平等概念的一项或可归于结构性的特色。本文试图显示，平等的主张，必然呈现一种二元的结构：一方面，主张平等，需要肯定所有适用者的道德平等；另一方面，主张平等，还需要根据这种道德层面的状态，判断在实际社会生活里，人应该受到什么样的待遇，

[2] 见钱永祥，《纵欲与虚无之上：现代情境里的政治伦理》（台北：联经出版公司，2001 年）。

才算满足了道德平等的要求。[3] 作为一项道德价值，平等业已获得了相当普遍的认可，虽然其理由还常见争论；但是由于道德平等这个概念本身无法决定在待遇层面需要获得平等的是什么，平等的实质要求始终会是聚讼的焦点。

平等概念的历史面向与发展历程，一定程度上可以透过这个二元特色来整理和叙述。本文拟首先就它在西方思想史中的发展，做简要的探索与综合。这个二元结构在历史上的出现与转化过程，尤其是道德平等如何克服自然与社会的等级身份而终告成形，它又如何经由公民身份构成待遇平等的动力，值得我们了解。[4]

其次，在概念层次，这种二元结构的内容，需要加以说明。平等问题所涉及的面向很广，可以从不同的应用范围来设法理解；例如法律的平等、经济的平等、社会的平等、政治的平等，所要求的并不是同样的东西。它与其他政治价值——例如自由、正义、公共利益、效率，等等——的关系也至为复杂，不能下简单的定论。不过，这些问题与本文的主旨无关。在本文中，笔者拟参考当代英语

---

[3] 这个区分，罗尔斯尝指明为“有关某些财货（goods）的分配”的平等，与“人们无论社会位置应该享有的尊重”之平等。见 John Rawls, *A Theory of Justice* (Cambridge, Mass.: Harvard University Press, 1971/1999), p. 447。“待遇”当然涵盖极广的范围，既包括了各类不容剥夺，并且其分配不容有程度之分的事物，例如权利、自由、法律身份，也可以仅适用于资源如金钱、教育、医疗，等等。在本文中，“待遇”指的主要是后面这一类。

[4] 一些学术性参考书里有关平等的条目，通常会简略介绍平等概念的历史发展，例如 Stanley I. Benn, “Equality, Moral and Social,” in Paul Edwards, ed., *The Encyclopedia of Philosophy* (New York: Macmillan, 1967), vol. 3, pp. 38–42; R.R. Palmer, “Equality,” in Philip P. Wiener, ed., *Dictionary of the History of Ideas* (New York: Charles Scribner' s Sons, 1973), vol. II, pp. 138–148，但是较完整、系统的专题思想史著作似乎不多见。本文以下所交代的简史，参考 Henry Phelps Brown, *Egalitarianism and the Generation of Inequality* (Oxford: Clarendon Press, 1988), part I 颇多。

政治哲学的一些文献，集中讨论平等这个概念所涉及的几个概念性问题，以资说明道德的平等与待遇平等的分辨为什么有其理论上的必要；以及根据这些理据，待遇平等的问题结构，如何逐渐将“平等”问题转化成“公平”的问题。

二 平等概念的思想史

我们常有一种印象，认为平等乃是一项特属于现代世界的价值；在前现代的社会里，由于族群、性别、等级或者身份范畴对于个人的地位往往具有决定性的意义，其间差异表现为悬殊的差别待遇，是很普遍的现象。这个印象不算完全准确，不过也并不失真。前现代的世界观，比较重视个人身上的某些属于自然或者社会的属性，常常根据这类属性在人与人之间有所区辨，给予不同范畴的人们差异悬殊的待遇。但是在前现代的思维中，并不是没有普遍性的要求，以及因此取得的普遍身份、普遍人性的想法。从差异和特殊性向普遍性的移动，影响平等概念的发展甚巨，值得作为以下论述的架构。

1. 古典思维。在前现代时期的西方，平等并不是一个获得广泛认可的价值。亚里士多德的公式“一样的东西一样对待，不一样的东西不一样对待”（*Politics*, III, ix, 1280a），是古典时期的基本态度；这个说法不是不可能具有平等主义的意涵，但在古典世界，由于各类人等明显并不是“一样”的东西，人身上的某些差别往往被赋予绝对的意义，所以自然不能受到“一样”的对待。古典思想对于人的差别性了解，大致上以人性本质上的差别为本。例如柏拉图说到人性中有贵贱不同的属性的成分，决定了每个人的适宜职位

（*Republic*, III, 415）；例如亚里士多德提到男与女、自由人与奴隶、人与动物，各自都有其本性的差异（*Politics*, I, v, 1254b），从而蕴含着不同种类、不同程度的德性，也就蕴含着地位不同、待遇不同的必要。

不过这类观点的存在，并不代表希腊人没有平等的概念。至少在两个意义上，希腊人肯定平等：一是法律之前的平等，一是公民地位的平等。虽然后者局限于身为雅典人、男性家长的少数人，前者却具备高度的普遍性，保留住了平等概念的立足之地。后面我们会见到，这两个意义下的平等概念，即使仍受制于某些特殊性，已经呈现了二元结构的雏形，对于后代平等概念的发达影响相当大。

2. 斯多亚学派。亚里士多德死后，希腊的城邦时代结束。随着马其顿、罗马等新势力先后横扫整个希腊世界，一种超越城邦的普遍人性与普遍秩序的观念逐渐浮现，斯多亚学派是这种新世界观的代表。斯多亚学派有关理性的自然法，以及人类均具备内在理性、可以认识自然法等想法，将人类带到一个以普遍性为突出特征的层面上，从而人“在一种作为人的意义上是平等的”的想法，逐渐成形，摆脱了原先以生物（性别）、社会、阶级、地域等因素为主的特殊身份决定论。这项发展，对西方世界平等概念的发展具有划时代的意义，可以说是在道德上肯定人皆平等的滥觞。此后各家理论，多少皆是以自己的概念架构设法诠释“人在一种作为人的意义上是平等的”的基础想法。不过它并没有自行直接提出制度平等的要求。由于斯多亚学派的整套思路是“内向”的，强调这种平等属于人的内在人格，相对贬抑外在身份、地位，与财富的道德意义，所以制度上的平等与否显得并不重要。但是斯多亚学派的普世主义平等观，间接在罗马法传统中获得了表现，对于后世影响可观。值得注意的是，后代一些肯定道德平等的论述，往往会将道德平等局限在某一种抽离的人格或者地位上，结果并不以为某些明显的制度性歧视抵触了道德平等的要求。平等似乎一定只能就人身上某一种或者几种抽离的面向来谈；而这种抽离，一定会使某些差别、某些待遇的差异遭到忽视。斯多亚学派的平等观，表现了平等概念的这种无可避免的选择倾向。

3. 基督教。论者常指出，对于平等观念的兴起与在西方世界的传播，基督教居功厥伟。基督教强调个人与神的直接关系，又强调所有人等在神里面的团契合一，因此它的社会观以“绝对的个人主义”和“绝对的普世主义”[5]为特色，自然会发展出明确的平等思想。不过也有论者指出，由于基督教思想以神为中心的取向使然，它所认识的平等观念，“完全是在上帝面前和在上帝里面的平等”。由于基督教平等的参考点是神，所以不同于斯多亚学派，这种平等并不是一种所有的人“自然”拥有的权利。严格来说，它先是一种所有人与神疏离的有罪状态，是消极的平等；而积极意义下的平等，也就是分享救恩的平等，却不是每一个人都能保证拥有的。这种平等观，虽然确定了救恩所带来的终极价值（救赎）是平等发配的，但是救恩本身的发配，以及从救恩到终极救赎的过程中间所涉及的遭

---

[5] 这两个名词，见特尔慈，《基督教社会思想史》，戴盛虞、赵振嵩编译（香港：基督教文艺出版社，1960），第 32 页。原文见 Ernst Troeltsch, *Die Soziallehren der christlichen Kirchen und Gruppen* (1911)；英译见 Ernst Troeltsch, *The Social Teaching of the Christian Churches*, English Translation by Olive Wyon (1931) (Chicago: The University of Chicago Press, 1976)。

遇与因素，是否也是平等的呢？基督教神的超越性与“他者”性，在根本上排除了这个问题的存在。于是，人在有罪以及享受到的救恩两方面虽是平等的，但是救恩并没有保证，人是不是具有平等的条件追求救恩；这则是一个不相干的问题。

由于这种思路的作用，基督教视人在神的面前一律平等的想法，虽然对于后世影响极大，可是主流基督教对于现世政治、社会制度的不平等，并未提出积极的取消或变革要求。相反，世间的不平等，被视为人类原罪的结果；人类的堕落状态，足以证明世间的等级与差别待遇是有理由的。从这个角度来看，基督教的平等思想初起，即已体现了道德平等与待遇平等的分歧。这类属于尘世的不平等，或许被视为不在宗教领域之内，不是平等概念所需关切的问题；又或许被视为神意的表现，乃是神针对人的堕落状态自有其用意的安排。[6] 在后面这个思路之下，不平等甚至可以取得正面的含意，认为各种社会位置的差异与分化，反映了神意对于一个有机复杂社会和多层次宇宙的构想，涉及了秩序的形成与维护，其中自有深意。这种有机的、等级的模型，乃是中世纪世界观的一个重要组成部分。[7]

4. 中世纪与近代初期。进入中世纪以后，兴起了所谓的有机秩序观和等级秩序观[8]，便均无须费词于人的天生平等或者不平等，依

---

[6] 有关基督教的平等观，笔者参考特尔慈上引书，特别见第一部第二章。

[7] 见上引特尔慈书第二部第十章。

[8] 这两种有关宇宙 / 政治秩序的观点，有机论请见 Antony Black, *Political Thought in Europe 1250-1450* (Cambridge: Cambridge University Press, 1992), pp. 15–18；等级论请见 Robert Eccleshall, *Order and Reason in Politics: Theories of Absolute and Limited Monarchy in Early Modern England* (Oxford: Oxford University Press, 1978)。

然可以径行肯定不平等的社会制度。即便指出个人身上的任何普遍特色，也无碍于得出不平等的结论。有机秩序观将社会视为一个完整的有机体，各类人等在其中发挥不同的功能，完成整个有机体的健全运作，一如人体四肢与各类器官各司其职，保障整个身体的健康与活动。例如一个常见的说法认为，教士有如灵魂，国君有如头脑，法官有如眼耳舌头，官吏和军人有如手，农民则有如脚。这种功能的分化，自然蕴含着各项职能之间在地位上与待遇上的不平等。

等级秩序观则应用于“万有之大序列”（the great chain of being）的学说，将宇宙秩序（其中包含社会秩序）划分为众多等级，而各个由等级所组成的系统，彼此之间又对称呼应。天上有着由神与各级天使组成的等级系统，空中有着由太阳与各级星球组成的等级系统，自然界有着由狮子为首的动物等级系统，人间也有着由国君以下各级身份人等所组成的等级系统。等级系统的维持，保证了系统本身的稳定和谐。这种等级制度，同样蕴含着不平等的身份、地位与待遇，也说明了这种不平等在什么意义上是合理的。

5. 自然法思维。不过，随着社会组织方式的转变，个人身份逐渐从固定的等级身份抽离，进一步个人主义化，这类关于社会的有机体论、整体主义观点逐渐失势。文艺复兴运动中的人文主义，恢复了人在基督教取得支配地位之前的自主与尊严地位；宗教改革则着力强调所有的信徒在神的面前是平等的；自然法理论宣扬自然状态中人的平等和善良；新兴的机械原子科学观，也有助于个人地位的抽离。这几方面的思潮与运动，共同促成了个人地位的优先、独特与平等，相对也就降低了由社会关系、社会位置决定个人身份与地位的程度。这整套观念的发展，最后演变成相当完整的个人“道德”上平等的理论。

但是这种关于个人平等的论述，由于明确突出了个人在进入社会之前、纯粹人格意义上的平等，也就必须明确地指认道德人/道德平等与社会人/社会（不）平等之间的截然二元性格。在当时，这种二元性表现在平等论述均局限在人的“自然”平等，以及“自然权利”的平等，其他政治、经济、社会方面的（不）平等，往往被视为体制正当性的一个附属部分，并不是思想家讨论的焦点。换言之，从道德或者自然平等推导出来的实质平等，涵盖的范围还极为有限。

霍布斯、洛克都是这种观点的典型代表。霍布斯强调人在自然状态中间的事实平等——伤害他人的能力的平等，以及欲望的平等——以及从这种事实平等所导出的自然权利的平等（*Leviathan*, xii，1-3）。由这种事实上和权利上的平等，自然法要求所有的人都以平等相互对待（xv，21）。但到了建立政治秩序之后，由于各类经济、社会生活可以平顺进行，地位、财富等方面出现了不平等，不过既然所有的权利都让渡给了主权者，任何不平等都可以说是由主权者所容许的，因此在主权者眼里不平等本身是没有意义的。在主权者眼里，也就是在法律面前，所有的人都是平等的、一样地没有权利的。换言之，霍布斯肯定了人的天生平等与政治属民身份的平等，但是其他方面的（不）平等并没有进入他的视野。

到了洛克，一方面，他肯定所有人的天生平等（*Second Treatise*, § 4），但是他也明确将这种平等局限于政治关系，即他所谓的“彼此的管辖与支配权利都是平等的”，在能力、德性、社会地位和财产等方面容许不平等（§ 54）。在这中间，洛克不认为有矛盾之处。那是因为在洛克否定他人对自己的“管辖和支配”权利之背后，另有一套“人是自己的拥有者”或“自我所有论”（self-ownership）的个体观：每个人都拥有“自己”，尤其是对于自己的劳动力及其果实，有主动的使用、支配与处理的权利，不容他人干涉。每个人在这方面的权利，天生（自然）是一样的。可是后天在社会里的生活，由于这种“拥有权”使用的优劣高下，经由货币制度形成积累效果，遂造成了财产的不平等。另外，有些人并不具备或者放弃了独立处置自己的权利，遂连政治权利也无法行使，例如家庭里的妇女、仆佣。儿童尚未具备这种自我拥有的能力，自然也就难以避免家长权力的约束。在这些情况里，甚至政治权利——参与政治的机会——也不是普遍的，当日英国社会的实际状况正是如此。

6. 18 世纪。18 世纪开始，平等不再只是哲学家笔下的论述，更逐渐成为针对大众的要求。两份当时的革命文件——美国的《独立宣言》和法国的《人权宣言》——再度复制了上述关于平等的二元论述，既包括名义平等的要求，也包括对于实质不平等的宽容。两份宣言具有划时代的地位，都开宗明义地宣示人的“生来平等”，也都在相当程度上赋予公民在法律与政治地位、权利上的平等（女性、非白人例外）。不过，关于人们在财产、社会地位上的不平等，两份文件保持缄默。当时的人普遍认为，财富的不平均，不仅构成了严重的社会问题，也有害于政治共同体的凝聚与稳定。但是另一方面，他们对于人与人之间能力的差异、对于由此导致的社会等级差异，又高度地坚持，视其为社会秩序的基础。[9]

---

[9] 见 Henry Phelps Brown, *Egalitarianism and the Generation of Inequality*, ch. 3。晚近 Lynn Hunt, *Inventing Human Rights: A History* (New York: Norton, 2007)，对于18世纪所开启的平等意识，从“阅读”角度提出了有趣的观点。

卢梭的思想，为平等的这种歧义提供了经典的陈述。在 1755 年出版的《不平等起源论》中，他讴歌原始状态中人的自然平等，痛诋冶金技术与农业的发展带来分工制度与私有制，形成贫富悬殊，进而造成强者倨傲与弱者卑贱的对比，荼毒人性尊严。文明的这种发展，最后借着欺骗性的契约，形成专制的政治制度，供强者、富有者保护一己利益之用。不过对这种欺骗性的契约的揭发，似乎只属于卢梭的社会分析。到了他进行政治分析的时候，却又寄望于真正的社会契约。于是在 1762 年出版的《社会契约论》中，他一改前说，乐观地认为，尽管人与人之间会因为体力、心智等方面的不同而造成自然的不平等，但只要经过真正的社会契约过程，依然可以取得道德上与法律上的平等。这种由契约与法律所建立的平等，要求“人人都有一些东西，没有人拥有过多的东西”（*Social Contract*, I，9）。换言之，到了《社会契约论》的阶段，由于卢梭严格地区分开人的自然身份与公民身份，于是他一改前说，相信道德 / 政治意义的平等与自然 / 社会意义的不平等，并没有冲突，前者甚至对于后者会形成某种程度的制约。公民的政治平等，有可能纠正社会生活里的不平等趋势：“恰恰因为事物的力量总是倾向于摧毁平等，所以立法的力量就应该总是倾向于维持平等。”（*Social Contract*, II, 11）

卢梭这种对于道德 / 政治平等的重视与期待，在 18 世纪另外两位彼此泾渭分明但都极具启后之功的思想家身上，可以明白地看出。康德的本务论与边沁的效益主义，本来属于两极对立的道德学说，却都视“普遍性”为道德思考的界定性特征。这种普遍性的平等含意相当明确：消极而言，否定人与人之间的具体差异具有道德意义；积极而言，则认定了个人本身在道德意义上的平等。在康德那里，这种平等表现在个人被视为目的自身，其理性的自主性必须受到尊重。至于这种个人道德地位的平等，以及所衍生的平等尊重，会要求什么样的对待方式，由于平等概念的适用对象局限在只是作为道德主体的抽象个人，康德并没有提出明确的论述。在边沁那里，这种道德平等表现在每个个体的快乐／痛苦都被列入考虑，并且同样的快乐就具有同样的计算分量，“每个个体都算做一个，没有任何个体当作超过一个计算”。不过他所列入考虑的完全是痛苦与快乐，每个人所承受的苦乐虽然等量齐观，个体本身却似乎毫无价值，结果跨个体的苦乐加总，会带来牺牲某些个体的后果，事实上并没有平等地对待所有的人。康德与边沁这类关于平等的理解，无论诉诸一个超经验的人格，或者诉诸个体最具体当下的快乐／痛苦，表面上都假定人与人之间的差异丧失了意义，一种“人作为人”皆平等的想法，取得了主导地位。但是由于忽视了具体的个体生活需要，它们都没有充分正视待遇平等的问题。

7. 民族主义与公民身份。18 世纪以降，民族主义的勃兴与公民身份的发达，构成了强大的动力，原先道德／政治平等理念的主导地位，终于开始在制度、社会层面逐渐取得完整、具体的形貌。首先，民族主义认为民族成员的身份相对于其他身份是优先的。由于民族身份属于克雷格·卡尔霍恩所谓的范畴身份（categorical identity），无所谓量或者质的差异，因此民族主义视所有成员为同样的个人，用民族身份帮助其成员取得了某种平等的地位，并且这种平等身份足以与其他不平等的身份相颉颃，甚至于压倒其他身份的不平等。[10] 其次，民族主义将整个民族高举到最高的（主权）地位，不仅突出了民族成员的政治地位，也赋予他们某种平等的政治权利。[11] 在地位与权利这两方面，道德 / 政治平等的普遍性与优先性，借着民族主义获得了稳固的地位，由“国民”这个概念来加以制度化。

“公民”的意义似乎与国民相同，不过它更着重个人身上属于个体（相对于族群、社会关系）的一面，着重可以加以制度化的权利与义务。公民身份由个人所拥有的权利与义务所组成，并且这些权利与义务乃是平等的。18 世纪以降，公民身份先后以市民权利、政治权利、社会权利的形式，一方面在内容上逐渐丰富，另一方面在范围上逐渐伸展。公民身份的发展与扩张，意味着一系列平等的权利，不仅在内容上涵盖愈来愈多的方面，也扩充延伸到愈来愈多的个人身上。[12] 这是一个将平等的要求普遍化、具体项目化的庞大过程。它以市民权所保障的个人自由为起点，虽然着眼仅在于个人的道德 / 政治平等，却以政治权与社会权所保障的政治参与、社会福利为终点，追求经济、政治、文化的平等。

鉴于此，我们可以说，平等概念的发展已经成熟；平等的二元

---

[10] Craig Calhoun, *Nationalism* (Minneapolis: University of Minnesota Press, 1997), pp. 42–47. Calhoun 所用的字眼是“等值的个人”(equivalent individuals), 并没有直接称民族的成员为“平等”。

[11] 这方面的讨论见 Liah Greenfield, *Nationalism: Five Roads to Modernity* (Cambridge, Mass.: Harvard University Press, 1992)。

[12] T.H. Marshall, “Citizenship and Social Class,” in Robert E. Good and Philip Pettit, eds., *Contemporary Political Philosophy: An Anthology* (Oxford: Blackwell, 1997), pp. 291–319. 此文原发表于 1949 年。

性，在充分肯定道德／政治平等之后，开始追问这种平等蕴含着什么实质的平等待遇。原先分歧的二元，即将开始一个以结合为一维目标的发展过程。这个要求，构成了今天在政治哲学领域经营平等概念的主要课题。

三 平等概念的哲学分析

以下，我们依循政治哲学中较为常见的讨论方式，将有关平等的概念性问题，分为三个方面来整理和陈述。第一，直觉的平等概念，也是最接近现代人基本政治预设的一种平等概念，以普遍和抽象为其特色，试图说明什么叫作“个人在一种作为人的意义上是平等的”。这种平等概念的具体表现即为道德／政治的平等。第二，分配的平等问题，主要指经济资源的分配如何算是平等。这个问题不仅现实意义重大，也可以显示平等概念的内部架构相当复杂。第三，身份的平等，也就是晚近正开始受到瞩目之有关身份认同的平等问题。选择这三个议题，原因之一在于，关于人作为人的道德平等，虽然皆信具有自明的妥当性，其意义却仍然相当模糊，值得加以澄清。其次一个原因在于，今天的人对于法律、政治、社会的平等，至少在理解上有较大的共识，而“公民”身份——也就是个人的法律、政治、社会权利——的高度制度化与普及，也促使这几方面的平等具有相对而言够稳定的内容。相形之下，关于经济分配的平等，以及身份认同的平等，引起的理论问题相当棘手，恰足以显示，道德平等蕴含着什么样的经济、社会、文化等方面的平等，仍然有待厘清；道德平等的概念对于分析待遇平等究竟有什么含义，也仍然晦隐。尽量拂去此间晦隐，有助于我们看出平等这个观念与自由主义以及正义问题的密切关系。

1. 平等概念的“方面”逻辑。乍见之下，平等所描述、要求的状态似乎很明确：所谓要求甲和乙平等，意思就是宣称甲和乙具有一样的权利或者地位，或者要求两个人所受到的待遇应该一样。可是什么情况之下可以要求（或者宣称）甲和乙平等？甲和乙“受到一样的待遇”又是什么意思？这些问题包含着相当复杂棘手的纠缠，需要进一步分析。

不过，有一个最基本的概念问题，值得先做澄清。毋庸置疑，任何两个个人，都在无数方面有大大小小的差别。可是当我们说甲和乙平等，意思却正好是说，即使有众多差别的存在，他们在某个方面仍然是相同的。换言之，说两个人相同，逻辑上预设了一个做比较用的尺度，按照这个尺度，我们才能知道他们是相同的，即使在其他各个方面他们极为相异。谈平等，似乎不能不先确定这个尺度是什么，然后才能有意义地主张、要求平等。而所谓尺度，当然是指忽略其他、只针对某个特定方面做衡量与比较。基于这个概念性的考虑，不少哲学家强调，“平等”永远是指“某个方面的平等”，而不能当作一种一般、抽象的状态来理解：所谓“平等这回事本身”（equality as such），其实是一个没有意义的概念。即使是最激进的平等主义，所要求的平等往往也只是——当事者所重视的——某个具体、特定的方面的平等，而不可能是所有方面，或者并无特定方面可言的泛泛平等。

古希腊人开始谈平等的时候，就注意到了平等概念的这个逻辑特色。当时并没有人人皆平等的概念；历史学家修昔底德和希罗多德所描述的“法律之前的平等”（isonomia），就是在承认了人的多方面不一样之后，所提炼出来的一种最普遍的平等概念。可是即使这种普遍性，也具有明确的脉络，那就是在法庭中地位的平等——无论个人的身份、特色、地位、德性相去多么远，在受审席上都是平等的—而不是一种无分场合与议题的平等状态。[13]

平等概念的“方面”逻辑，蕴含着一个极其重要的认识：既然平等永远是指个体的某一个方面，或者分配某一种事物时的平等，那么该一方面的平等，或者该一事物分配上的平等，通常会伴随着其他方面、其他事物之分配的不平等。两个人法律地位的平等，并不排除经济地位的不平等；所得的平等，一般会造成快乐程度的不平等。这个平等与不平等必然并存的事实，进一步说明了平等概念的使用，在逻辑上必须依附于某种关于人生之中什么事物或者什么方面，具有特殊意义的判断上。根据这种判断，才能说明为什么就该一事物或者该一方面追求平等，是如此重要的一项价值，以及为什么可以忽视其他事物或者方面的不平等。[14]

2. 人作为人的平等。不过，如前文所示，近代世界对于平等的要求，往往出之以一种单纯的普遍形式，强调所有的人作为“人”的平等，并没有指出人在哪一个方面被赋予这种平等。近代平等概念的这个形式，难道犯了什么逻辑错误吗？美国《独立宣言》说“人生而平等”，却没有指明在什么方面平等，难道因此是不可能有意义的吗？其实，这类“泛”平等主义的陈述，有其很重大的意义，

[13] Janet Coleman, *A History of Political Thought: From Ancient Greece to Early Christianity* (Oxford: Blackwell, 2000), pp. 28–29.

[14] Amartya Sen, *Inequality Reexamined* (Cambridge, Mass.: Harvard University Press, 1992), pp. 23–25.

不能轻易抛弃，因为“所有人的平等”，乃是近代人的一项基本道德直觉，将其否定所带来的后果很难想象。[15]你可以尽量逐一指出人与人之间的无穷差异，你也可以尽量反驳特定的平等要求，你甚至于无妨主张尽其放任而不平等的经济体制，但你还是会肯定所有“人”的平等。这样一种看来极为抽象，但是其否定又有全盘的严重意涵的平等概念，应该如何理解？

其实，这个关于平等的想法，并没有违背平等概念的“方面”逻辑。它的意思可以这样了解：在某个仍待指明确定的方面，人需要被视为平等，并且由于这个方面极为根本，对人之所以成为“人”极度重要，人在这方面的平等不仅不依靠身上的各类经验性特色（无论先天或者后天），并且根本与你可能加以客观指认的特色及差异无关。论者会说，这样的平等主张，当然不是容易证明的。它好像是说，我们并不需要先找到什么明确的指标或尺度，就可以断言所有人的平等。这种似乎先验可是又不待形而上证明的信念，该如何理解？

前面的思想史叙述已经提到，历史上有过几类说法，试图指出人“作为人”所具有的某一种本质性的特色或者地位，具备毋庸置疑的普遍性。不难想象，这种特色不可能属于经验领域，因为任何

[15] 德沃金（以及阿玛蒂亚·森）认为，所有当代的政治理论——包括诺齐克式的放任自由主义也主张名分权利的平等——都承认了基本的平等要求（即道德平等），虽然如何才算满足平等的要求（即本文所谓的待遇的平等），各家看法泾渭分明。依此说，当代政治哲学整体处在一种“平等主义的平台”（egalitarian plateau）上。见 Ronald Dworkin, “In Defense of Equality,” *Social Philosophy and Policy* (1983), p. 25; Will Kymlicka, *Contemporary Political Philosophy: An Introduction*, rev. ed.,(Oxford: Oxford University Press, 2002), pp. 3–4（持此说最有力，构成该书的论证架构）；Amartya Sen, *Inequality Reexamined*, pp. 12–13。

经验特质，必定蕴含着偶然性所造成的差异与不同，不可能具备所要求的普遍性。于是，思想家试着在超乎经验层面的方面，举出过许多属于定义性的特色：人乃是神按照自己形象所创造的成品，或者人具有理性、自我意识、自然权利，等等，作为人类普遍平等的根据。不过，这些特色——至少就它们作为可能客观指认的特色而言——在今天似乎愈来愈难以置信。

解决之道，在于正视上述“人之所以为人”的面向究竟该如何理解。一个关键的想法是：人之所以为人，正在于他不能被任何“方面”所支配与穷尽，反而可以对自己各个方面的特色有所认知、诠释、评价，甚至于改变。一方面，他在现实中生活，身上各式各样的身份、特色与经验由他人或者社会赋予含意；由于这些身份、特色与经验不可能是一样的，社会所赋予的含意也就经常不是平等的。要求平等，正是试图打破社会成见、习俗与制度强加在当事人身上的各种特色的不平等的含意。但是另一方面，个人又是在“过”这生活的主体，对于自己是谁，对于自己在做的事情，会根据自己的意图与目的，持有自己的理解（认知、诠释、评价、创造），不会等同于这些外加的标签，也不会等于这些标签的总和，甚至于根本不愿意认同这些标签。在一个不平等的社会环境里，个人身上的标签带给他不平等的身份。如何排除这种社会环境的影响，让当事人自己的观点与诠释能够成立、彰显，正是追求平等的一个主要考虑所在。

从个人的这种双面特色来看，“作为人的平等”来自人的主体身份，即他的主体观点受到平等的尊重。这包括（1）尊重个人的主体观点，尊重他对自身身份、特色、经验的描述与评价，尊重他的意图、目的、感受，拒绝用他人或者社会的标签去界定他；拒绝施加这种尊重，无异于宣称这个个体只是一个由外力来界定的对象，不是一个具有主体观点的人；（2）这种尊重原则上应该是平等的，任何折扣或者限定都必须指出为什么在这里我们可以压抑当事人的主体观点，但这种压抑的理由往往只是反映了社会的成见或者权力关系。这种对于主体观点的平等尊重，即构成了“道德平等”，因为这种平等所根据的只是“不要把人当作被界定的对象”这个道德原则，而不是任何形而上、宗教或者现实的利害考虑。[16]

人的平等，意指这种作为主体的身份获得平等的尊重。一旦在这个意义上承认了人的平等，他们身上与这种身份相干的特质，也就取得了同样的道德意义，成为考虑如何对待他们时的参考项目。换言之，因为他们具有主体身份，他们身上被视为与此身份相关的特质，便需要和其他人身上的同样特质受到同样分量的尊重与考虑。[17]

---

[16] 以上关于“人的平等”的理解来自 Bernard Williams, “On the Idea of Equality,” in Peter Laslett and W.G. Runciman, eds., *Philosophy, Politics and Society*, 2nd series (Oxford: Basil Blackwell, 1962), pp. 110–131，特别见 pp. 116–120。如威廉斯所言，这个想法来自康德的“尊重个人作为目的，而不是将人视作手段”的启发。所谓视个人为目的，一部分的意思正是说，将个人视作会自行决定、界定、经验与诠释其一己行为与生命的主体（agent），而不是一个由外界社会或他人眼光来界定的客观的身份、职业、角色。威廉斯所谓的“当事者如何理解自己”涵盖其实很广，包括了个人生活的整体，也就包括了选择、安排、修正、感受、遭遇，等等，使用“理解”这个高度认知性的字眼，反映了威廉斯本人的视野比较狭窄，这其实是会引起误解的。此文也收在前引 Goodin and Pettit 所编的文集中。

[17] 将个人视作自己生命的主体这套说法，显然倾向于自由主义的基本立场。一旦认为平等所指的乃是每个人有平等的权利取得这种主体身份，接着就会认定平等乃是自由主义的核心价值。进一步而言，在这种观点之下，各类平等主义（例如社会主义）与自由主义的关系，就不可能如一般所想的属于一种原则上、道德上的对立，或者取代的关系，这反而属于政策判断的歧异。自由主义中的平等主义成分，与平等主义（包括社会主义）中的自由主义成分，几乎未曾受到各个立场的人士真正面对过，却是亟待探索的问题，在此则必须略过。

以上这套关于人之平等系于他们的主体身份获得尊重的想法，用今天自由主义的语言来表达，便是主张所有的人应获得必要的保护与协助，能够从自己的角度来选择与进行他认为有价值的生活。这个意义上的平等，应该称为“道德的平等”，因为它凸显了主体之地位对于个人作为人的道德意义：它使个人的选择成为可能，从而个人能够安排一己的生活，也才说得上有责任可言。关键在于，只有先承认了个人的平等，个人才取得真正的权利与机会，去自行抉择、修改、追求他的理想生活——所谓“真正”，意思是说他自己的选择与修改、追求的机会和结果会受到尊重，而若是外力使得他无法进行这种选择与追求，或是其结果造到压抑，他便可以算是受到了伤害与侵犯，需要协助或弥补。换言之，赋予人们平等的地位，目的在于保障个人“自行安排生活”这项最高利益。毕竟，设法让生活活得尽可能美好，并且是真正地美好（而不只是自以为美好而实际是错误的），正是每个人的最高层级的利益所在。[18]

这样子来看，人并不是因为有了理性、天赋权利、自主性等特质，才取得平等的地位，而是要先被视为平等的主体，这些特质或能力才“算数”，才能成长、发挥。而拥有了主体的地位之后，当事人才能意识到，追求理想的生活是他的终极利益所在，这种最基本的利益才有机会实现。其实，否定一个人和其他人平等，通常并不是因为他真的缺少了某种上述的特质，或是身上有什么不同的特质，而只是因为否定者（通常为了自己的利益）将他们视为被界定

[18] 由于维护与实现这项利益还需要自由，自由与平等的关系，根本不必如一般所想，以为是截然对立或者冲突的两种价值。

的对象，不愿意他们取得按照己意“过出自己人生”的机会，实现他们最重要的利益。这种否定，只是意在剥夺。

3. 视为平等的人。以上的讨论，基本上仅回答了一个问题：为什么要肯定和追求平等（why equality）？在一个基础的意义上，上文说明了平等概念为什么对所有的人——乃至于其他对自己的生命内容有所意识，因而在意其好坏利害的生物——都适用，以及为什么所有的人都有权利要求这种意义下的平等。[19]不过，从这个理由出发，平等概念的应用也应该会受到某些限定。如果视人为平等，是为了尊重人的主体地位，让这样的主体能够从自己的角度追求和实现理想的生活，这种平等概念还极为模糊，有必要进一步限定和排除。我们还要问，在这个前提之下，视人皆平等究竟蕴含着什么样的对待方式？在进入更实际的考虑之前，我们根据德沃金的说法，先对“平等对待”这个概念稍做分辨。[20]

德沃金严格区分开“平等对待”（equal treatment）与“把人看作平等的人对待”（treating as equals）。常有人认为，平等蕴含着“一样”的待遇：给所有的人同样分量的某种东西（或者各种东西），就构成了平等。这个说法，也是反对平等的人最喜欢奚落、攻击的

[19] 以上所述威廉斯的分析其实可以延伸到动物。毕竟，多数动物都是“一场生活的主体”，对自己的生活有意识，在乎其好坏，并不能完全被视作由人类来界定的“物”。相关论证，请见 Tom Regan, *The Case for Animal Rights* (Berkeley and LA: University of California Press, 1983), pp. 243–248。

[20] Ronald Dworkin, *A Matter of Principle* (Cambridge, Mass.: Harvard University Press, 1985), pp. 191–192.

稻草人。[21] 可是这种平等观，显然并不符合上述对道德平等的分析。尊重人的主体性会有两方面的结果。第一，每个个人所追求的生活是由自己选择的；但是每个人心目中的理想生活并不一样，因此，平等所要求的对待方式必须考虑到如何面对这中间的差别，尤其是各种理想生活在道德质量上（例如有些理想生活方式在道德上是错误的）也有可能的差别。第二，做出选择之后，为了追求自己所认定的理想生活，由于每个人的条件、处境不同，对于资源的需求不一样，现状中已经遭受到的剥夺也不会一样。这中间的差别该如何面对，同样需要列入考虑。这种情况之下，提供同样的待遇，由于忽视了这两方面的可能差别，显然并不算把人看作平等的主体。

与“同样待遇”意义之下的平等对待不同，所谓“把人看作平等的人对待”，则要求从平等地对待每个人“设法过他认为有价值的生活”这项最高层级的利益着眼。可是要如何平等对待这项利益？德沃金的答案是“平等的关怀与尊重”（equal concern and respect）。[22] 这里所谓关怀，是指我们承认一个人的利益以及其可能受到的伤害是有意义、有分量的，考虑对待方式的时候必须列入考

---

[21] 这种意见，或许应该称为平均主义，以与平等主义有所区别。历史上，将平等主义推展到绝对平均主义的典型代表，应该推巴贝夫（Francois Noel Babeuf, 1760–1797）；他坚信人的基本需要是一样的，见他的名言“胃都是平等的”。在此需要强调，与一般的误解相反，大多数的社会主义／共产主义者，都不认同平均主义。马克思在描述社会主义社会里的分配方式时，也反对这种削平式分配的“弊病”。见他的《哥达纲领批判》（北京：人民出版社，1997 年）。毕竟，无论共产主义阶段里的“各取所需”，还是社会主义阶段下的“按劳分配”，都明显不是平均主义的主张。

[22] Ronald Dworkin, *Taking Rights Seriously*（Cambridge, Mass.: Harvard University Press, 1977/1978）, pp. 272–273.

虑；所谓尊重，指的是承认个人并不是他人达成一己目的时的工具，而是持有自己的目的、有权利去自行寻找与选择理想的生活方式的主体，考虑其对待方式的时候要保护这种权利的施展。这样产生的对待方式，由于尊重人的主体性，也就会重视上述两种差别的各种不同状况。换言之，这种“视个人为平等”的对待方式，着眼点不在于平等的待遇，而在于平等对待当事人本身的选择以及其成本、条件。这个着眼点足以说明，妥当的平等概念（相对于直觉的平均主义平等观），其实乃是一个在自由主义架构里成形的概念。可是更具体来说，怎样才算做到了“平等对待每个个人的选择”？一种最流行的看法，就是“机会的平等”。

4. 机会的平等。机会平等这个概念素来带有极为强大的说服力：如果平等这个要求的适用对象应该是自主的个人，那么要追求公平的——也就是不在各个人的选择之间有轩轾待遇的——平等，最明显的一种取径，应该就是尽可能排除妨碍自主的各种（外在）因素的限制、影响，同时尽可能尊重（内在于）个人本身的条件、选择、努力所造成的差异结果。“机会”的平等，意思不外就是让每个人都站在同样的出发点（立足点），去善用与施展他作为主体所拥有的能力、努力、资源，达成他所中意的目标。做到了这种情况，任何不平等的结果，都可以归因于当事人己身的因素（能力不足、努力不够、目标不当），其得意与失败，因此都是当事人自己所“应得”的。

不过，机会平等算不算“看作平等的人来对待”，端视“机会”一词的涵盖范围有多广。维持“形式”的机会平等，例如不得设立歧视性的排除条款，“前程对一切人才开放”，的确可以消除很多不平等的障碍。可是“人才”的形成，既取决于个人的天生禀赋，也取决于社会条件是否让禀赋得以发展与施展。机会平等的原则，是不是应该将这些势必会影响到机会之分布的天生因素与社会条件，也列入“机会”的范围、列为要求平等的对象？根据什么样的“应得”的定义，机会平等观所允许的在出发点上的各种差异，可以说是当事人所应得的？针对这类问题，罗尔斯提议，形式的机会平等，应该设限增强为“公平的机会平等”（fair equality of opportunity）；这种体制，设法降低社会因素给当事人施加的不应得的障碍（例如贫穷、各类歧视，或者教育机会的不公平），他称为“自由主义的平等”（liberal equality）。至于天生自然因素的优劣高下差异，虽然同样不是当事人所应得的，但由于我们无法改变自然因素，所以只能由后天的补偿着手，提供特别的协助，庶几实现机会的真正平等，罗尔斯称此为“民主的平等”（democratic equality）。[23]

这些关于机会平等概念的修补与讨论，由于牵涉到人类社会生活的多个面向，并不容易得到一个最后定论，但关于这个原则的相关思考具备了一种结构，对于平等概念的厘清，有启发的功能。如上面所示，它在“人”本身（person）与“条件 / 环境”（circumstances）之间做分别，基于对“人”的尊重，认为因人作为主体本身而起的差异因素（例如因为自己的选择），不应该求其平等，但是基于对“人”的关怀，因为环境因素而产生的差异，则应该设法求其平等。这个区分，是极有意义的。这套分析方式，突出了“条件 / 环

[23] 见 Rawls, *A Theory of Justice*, ch. 2。罗尔斯的整个观点要来得更复杂，在此不细论。

境”和“选择”（choice）这两个有别的面向，彰显了从道德平等前提出发而建构的平等概念，明显是一种自由主义式的思路。[24] 机会平等的诱人之处在于，它似乎排除了环境所造成的“不应得”因素的影响，保留下来选择这种“应得”因素的影响。这样的平等（以及不平等），似乎是可以接受的。但是关键所在，是“责任”的概念进入了平等的判断。要求平等，除了需要将相对的剥夺尽量列入考虑，同时也需要将当事者应该负担的责任列入考虑。这当然会使问题更形复杂，但也很合理。不过，流行的机会平等说法，在这个问题上所考虑的并不周全。通常，机会平等论对于环境因素会做最狭义的解释，只有完全外在于个人生命史的事物，甚至于只有来自他人的有意干涉，才算环境因素，至于家庭背景、生长环境、天生禀赋等，都划入“人”本身的范围；但对责任因素则会做最广义的解释，认为其间差异即使造成命运的天渊之别，也不算违背了机会平等原则。[25]

如何诠释“环境”以及“选择”的涵盖范围才算合理，在此我们不再讨论。不过，只要“环境 / 选择”这个分析架构，指出了在

[24] 见 Rawls, A *Theory of Justice*, ch. 2。罗尔斯的整个观点要来得更复杂，在此不细论。任自由主义（libertarianism），这不啻是说，当代几种主要政治哲学的差异，其实系于关于平等概念的分析。参见上注 14 所引的资料。

[25] 需要说明，“环境 / 选择”这个分析架构引领风骚多年之后，晚近受到了一些挑战。论者指出，由于这种分析假定了平等所关切的乃是属于机运所影响的各类外在条件，主动选择所造成的差异则没有不平等可言，这个分析架构只能发展出一种“机运平等主义”（luck egalitarianism），误解了平等此一要求所针对的乃是社会的压迫，而不是接受一切所谓“自由选择”的结果。限于篇幅及时间，本文未能涉及这场新的争论。请读者见 Elizabeth S. Anderson, “What is the Point of Equality?” *Ethics* 109 (1999), pp. 287–337，其中针对“学院平等主义”——几乎包括了本文所涉及的所有哲学家——的一般批判，尤其值得重视。

某个方面的确有要求平等的理由，自然就牵涉到了“什么的平等”（equality of what）的问题：针对什么东西该要求平等，才是“视人为平等”所蕴含的分配原则？由于“环境／选择”的大架构已经决定了平等概念的自由主义色彩，以下的几类回答，基本上也都必然属于广义的自由主义取向。

5. 平等分配什么。最符合直觉、影响最广的分配平等概念，应该是效益主义（utilitarianism）的说法。[26]效益主义认为，道德考虑的最基本着眼点是效益（utility），而效益则可以广义地界定为偏好（preference）的满足。所谓将人视作平等的人对待，意思就是赋予每个人的效益同样的道德分量，每个人的偏好之满足获得平等的考虑。效益主义以效益作为平等的着眼点，启发了所谓的福利论（welfarism）。这种关于平等对待的想法，因此被称为“福利的平等”（equality of welfare）。换成日常说法，福利的平等就是要求每个人所得到的偏好之满足——无论来自什么源头——应该设法求其平等。这也是一种比较素朴、流行的平等观念。

当代有关平等的哲学讨论，几乎都集中在对于效益主义这种基本想法的批评上，也发展出了几种替代的理论。[27]

---

[26] 论到“什么的平等”，一个最常见的想法似乎是从“需求”（needs）着眼：每个人基本需求的事物，应该获得同样的供应。不过，由于这个想法所能涵盖的层面并不明确（例如需求只能包括生物、生理层面的需要吗？精神层面的需要算是需求吗？），比较难以见到理论层面的经营，在此我们略过不论。

[27] 有关的文献数量可观，可以参见 Jonathan Wolff, “Economic Justice,” in Hugh LaFollette, ed., *The Oxford Handbook of Practical Ethics* (Oxford: Oxford University Press, 2005), pp. 433–458 条目所附的书目。

对于效益主义的批评，主要集中在“偏好”这个概念所面对的问题上：各种偏好显然不会具有同样的道德分量，因此其满足并不应该获得同样的考虑。一种偏好若是会伤害他人——例如以歧视他人为乐——当然不应该取得平等考虑的地位；又如昂贵的偏好相对于简朴的偏好——例如某人对于鱼子酱的偏好与另一人对于花生酱的偏好——是不是应该受到同样分量的考量？还有一种情况，就是偏好有所谓自行调适的倾向（adaptive preference），处境越不利的人，他所形成的偏好，往往也是期待较低、较容易满足的；这时候，难道他的偏好与处境优渥的人的偏好应该一视同仁？因此，在偏好能够成为平等待遇的着眼点之前，应该先找到过滤的评判标准。这种评判标准，却不是在效益主义与福利主义的架构之内所能提供的。换言之，平等所要求的，不应该是让每个人得到同样的偏好满足。用上述“环境／选择”的架构来看，力求平等地满足偏好，不仅忽视了各个人条件与环境的差异，也忽视了当事人的选择是否合理。

其次一种看法，提出“资源”（resources）作为平等的主题。资源之所以需要平等，背后所考虑的正是前述“环境／选择”的二分对比。上面对于福利论所预设的偏好概念之批评，一部分着眼点即在于，这种偏好概念，没有在环境条件与主动选择之间做应有的区分。可是这个区分是很重要的：一个人的命运之中，由可以选择的因素来决定的部分，应该容许不平等；但是另外由条件与环境因素来决定的部分，则应该力求其平等。[28]这个想法，基于“人”与其环境的区分，认为来自人本身的选择而导致的得失乃是当事者应得的，因此并没有理由要求平等；但起自环境因素的得失，则不是应得的，应该要求其平等。这个说法看起来跟机会平等论有些相近，不过其间有一项重大的差异。对于资源平等论者来说，环境因素包括内涵甚广，基本上，凡是非本人所能控制——因此非本人所应负责——的因素，都可以归之于环境。准此，天生的健康、才能条件，社会所形成的各类族群、阶级、性别、地域性的差别，都属于环境与条件因素。而个人的志愿目标、努力程度、如何安排自己所享有的生活和资源，则属于选择的范畴。

当代哲学家罗尔斯与德沃金，各自提出了一种以资源为对象的平等规划。罗尔斯主张，平等适用的对象是“基本资源”（primary goods），包括了人类为了安排、追求一己生活而需要的基本保护、资源与机会，诸如各项基本自由、权利、机会、所得、自尊的基础等（社会性的基本资源），以及健康、智能、体能、才能等（天生的基本资源）。他的正义原则，对于这些基本资源的分配，提出了一套以平等为基准的规范。罗尔斯的理论，取“环境”和“选择”作为分析平

[28] 用德沃金的字眼来说，平等会有背道而驰的两方面的要求：资源的分配必须随每个人志向与努力的不同而有差别（ambition-sensitive），也就是说，资源分配须要反映个人所做的选择带给他人的代价或者利益，但又必须不随每个人资源禀赋的差别而有差异（endowment-insensitive），也就是说，资源的分配不能受到个人能力差别的影响（德沃金另用保险来处理天生残障所带来的不平等）。见 Ronald Dworkin, “What is Equality? Part 2: Equality of Resources,” *Philosophy and Public Affairs*, 10 (1981), p.311。此文也收入 Ronald Dworkin, *Sovereign Virtue: The Theory and Practice of Equality* (Cambridge, Mass.: Harvard University Press, 2000), 见 p. 89。

等概念的轴线，堪称开风气之先，影响极大。不过，在考虑基本资源的平等要求时，他仍然忽视了对于选择的应有限制，也忽视了环境条件的不利需要什么样的补偿。换言之，他的基本资源平等的想法，仍然较为特定具体，没有随着选择与环境的多样组合做弹性的反应。德沃金则改用泛称的“资源”一词，强调资源这个概念乃是相对于环境条件与选择而言的，并用拍卖、保险等设计，试图维持住一种分配的结果，让资源的分配不会因为当事人的条件、环境因素而造成不同的命运，但会因为当事人的选择不同而有所差异。[29]

第三种关于平等对象的理论，见诸森（Amartya Sen）的“能力”（capabilities）平等论。如果说福利论只注意到理想生活的达成（achievement），资源论只注意到达成这种生活所需要的工具（means of achievement），那么森现在要求我们注意，达成理想生活所需要的自由（freedom to achieve），才是平等主义者应该关切的焦点。“自由”在此的意思不仅是“没有强制”；它指的是实现个人所追求的事物的“真实机会”（real opportunity）。森的考虑是，仅要求工具或资源的平等，不啻忽略了不同的人将等量的工具——无论是基本资源还是其他资源——“转化”成理想生活的机会与能力并不一样这一点。提出这个“转化”（conversion）的问题，代表对于人的环境、条件因素，做了更进一步的考量。基于这种考虑，森提议将人的生活状态视作各种“运作”（functionings）——包括“状

[29] 德沃金的整套构想至为复杂，读者可以参考谢世民：《论德我肯的资源平等观》，“中央研究院”中山人文社会科学研究所《人文及社会科学集刊》11 卷第 1 期，1999。

态”与“活动”，例如营养的状况、健康状态、自尊的有无、是否参与社会生活，等等——的组合；也就是说，一个人是不是拥有在种类上与程度上均适度的运作，决定了一个人的生活质量是不是“好”；而一个人能不能取得或达成某一项运作，或者某个程度的运作，取决于他所拥有的机会、资源、本事。其总称即为“能力”（capabilities）。两个人能力的不同，会导致同样资源在他们身上所发挥的效果（运作状况的良窳）并不一样。森认为，平等所关注的对象，应该是能力的平等。

以上几种取向的长短优劣，目前还在争议之中，无法形成定论。[30]不过，平等这个概念一旦分出环境/选择两条轴线，平等问题会逐渐转化为正义（justice）的问题。这乃是很明确的、必然的发展。我们终于认定，追求平等的时候，需要面对的问题并不在于如何才算是“一样”的分配，而是什么才算是“公平”的分配。这种旨在公平的要求，起源于道德平等令我们不得不追问待遇平等：对于在道德与政治上平等的人，如何才算做到了平等的待遇。这种以公平界定平等的趋势，在晚近所谓“差异平等”的新主张里，也有清楚的表现。

6. 经由差异到达平等。传统的平等概念，无论是政治、社会、法律、资源的平等，都以普遍性为基本前提及动力。主张平等的人，当然也会承认差异的存在，但是从亚里士多德所陈述的平等主义要求——“一样的东西一样对待，不一样的东西不一样对待（除非有相

[30] 有关的文献数量可观，可以参见 Jonathan Wolff, “Economic Justice,” in Hugh LaFollette, ed., *The Oxford Handbook of Practical Ethics* (Oxford: Oxford University Press, 2005), pp. 433–458 条目所附的书目。

干的理由）”——开始，平等的要求其实也就是普遍主义的要求。面对人类之间无所不在的巨细差异，平等主义的态度大抵分为三类：在考虑如何对待人，才算是视人为平等的主体之时，（1）或者基于该项差异不相干或者不重要，忽视该项差异；（2）或者因为该差异所造成的不平等有失公平，而要求弥补或者铲除该项差异；（3）或者因为该差异是有道理的——例如属于当事人需要负责任的，故必须接受该一差异所产生的不平等。换言之，从平等的角度来看，特定的差异或者应该忽视，或者应该消弭，或者根本不是平等原则所应该过问的。

不过晚近有另外一个方向的思考出现，在女性主义、多元文化主义，以及各类身份政治（politics of identity）的论述里频繁地见到，强调只有透过差异要求平等，才算是真正的平等。这路思考认为，诚然有许多差异与平等并不相干，但是有一类差异，由于涉及当事人关于自我的认知、诠释、评价，不仅不容忽略或者消弭，并且需要获得“承认”，承认该项差异的正当地位与正面价值。必须在承认了差异的基础上获得平等，当事人才算是被视为平等的人对待。忽略或者消弭这种差异，等于贬抑、否定了当事人之“正身”（identity）中一个富有意义的部分，从而也就是贬抑、否定了当事人对于一己生命的看法。进一步而言，由于这类差异——性别、族群、文化、信仰、性偏好——在实践中往往会需要差别的待遇，结果在政治、法律、社会方面，一种齐一的公民身份不免受到了挑战。近年来盛行一时的多元文化主义，便是这种主张借“承认差异”达成平等的典型例子。由特定文化或者身份所界定的特定团体，会坚持他们的某些特色受到尊重；而尊重之道，往往在于他们受到某种特殊的待遇，或者容许他们的团体按照另外一套规则运作（例如豁免于某种普遍的法律，或者有权利从主流社会隔离，或者有机会进行独立的文化传承工作，等等），而在其他方面，这样的团体与其他团体仍然享有完全一样的地位与权益。

从前述人皆平等的基本原则来看，这种透过差异达到平等的思路，有其真实的见地，可是也有其盲点。平等的基本意思是说，个人赋予自己生命的理解、评价、期待，具有道德上的平等分量。基于此，若是某一项文化或者身份的特色，对于当事人的生命具有相当的意义，甚至于是他作为完整的主体的一个构成因素，那么平等原则必须要求该一特色受到尊重与承认，即使这种承认蕴含着当事人必须受到另外一套与众不同的待遇（毕竟，如上面致意再三者，公平的平等并不会要求一样的待遇）。忽略、抹杀该一特色，不啻是对当事人的压抑或者剥夺，当然违反了平等的基本要求。在这个意义上，广义的多元文化主义，其实在文化、身份的问题上，拓宽了平等主义的视野，也给人作为人的道德平等原则，开启了又一个面向。

但是我们也要注意，人皆平等的抽象原则，反过来也对各类文化、身份的特色，构成了一个检验的标准。某些文化与身份的特定惯习，即便属于该文化或者身份的核心价值，但由于妨碍了某些个人——甚至于其他形态的生命——对于一己生活的完整权利，便不是平等主义所能认可的。恋童、缠足、奴隶制，特别是歧视女性与残害动物，等等，即是明显的例子。这类违反个人的平等主体原则的文化特色该如何认定与评估，往往会引起棘手、激烈的争议。不过在原则上，这种检验、反思、批评的可能性与必要性，却绝对不容否定。多元文化主义等强调差异权利的主张，一个最大的缺陷，即在于它们本身并没有——甚至于不可能——提供这种检验与批评的评判标准。[31]

四 结语

本文开始之时，假定了透过公民身份的界定和保障，近代世界里的平等概念，至少在政治、法律、社会等方面，是较为稳定而少争议的。关于平等的问题，主要出在经济资源的分配，以及文化身份之维持差异但又求平等的要求。

经过本文针对道德平等与待遇平等的搭配分析，似乎可以得出如下的结论：

1. 平等的正当性，须要在道德平等的层次上取得确认；而这种正当性，立足于确认个人的主体地位（即个人对于一己的生活内容有自己的理解与界定），以及进一步对这种地位提供保护和支持。

2. 由于道德平等对于“待遇平等”的意思有所规范，强调需要在资源与选择之间分为两条轴线进行分析，它具有一定的自由主义意涵。

3. 在这种自由主义意涵的影响之下，当代有关分配平等的分析均依循环境 / 选择之双轴线的坐标而发展，终于使得待遇平等的问题，逐渐演变成为正义或公平的问题。

---

[31] 关于差异的平等，两本集中于平等议题而对差异政治批判性较为明确的著作，见 Anne Phillips, *Which Equalities Matter?* (Cambridge: Polity Press, 1999)，以及 Brian M. Barry, *Culture and Equality: An Egalitarian Critique of Multiculturalism* (Cambridge: Polity Press, 2001)。本书第六章与第七章，对于“差异”的问题，讨论得比较深入，笔者也提出了自己的看法，请读者参考。

在这些结论之外，就平等这项价值而言，现代世界有一个明确的历史趋势，特别需要理论上的自觉与说明，也或可作为本文所期望于未来者。回顾有关平等理想的历史，我们会见到，平等这项要求所适用、包容的范围，一直在扩大。从早先的身份制度下的等级制社会，人类逐渐进入了个人主义式的平等社会。在这种个人主义的社会里，原先存在着很严格的重重分类，例如财产、教育、性别、宗教、肤色、民族等“差别”，都曾经构成在人类之间划界线分等级的理由，以便对人们施加不平等的待遇。可是另一方面，我们可以见到一个逐渐抹消界线的趋势也在运作。逐步的，宗教信仰、财产、教育程度、性别、肤色与种族、性偏好等界线，逐一丧失了它们的正当性，不再成为对人施加不同待遇的理由。最新的发展，已经开始挑战在人类与动物之间的不平等待遇。

这种被称为“不断扩张的圈子”（the expanding circle）[32] 的趋势，对于平等概念最后会造成什么样的刺激与改造，目前尚难预料。不过这个趋势充分说明，平等作为一项政治价值，其意涵与意义，将是政治思想必须面对的一个常青议题。

[32] 这个概念来自 19 世纪英国思想家莱基：“The question of morals must always be a question of proportion or of degree. At one time the benevolent affections embrace merely the family, soon the circle expanding includes first a class, then a nation, then a coalition of nations, then all humanity, and finally, its influence is felt in the dealings of man with the animal world.” 见 William Edward Hartpole Lecky, *History of European Morals: From Augustus to Charlemagne*, vol. I (New York and London: D. Appleton and Co., 1917), p. 100（原书初版于 1869 年）。在当代，辛格用这个概念说明道德思考的本质（“普遍化”），见 Peter Singer, *The Expanding Circle: Ethics, Evolution, and Moral Progress* (Princeton, NJ: Princeton University, 1981/2011)。

第二辑

公共说理

第四章

罗尔斯论公共性：

公共理性或公共论述[1]

一 前言

“公共理性”这个概念，虽然不是由罗尔斯所创造，不过晚近政治哲学之所以极为重视这个观念，主要的启发殆为罗尔斯所提供。[2]公共理性作为一个议题，系以多元论的“事实”，以及这个事实对实践理性所构成的一项特殊挑战为其背景。既然社会上关于各类价值与世界观的看法众多，那么社会合作的原则与制度，乃至于特定的

[1] 这篇文章最先在“哲学的传承与创新：庆祝林正弘教授荣退学术研讨会”（2003 年 12 月 13—14 日）上发表，后来收入林从一编：《哲学分析与视域交融》（台北：台湾大学出版中心，2010 年），第 255—271 页。这次收入本书前，做了一些文字上的修订。

[2] 霍布斯可能是最早发展政治权威与公共理性之间关联的哲学家，详见钱永祥：《伟大的界定者：霍布斯绝对主权论的一个新解释》，载《人文及社会科学集刊》5 卷第 1 期（1992 年），第 87—127 页。但是霍布斯的“公共”理性指的是主权者的理性，相对于个别个人的“私有”理性。在霍布斯的系统中，主权者获得了众人的“授权”，成为众人的“代表”，将众人抟成一个集体人格；唯有主权者方具有公共性，因此他的理性构成了公共理性。

法律与公共政策，如何取得持有不同价值观、世界观（罗尔斯的术语为“全面性学说”）的人们认可，显然是一个棘手的问题。而多元论之所以成为事实，一个基本的原因，殆为一般意义下的理性，不仅不会产生一个放诸四海皆准的结论，其“自由运用”反而注定形成观点的多元与差异。[3] 在一个以宪政民主为运作特色的社会里，截然不同的全面性学说均有其存在的权利，不能压制消灭，但是它们通常又均可以称作理性的产物，对法律、制度设计，以及公共政策等各有不同的想象与看法，那么如果要使它们都能认可这套体制，就得在一般意义下的理性观（无论科学的、道德的，或者其他意义的理性）之外，另外寻找某种特殊的理性、某种共通的说理基础。这个共通的基础，即公共理性（以及它所包含的政治性的价值）。

罗尔斯对于公共理性的构思相当复杂，本文将先整理他的基本观点，特别强调他对公共理性所施加的几层限制。接下来我将指出，罗尔斯的公共理性观建立在“相互性”这项道德要求之上，可是他给公共理性施加的限制，却可能不当地限制了相互性原则的适用范围。最后，我希望指出，相互性原则所要求的不只是寻求一个独立的“公共证明的基础”（free-standing），还要求公民们在彼此的全面性学说之间寻找共识，甚至有可能需要改变自己所笃信的全面性学说。这就会将公共理性带向公共论述的方向。罗尔斯本人的确举步

[3] 理性的自由使用会导致“共识”还是“分歧”，在自由主义传统里是一个很根本的诡论：它似乎同时肯定两者，然后试图处理这两种态度之间的不相容。见 Gerald F. Gaus, *Contemporary Theories of Liberalism* (London: Sage Publications, 2003), ch. 1。

向审议式民主的方向移动[4]，不过他并不是一位纯粹的民主论者，他对审议民主的认同也是有其限度的。

这跟他关于公共性、公民相待义务的理解有关。本文目的不在于证明他应该/不应该成为审议民主论者，而只是试图检讨他的这种理解。

二 罗尔斯的公共理性观

罗尔斯指出，公共理性旨在说明宪政民主社会里的“政治关系”——政府与公民的关系，以及公民之间的关系——应该如何了解。（*IPRR*, 132）这种政治关系，有两项特色：一是无所摆脱，二是在这个关系之中，自由且平等的公民要以集体之名设置并且运用强制性的制度、法律、政策。换言之，在这种政治关系里，个人既无所选择和逃避，又要以集体之名对个人施加强制。这就引起了一个问题：共享这项权利的公民们，是根据什么原则或者理念施展这项权力，方足以向彼此证明自己的作为是正当的？（*PL*, xlv–xlvi）

罗尔斯指出，“相互性的评判标准”就是这种政治关系之下所需要的道德理念。[5]这项评判标准在政治权力的各类运作之间做出分

[4] John Rawls, *The Law of Peoples* (Cambridge, MA: Harvard University Press, 1999)，本文引此书皆指其中“The Idea of Public Reason Revisited”一文，简写为 *IPRR*。另外引 John Rawls, *Political Liberalism* (New York: Columbia University Press, 1993/1996) 则简写为 *PL*。

[5] 罗尔斯承认，他并没有给这项道德理念——以及它所蕴含的道德义务——提出论证。见 *PL*, xlvi,n.14。

辨："我们运用政治权力，只有当我们真心相信，我们为自己的政治行动所提供的理由，其他公民会合理地当作这些行动的证成理由而接受的时候，这种运用才是恰当的。"（*PL*, xlvi）最简略地说，相互性评判标准要求公民们——以及政府——用其他人能够接受的理由来证明政治制度或法律的妥当。一旦确认了这项评判标准，我们可以跟着确认"自由主义的正当性原则"，也就是用相互性评判标准来判断政治上的正当性问题。此外，从这个评判标准的角度来说，宪政民主体制里公民之间的政治关系也获得确定：罗尔斯称这种关系是一种"公民的友谊"（civic friendship）。尽量达到这项评判标准的要求，罗尔斯则称为"公民相待之道的义务"（duty of civility）。他强调，这种义务是道德义务，而不是法律义务，因为这项义务其实对于个人的言论施加了限制，若是法律义务就违反了言论自由的原则（*IPRR*, 136）。但公民相待之道之所以涉及言论自由，正是因为相互性评判标准对于政治争议中所能动用的理由——以及理由所根据的理性——有所限制。[6]

那么，在多元论的环境下，什么样的理由能够满足相互性评判标准的要求？罗尔斯谓："这里需要的，乃是一种独立的政治观，其本身内在的（道德）政治理念已由相互性评判标准所表达。"（*PL*, xlvii）换言之，这种理由要由一套政治性的正义观来提供，这套正义

[6] 罗尔斯不仅容许"市民社会"不适用公共理性（以及相互性评判标准），他还明言媒体也不受这项限制。他的理由可能与言论自由（以及"背景文化"能不能丰富发展）有关（*IPRR*, 134）。罗尔斯公共理性的限制性格于此可见一斑。而他担心各种全面性学说之间的沟通与共识会造成趋同，苦心孤诣也值得正视。

观独立于各种全面性学说，但它所依据的价值又是他人可望认可的价值。“政治观”——或者“政治性的正义观”——是一个复杂的概念，罗尔斯说明它有三项特色：适用对象是社会的基本结构；具有本身的道德理想，可以独立于全面学说；以及来源上是“从一套宪政体制之公共政治文化所包含的基本观念导出”（*IPRR*, 143）。罗尔斯的意思是说，这类政治观不必受到全面性学说的干扰，不会干涉基本结构之外丰富多样的社会生活、个人生活，但是其中所包含的价值，由于来自公共生活中积累而成的传统，又可以获得自由、平等的公民认可，它所提供的理由，自然可以满足相互性评判标准。罗尔斯曾强调，这种政治观并不是在各个全面性学说之间设法相抵、平均，或者妥协，而是具有独立地位的价值理想（*PL*, xlvii）。罗尔斯本人的“公平作为正义”,即是这种政治正义观的一例。它们之所以为“政治”，正是因于它们独立于全面性学说，又适用于基本制度，而且表达了政治性的价值。

综合以上所言，公共理性这个概念的构成，在罗尔斯心目中有三个成分：

一、在宪政民主的制度下以及多元的环境里，公民之间的政治关系，需要满足相互性评判标准。在相互性评判标准的要求之下，公民们相互有着公民相待之道的义务，亦即运用大家都能接受的理由证明制度或者政策的正当性。

二、要满足相互性评判标准，需要找到一类政治价值，作为其他人能够接受的理由，以资证明自己的政治主张是合理的。这类政治价值，只能由政治正义观来提供。

三、由于政治正义观来自一个民主社会的公共文化，适用对象又是社会的基本结构，并且其成立完全不倚赖全面性的学说，公共理性也继承了这些限制。

这三个成分中，显然又以相互性评判标准为最根本。我们可以这样说：相互性评判标准，乃是罗尔斯对于时代环境之下公民政治关系的道德陈述，而公共理性则是这个道德陈述在政治上所获得的结论。

这些关于公共理性此一概念的理解，罗尔斯曾经从五个侧面加以说明（*IPRR*, 133ff.）：

一、公共理性所适用的根本政治议题：罗尔斯明确指出，公共理性只有在处理宪政要件与涉及基本正义的事体时才适用。所谓宪政要件，包括了政治结构与政治过程，以及公民的基本权利与自由。而所谓基本正义的议题,则指“就自由而平等的公民而言恰当的社会、经济正义之基本结构”。

二、公共理性适用的角色或者职位：它只适用于法官（特别是最高法院的法官，因为他们的职责是违宪审查，必须检查民主的多数意见是否符合相互性评判标准）、公职人员（包括行政与立法部门，因为他们使用的是公共权力），以及公职候选人。它对于民间社会／背景文化的领域不适用，对媒体也不适用。但一般公民可以设想自己是立法者，进行公共理性的思考。

三、公共理性的内容，由一组“合理的政治正义观”（其中包括了“公平即正义”）构成。

四、在民主社会里，强制性的法律要具有正当性，必须经过在这类正义观指导下进行的公共讨论与公共论述。

五、公民们必须确定，从自己所持的正义观导出来的原则，符合相互性原则。

这五项说明的含义，在此我们不再说明。我们只想指出，罗尔斯的公共理性概念，受到了两方面的限制。这些限制均来自公共理性的特质，我们将在下一节加以检讨。

三 公共理性的限制

公共理性的使用所受到的限制，主要在两方面：它的适用对象，以及它的内容（针对适用对象可以提供的理据）。而适用对象之所以受到限制，主因在于它的内容已经被圈定在合理的政治正义观的范围之内。

关于公共理性的适用对象，罗尔斯有很明确的规定。这些规定，与上述公共理性的概念有密切的联系。[7]

首先，罗尔斯赋予公共理性的责任，就是铺陈“公民自治”——自行立法并且相互证明这种法是正当的——这个理想（*PL*, 232）。因此，公共理性需要确立一些罗尔斯所谓的（A）“宪政要件”（constitutional essentials）。罗尔斯将宪政要件分为两个部分，分别涉及（A1）政治结构与政治过程（也就是通称的政府组织或构造），以及（A2）公民的基本权利和自由。这些要件一方面（A1）表达了民主公民自治的政治理想，另一方面（A2）也规定了民主的意

[7] 关于以下 A、B、C 三类议题的区别，以及罗尔斯根据宪法属性和公共理性的适用与否赋予它们的分类，请参见 Frank Michelman 所制作的表格，见 Samuel Freeman, ed., *The Cambridge Companion to Rawls* (Cambridge: Cambridge University Press, 2003), p. 401。

志必须经由什么程序（在公民的自由与独立条件下）成形表达。无论如何，这些要件等于是根据正义第一原则所产生的宪法内容，表达了正义原则所标明的政治价值；它们成为公共理性的适用对象，殆无疑义。

主权公民在构想社会基本结构的时候，还必须考虑有关社会经济的基本结构如何满足正义的要求。政治的正义观，在这个问题上，以正义第二原则的形式提供了答案。换言之，公共理性包含了有关社会经济分配的一些政治价值。根据这些价值，公共理性可以处理罗尔斯称为有关（B）“基本正义”（basic justice）的事件。罗尔斯解释道，这类议题，涉及了“就自由且平等的公民而言恰当的社会经济正义之背景制度”（*PL*, 229）。不过，罗尔斯虽然视（A）和（B）共同构成了他所谓的“基本结构”，也就是社会的基本政治经济结构，他却强调（B）与（A）不同，不能列入宪法。所以，有一类议题，虽然属于基本结构也可以根据共享的政治价值来讨论，却不能进入宪法。

除了（A）和（B）之外，其他的公共议题（C），在罗尔斯的分类之中，既不属于宪政要件，也不属于公共理性的适用对象。

现在，我们来看看罗尔斯提出这套区分的考虑何在。

关于（A）与（B）的分别，以及为什么后者不宜于列为宪政要件，罗尔斯做了比较详细的说明（*PL*, 230）。他的考虑，简单言之不外乎三项：属于（A）的议题，比较迫切需要解决，比较容易判断是否落实，也比较容易获得共识[8]。

关于（A）与（B）和另一方面的（C），为什么要分属于公共理性和非公共理性，罗尔斯只做了最简单的说明。他两度表示（*PL*, 215, 397 n. 34），这个问题太复杂，一时之间无法做完整的交代，但是他也说："如果公共理性的要求在这里［即（A）与（B）］无法贯彻，在其他议题上也无法贯彻。若是它们在这里成立，则我们可以逐渐移进到其他议题上。无论如何，我承认，援引政治理性的价值解决政治议题，通常是可欲的。不过也有例外。"[9]

这些说明似乎显示，在判断公共理性适用于什么议题，而又不适用于什么议题，以及什么议题应该进入宪法，什么问题不宜进入

---

[8] 一个议题是否适于纳入宪法，终极取决于相互性原则与"公民们的相处之道"是否容许公民们在该一议题上持有分歧意见，但在终极之前，有很广阔的灰色地带。在罗尔斯看来，我们没有理由剥夺或者减少任何人的各项基本自由，但是在基本正义问题上（社会经济的不平等），公民们持有不同的想法是合理的，因此基本正义的问题应该交由民主的立法程序来处理，不适于纳入宪法。不过需要注意，罗尔斯认为一种正义观如果连社会最低生活所需（social minimum）都不接受（例如放任自由主义），也就是不愿意为公民们提供基本生活资源，来发展他们作为社会成员的基本能力，那么它便不是一种合理的正义观，在公共讨论中并不构成一种合理的异议理由。见 Samuel Freeman, *Rawls* (London and New York: Routledge, 2007), pp. 393–396。

[9] T.M. Scanlon 和 Charles Larmore 都设法帮助说明罗尔斯的可能理由，见上引 *Companion*, pp.162–163,380–381。他们指出，可能有一些议题，若要作为／成为有意义的公共议题，不仅不应该设法划归到公共理性的范围，反而应该让全面性学说介入。我个人觉得，这个方向的思考值得进一步推进。不过同样值得注意的是，罗尔斯本人确实盼望见到公共理性的适用范围逐渐扩大。此外，他容许全面性学说进入原来属于公共理性的范围，特别是在"非完好建构"的社会。他指出，要不要援引全面性学说，应该看这样做长远而言是不是有利于实现正义的原则。他也表示，在光明的时代（good times），应该较为严格地采取公共理性，而在较不光明的时代，就无妨援引全面性的学说。当年的反奴隶运动与后来的马丁·路德·金均诉诸基督教学说即为一例（*PL*,250–251）。到了 1996 年，《政治性的自由主义》平装版的导言将标准再度放宽：我们可以引进全面性学说支持某种理想，只要"时机成熟时"可以证明该理想有足够的公共理由支持即可（pp. li–lii）。

宪法的时候，技术的、务实的（prudential）的理由居主要位置。面对一个公共议题，罗尔斯并没有举出什么原则性的理由，逼迫我们一定不能要求循公共理性讨论和解决争议。

这个说法，忽略了罗尔斯对公共理性之“内容”所做的严格限定。由于公共理性乃是以政治的正义观为内容，它所能动用的理由，也局限在政治的正义观所提供的政治价值与原则。但是我们知道，政治的正义观原本即仅仅关注／适用于社会的基本结构，因此它可能根本没有资源去处理这个范围之外的议题。很多议题，可能根本找不到适当的政治性价值以资解决争议。这种议题，自然不可能成为公共理性的适用对象。这个想法，我们并不陌生：我们知道，很多问题不应该由政治角度处理，一个重要的原因即在于，这类问题牵涉到它们各自的独特性格（文化、宗教、科学知识、人类感情等），并不是政治领域的独特价值或者原则所能解决的。

这套区分与说法如果都成立，显然公共理性适用的范围相当明确，并且这个范围相当程度上是由“政治的正义观”所规定的。

下面，我将从三个方面检讨这个说法。最后，我将用“公民身份”这个概念在历史中的发展，设法补充罗尔斯的看法。我相信，“公共理性”的概念，应该用“公共论述”来理解，才能充分表达罗尔斯提出公共理性概念的初衷。

四 从公共领域到公共论述

首先，我们应该注意到，公共理性本身的使用条件，并不容许将它局限在一个特定的范围里。由于公共理性包括了两个方面：一个或者一组政治的正义观，以及根据这套政治正义观去确定宪政体制以及立法的原则；它的使用条件，就是指确定这些政治正义观，以及根据它们对宪政体制和涉及基本结构的议题立法。罗尔斯用所谓的“四阶段”论，描述一般公民在市民社会里落实“正义即是公平”这个理想的时候所使用的“思考架构”（framework of thought）（*PL*, 397）。可是，这个思考架构固然预设了一套政治正义观，却又是产生政治正义观的必经途径：政治正义观本身便是理性的公共运作的产物。

在哈贝马斯与我们颇类似的追问之下，罗尔斯清楚表明，运用公共理性，其实就是参考这个架构，“不断地讨论政治原则与社会政策”（*PL*, 400）。换言之，罗尔斯深知，不同于原初情境的“呈现”（representation），在现实历史里，无论是政治正义观本身、宪政要件、基本正义事项，还是其他政治议题，其实都是在每天的社会生活里发生、反思、进行争议、寻求解决的问题。这时候，确定政治正义观本身，乃至于确定什么议题属于社会基本结构，都应该是问题而不是结论。这些问题的面貌和意义，往往会随着偶然的因素，或者社会意见的变化，而呈现不同的特色，归属于不同的范畴。这种情况之下，公共理性所能援引的政治价值，以及它们的运用，必然处身在一个漂浮不定的意义脉络里；而不是如理论上的原初情境那样，容许公民进入一个无差别的状态，清楚决定这些价值的明确的意义。既然如此，公共理性的使用，就需要一个将价值明确化、联系到具体议题的过程。特别就公共理性的适用对象来说，也要经过这样的过程，各类议题在分类上的归属，才可望建立。那么，这个过程，会是什么样的一种运作呢？

提倡审议式民主的学者，对这个问题提供了多样的答案。[10]综合而言，他们批评罗尔斯，认为他有关公共理性的想法，乃属于"宪政主义"的民主理论，过分强调正义原则优先于民主的审议过程。结果，政治价值在各个脉络里的意义与效力的确定，什么议题适用公共理性来求取共识，以及进行公共讨论时如何设法扩大这种讨论的格局与范围，在罗尔斯较为狭窄、固定的公共理性概念之下，均难以成为公共讨论的用力之处。之所以如此，一个原因在于，为了在多元社会里寻求共识，罗尔斯倾向于"躲避的方法"（the method of avoidance）：他希望借着避开价值冲突，寻找最基本的、能获得明确共识的政治价值；他比较不相信，用相冲突的价值为素材，可以提炼出某种公共价值。

其实，公共理性的原本理想——正当的政治制度以及政策，需要尽量让每个人都有理由同意，或者至少不能合理地拒绝——确实是一个很高的要求，莫怪乎罗尔斯认为它的适用范围是很有限的（虽然这个范围里的议题，也是极度重要而根本的）。就法官以及所谓的公职人员来说，应该谨守这个范围，一个重要原因是，在民主宪政体制里面，他们的"公"身份是由宪政体制已经规定、保证在先的，带有法律义务的成分，只允许他们就这个范围的公共价值发言，寻求理据[11]。可是就公民们而言，使用公共理性的必要，主要来自罗尔斯所谓的"公民相待之道的义务"这项道德要求。公民诚然也是一种"公"身份，因

[10] 两个有代表性的例子，见 Amy Gutmann and Dennis Thompson, *Democracy and Disagreement* (Cambridge, MA: Harvard University Press, 1996), pp. 33–39; Seyla Benhabib, "Deliberative Rationality and Models of Democratic Legitimacy," *Constellations*, 1(1994), pp. 35–39。

[11] 法官（尤其是最高法院法官）与其他公职人员的"公身份"，与一般人民的"公身份"，所带来的义务不会属于同一性质，但是罗尔斯并未加以区分和讨论。

此需要尊重以主权民主公民的自由与平等为首要根据的基本政治价值，但是一旦公民转移到罗尔斯所谓的市民社会，或者在探讨上述的（C）类议题的时候，基于相互之间尊重对方的平等与自由的理由，为什么不能延伸“公民相待之道的义务”呢？在这类情况中，为什么公民们不能遵照这项义务的要求，提供“有理由期待其他公民可以合理地认可的价值”（*PL*, 236），而这类价值不局限在某一种政治正义观所列出的价值？

当然，问题在于，在这个价值多元的环境里，除了政治正义观所提供的政治价值之外，我们很难找到什么其他价值——尤其是非政治性的价值——能够获得其他公民在自由与平等的情况之下的普遍认可。这个考虑，正是罗尔斯提出公共理性概念所要解决的原始问题所在。可是，公民相待之道的义务，是否本身即含有一个要求：“寻找所有的人都合理地可望认可的公共价值？”换言之，这项责任不只是要求公民们局限于运用现有的政治正义观与公共理性，也进一步要求他们相互面对，寻找与开拓其他可以纳入公共理性的价值，即使必须超出任何政治正义观的范围。原则上，这种寻找并不会注定徒劳，除非我们已经假定全面性的价值观都是僵固封闭的，不可能变化、混杂，接受它们的人不可能修改心意；价值多元论这件“事实”，并不构成放弃这种寻找更多公共价值的绝对理由（*IPRR*, 138–140）。

以上的想法，目的并不是回应罗尔斯在后期著作里主要关心的一个问题：什么情况之下，全面性的学说可以介入公共讨论；而是要针对罗尔斯关于公共理性的限制，在上述关于公共理性的使用条件之外，提出第二方面的检讨。上文指出，“相互性评判标准”乃是罗尔斯公共理性概念最基本的构成要素，“公民相待之道的义务”乃是从它导出来的。上文也指出，唯有政治正义观才能满足相互性评判标准。因此，在公民相互的对待中，尽量援引政治正义观，殆为一项不移的道德义务。可是这并不表示，在无法援引——或者不适用——政治正义观的地方，公民相待之道的义务就骤然宣告作废。如果公民相待之道即是“以对方可望接受的理由证明自己的主张”，那么民主的公民在尊重彼此自由与平等身份的前提之下，遇到意见相左而又必须寻找合作途径的场合，除了尽量善尽这项义务之外，岂有其他的选择？[12] 换言之，这项义务的适用并不止于政治正义观的范围，而应该延伸到非属于基本结构的其他议题上。

一旦公民相待之道的义务，被视作建立公共理性、寻找公共价值的出发点，被视为比任何政治正义观都更为基本的原则，我们可以预期出现两种结果。一方面，根据这项义务，遇到争议的时候，我们并不需要像最高法院的法官，从一开始即回到政治正义观，援引由它所界定的（由判例与法理所提供的）公共性的政治价值，来求取共识；而是应该先尽量从对方能够接受的己方理由出发，设法寻求价值的趋近、意见的分享与辐辏。这个过程，固然冲破了政治正义观与基本结构的内在结合，却仍然应该看成是对于公共价值的追求，也是建立公共理性的努力，所以它并不与罗尔斯的思考架构冲突。可是，相对于罗尔斯用躲避法追求共识，这里所提出的想法

---

[12] 在这里，笔者做了不当的跳跃。想法分歧的公民们追求合作，除了“交换理由”之外，当然还有其他几种可能的选择。例如 Gutmann and Thompson，*Democracy and Disagreement*，p.53ff. 所言的讲价（bargaining）与演证（demonstration）。又如 John Elster, *Deliberative Democracy* (Cambridge: Cambridge University Press, 1998), p. 5 所提到的讲价（bargaining）与投票（voting）。我在此行文的假定是：这些可能的选择，尊重与实现对方的自由与平等的程度均不及相互性。

则建议用对话的方式追求共识。并且无论在宪政要件的层次，抑或在基本正义，以及其他公共议题上，这个方式都是有必要的，也是可能的。

这个理解公共理性与审议民主关系的角度，与罗尔斯的想法其实是很接近的。在给《政治性的自由主义》平装版所写的导读里，他便强调了这个思路。例如他指出，公共理性并不是由单独一种政治正义观来确定的；它的内容要由一组政治正义观来确定，但是这些正义观彼此之间也会有冲突，需要相互争辩以求修正（*PL*, 402）。社会变迁所带出来的新的政治问题，也会要求对现有的政治正义观展开挑战与辩论。“公共理性的内容不是固定不变的，一如它不会完全由某一种政治正义观所界定。”（*PL*, liii）他接着指出，公共理性是不是能够解决所有（有关宪政要件以及基本正义的）政治议题，是不是能完全避免各方僵持不下的结局，并没有先天的答案，而是要在实际的个案中，看相干的政治价值如何陈述，等公共理性开始进行实际辩论之后，才能知道答案。换言之，罗尔斯有关公共理性与政治价值的想法，在于肯定公民们追求公共价值的责任，有义务坚持使用公共理性解决政治议题，而不在于设定这些价值的先验存在，要求公民们原样现成接受下来，当作公共性的理由套用。因此，他完全接受了哈贝马斯的字眼,愿意称宪政体制为“一项未完成的事业”（*PL*, 401）。

可是值得注意，这个经由对话追求公共价值的过程，对于个人所持的全面性学说，会有一定的挑战甚至转化效果。这里，罗尔斯对公共理性观所施加的限制，格外见其狭窄。这是我们要提出的第三方面的检讨，也是将公民相待之道的义务普遍化所带来的另一种结果。在罗尔斯眼中，政治正义观与个人所持的全面学说，似乎只有机械性、外在的关联。他称前者为可以套进众多后者的“组件”（module），前者与后者冲突的时候，适足以证明后者属于“不合理”；后者可以依自己的理由认可前者，形成重叠共识，不过前者的合理与价值自成一局，并不仰仗这种认可。简言之，罗尔斯对于全面性学说的关切，大概只涉及背景文化是否丰富蓬勃；至于全面性学说本身是否也应该/可以成为共识的素材，他持相当消极的态度。

在这个问题上，审议民主论者有着较为积极的态度。公民们善尽彼此相待之道的义务之时，若是既不回避彼此的全面性学说之分歧，但是在坚持自己的全面性学说之余，仍然愿意学习，设法用对方能够接受的理由试图证明自己的立场，同时也慎重考量对方针对自己所提出来的理据，这些全面性学说会出现什么变化？它们（更应该说是笃信它们的人）有无可能有所修正、调整、接近、转化，或者放弃（原先的信念）？罗尔斯不愿意过问全面性学说在公共对话过程里会有什么变化，是有很好的理由的：因为那代表私领域/社会领域遭侵入、他人开始窥伺甚至挑战个人或者民间团体的内部信仰。可是在罗尔斯赋予个人的道德能力之列，不是正包括了“形成、修正和理性地追求一套价值观”的可能吗？审议民主理论自许的一项长处正是，审议过程有助于迫使对话者学到更多的真相与信息，也被迫针对自己的立场进行澄清与修正，从而在共识所带来的“正当性”之外，借着攻错过程而提高共识本身的“合理性”的成分。这个可能性不仅有助于公共合作的质量，也有助于个人修正自己的价值观，罗尔斯没有理由不正视。

在笔者看来，近代公民身份的概念的发展历史，以及相应的权利范围的扩大，正是政治性价值在公共生活中变化、扩展的一个经典例证，值得重视。若依此说，那么即便在自由主义的大传统之内，“公民”这项政治性的核心价值从17世纪到19、20世纪，便至少已经经历过市民权、政治权与社会权三个阶段的发展，呈现三种逐渐深广化的诠释。这时候，“视个人为自由平等的主权公民”要求什么，自然也明确地呈现了巨大的演变。[13]政治性的正义观，当然必须——并且事实上也——随着这种演变而调整、丰富。试着用上述三种公民观分解罗尔斯的“正义即公平”政治观，我们一方面会发现他是如何地综合了三种观点，另一方面也会发现，其中任何一种观点都无法独立地形成完整的“正义即公平”。不能不说，罗尔斯与自由主义传统里其他倾向的差别，正是在于他所提出来的正义观，充分照顾到了公民概念从市民权开始到社会权阶段为止，业已获得普遍认可的多项政治性价值。而其他一些自由主义者尤其是放任自由主义，面对这么广泛的“自由与平等”要求，却仍然保持怀疑的态度，停留在市民权或者政治权的阶段。

在这个例子的鼓舞之下，我们可以追问，“公民身份”这个概念

---

[13] 有关公民权变迁的这种历史理解，见 T.H. Marshall, “Citizenship and Social Class,” (1949), in Robert E. Goodin and Philip Pettit, eds., *Contemporary Political Philosophy: An Anthology* (Oxford: Blackwell, 1997), pp. 291–319。罗尔斯曾根据 Bruce Ackerman 的美国“人民”出场制宪修宪的历史叙述，用制宪、内战之后的重建以及新政，作为使用公共理性的政治性价值，进行激进更新美国宪法诠释的例证。可是需要指出，这个例子毕竟有着几份基本文献（制宪、联邦最高法院的判例）作为根据，同时三件事件各有着特定的历史条件。比起来，我们在此所举 Marshall 关于公民权变迁的历史，由于真正需要在“市民社会”（而不是法庭）里的抗争、辩论、哲学探讨，以及宣传，似乎更能彰显借着辩论争议过程，更新——应该说创造——基本政治价值的激进程度。

的演变，不正是广义但地道的公共论述的产物吗？这种论述，不正是罗尔斯提炼他的政治正义观的前提吗？如果公共理性只能动用现有的政治正义观，18 世纪的“市民”公民观不是迄今仍然足以限定公共理性的适用范围吗？

进一步，我们还可以追问，公民身份的理解，莫非到了社会权（也就是正义第二原则）阶段即告“历史的终结”，不会再有向前发展的可能了吗？从历史趋势看来并非如此。放眼四顾，环境生态、基因操作、各类集体性——例如文化、性别、性倾向等——的权利、动物的权利，乃至于社会与公民之间关系应该如何想象，到稍早为止虽然一直遭到忽视，无法进入各个社会的政治正义观范围，近年来却日益受到重视，逐渐进入社会的公共讨论，骎骎然成为公共论述里普遍接受的理据。这类论述注定属于“全面性的学说”吗？或者它们虽然出身于斯，却仍有可能逐渐变成民主社会公共文化的一个部分？这个问题只能由现实社会的历史演变来回答，很难抽象地一概而论。可是它们不会因为属于某种全面学说，注定失去其“公共性”，反而应该适用某种意义下的“公共理性”，甚至于演变成公共理性的一个部分，则是明确的。

除了广泛的“市民社会”里面的运作之外，我们也不应该否认或者忽视严谨的公共论坛本身，也有潜力将议题／价值从全面性学说发展成为公共价值。在这方面，如果美国的经验有其普遍的意义，那么法院的贡献便尤其应该得到承认。试举一例：当美国社会当年的公共文化认定“隔离但平等”乃是平等这项宪政价值的妥当诠释之时，联邦最高法院却加以驳斥，指出种族隔离政策违背了平等的另一种诠释，并且它的这种诠释随着民权运动缓慢但是稳定的扩展成了美国的公共文化。这是用公共政治文化所提供的政治价值建立公共理性吗？抑或是在用某种启蒙自由主义的全面性学说“重建”公共理性？罗尔斯说法院作为公共理性的“典范”（exemplar），诚然有其所本；不过这个例子，也突出了议题的法律化难免溢出法律的局限，可能还有其他深刻的政治意义。在此之外，社会运动将原本似乎属于个人经验的议题公共化，自然也有其丰富公共讨论的作用。

五 结语

这篇文章试探的意义超过研究，所以也很难形成结论。不过，通过以上的叙述和批评，我愿意设法综合成几点观察，作为继续思考时的提醒。

第一，罗尔斯有关公共理性的论述，主要是哲学性的分析，指出宪政民主社会中关于某些议题的解决，需要诉诸什么样的理性／理由。他称这种理性为公共理性。关于这种理性的构成和适用对象，他分别做了规范性的说明。

第二，可是实际运用公共理性，并不是一个将既定的价值或态度，应用于明确的议题上的过程。运用公共理性，其实是一个寻找和确立政治价值、确定议题的性质和归属，以及在价值与议题之间建立相关性的复杂过程。审议式民主就强调，这个过程才是公共理性的存身所在，而不应由一个在先的公共理性概念指挥这个过程。

第三，公民相待之道的义务若能加以普遍化，一方面有助于将全面性学说提炼、转化为公共性的价值，另一方面则有助于个人及团体在对话过程中检查、调整自己所持的全面学说。公民观念的历史演变，似乎也指出市民社会里的政治过程，并不是一种可以以最高法院审议为典范的过程。

第三辑

说理与普遍主义

第五章

认同与说理

试论普遍主义的批判作用[1]

一 前言

普遍主义（universalism）是欧洲启蒙思想的重要遗产之一，也是各种后启蒙思潮的一个主要批评对象。不过它的内容与角色，牵涉到了人类思维本身的逻辑，本身便有其高度“普遍”的意义，并不能仅看成是西欧历史上启蒙与反启蒙潮流的禁脔。因此，从理论的层次上厘清在政治与社会、文化领域里所谓的“普遍主义”究竟是一种什么样的主张，是有必要的。借此我们也可望澄清，支持或者批判普遍主义，究竟分别意味着什么样的主张。

不过，首先需要澄清，由于“普遍”（universal）与“特殊”

[1] 本文曾先后在“中央研究院”人文社会科学研究中心“现代性之政治反思”国际学术研讨会（2005 年 12 月 6—8 日）上，以及北京大学哲学系、外国哲学研究所主办的“理性的命运：启蒙的当代理解”国际会议（2008 年 10 月 9—11 日）上作为会议论文宣读。这次经过修订之后在此收入本书，是首次正式发表。

（particular）这对概念所具有的一种特殊逻辑，普遍这个着眼于概念、原则、价值观等之适用范围的概念，无可避免地是一个相对的概念。一方面，“普遍”一定是针对某个范围而言才能言其普遍，而该范围之内的局部则称为特殊；但是另一方面，该范围相对于其外的事物又为特殊，而普遍则必须兼顾该范围在此一意义上的特殊性，以及该范围与其外事物的关系。由于这种内外两边的非确定性格，所谓普遍，便同时指“适用于全体”和“超越全体兼顾他者”这两个面向。这个特色，赋予普遍主义一种必须超越其本身视野——即面对他者——但是又能维持自身与他者之界线——即回到自身——的性格。这种面对着他者、作为特殊者，但又不成为特殊的状态如何可能，乃是探讨普遍主义的关键所在。[2]

由于当前反对普遍主义的论述主要集中在身份认同上，而身份认同又牵涉到评价的可能与合理，涉及了可以称为“说理”的一种实践理性要求，本文拟仅针对身份与说理这两类议题所牵涉的普遍性，讨论普遍主义的得失。就身份问题谈普遍，是想要说明，个人除了各种各类特定的、个别的身份认同之外（例如族群、性别、阶级等相对于他者而有别于他者的身份），还有一种普遍的身份，一

[2] “面对他者”与“回到自身”皆是黑格尔特有的用语。在上述意义下所谓的普遍，应该是黑格尔意义下的“个体”（the individual），由抽离的普遍在涉及他者之后回到自身，即他所谓的“具体普遍者”（the concrete universal）。在黑格尔的心目中，普遍必须能够面对他者但是不消灭差异，因此“普遍”与“一般”两个概念应该有所区分。“普遍”从他者身上找到自己，回到自身［经由他者界定自身，取得自我之“规定”（Bestimmtheit）］，而“一般”则是“坏的无限”，即不停的抽离所导致的共相，与他者无差别但也同时失去了自己。简要而清楚的叙述，请见黑格尔《法哲学原理》（台北：里仁书局，1985 年）第 5—7 页。

方面包含着某些自身的特殊身份认同，但同时又面对着与其相异的“他者”，不过不必以排斥或者支配的方式对待他者。身份普遍主义认为，这种普遍的身份，具有重要的价值，不应该遭特殊的身份凌驾淹没，反而提供了资源，避免个体回到特殊主义的排他态度。就说理问题谈普遍，意思是说，当为了证明某项主张的妥当而提出理由之时，理由之所以被视为足以构成理由，是因为该理由本身具有超越个案，以及超越当事人视野的普遍性，或者能为对方所接受，或者能为某种超越性的理性所认可。说理普遍主义认为，这种具有普遍性的理由，具有重要的价值，不能为特殊的视野所忽视，同时也不能又沦为某种封闭性的理性概念。本文将试图显示，（1）身份的各种特殊主义，为了显示其正当性，须要接受说理普遍主义的规范。（2）不过，这并不代表身份特殊主义必须否定特殊，要求身份认同从特色中抽离，变成抽象的普遍者；身份普遍主义只有在一个限定的意义下才是合理的，即维持平等的相互性，这种相互性的一个表现方式就是从“对方能够接受的理由”去理解说理的规范。在这个意义上，本文想要说明，普遍主义的关键所在，即在于确定说理的普遍主义。

二 普遍主义作为问题

近代西方思想史的演进轨迹清楚显示，启蒙式（相对于古典式）普遍主义的用意，原本是针对各种主张（claim）的正当性／妥当性做交代、回答的途径，即试图借着该主张的普遍性保障它的正当性。这里的直觉想法是：如果能够证明某个主张（认知、信念、规范、权利、价值、风俗习惯等的主张）具有普遍性格，或者能够从某项已经具有普遍性格的主张导出该主张，该主张便是正当的，因为它不再受制于特定场合或者特定身份的限制。这里，超越原有“自身的”脉络才能取得正当性，已经是一个潜在的要求。

普遍主义与正当性的这种关联，起于近代各种“主张”放弃了目的论的“善／好”之类的评价角度，改以“正当”为评价的基调。也就是不再以某种不涉及意志的实质权威，而是根据属人的意志之认可，作为评价的标准。[3]一方面，由于自然法传统以及宗教权威均告式微，这种“意志论”的转向势在必然。但是另一方面也需要注意，在放弃外在的、超越的实质权威之后，如果一项主张竟系出自个别的特定个人意志的运作，那么其间的主观因素难免会侵蚀该主张的妥当性。在这种想法的背后，有一种假设，即“确定性”必须立足于某种超越了特定主体之主观的“客观性”的基础上。在古典思想中，这种客观性具有实质的、外在的形上学的根据，例如自然／本性、自然法，或者神的超越权威。但到了近代，这种客观性则要仰仗某种非实质的、内在于人之主体（思维）的结构，无论这指思维的形式条件，或者某种超越的、先验主体的设定，抑或是指科学方法。由于这种客观性是由先于主体经验的结构所保证的，它既是出自主体的客观，同时由于并不受限于特定主体，又是普遍的。普遍而客观，因此构成了理性的基本要求。

[3] Patrick Riley, *Will and Political Legitimacy* (Cambridge, MA: Harvard University Press, 1982), p. 3; 又见 Harvey C. Mansfield, Jr. *The Spirit of Liberalism* (Cambridge, MA: Harvard University Press, 1978), p. 45。

可是这种以普遍与客观为界定特色的理性观，在近代稍晚旋即又被各种着重脉络或者直接肯定相对主义的理性观所取代。一旦理性只能具有相对于特定生活型式、特定时代场合，或者其他局部的效力，理性概念所支撑的普遍主义，便不得不让位给各种特殊主义，转而以特定生活型式、局部理性种类为范围的妥当性为已足，无法奢求一种全局性的普遍正当性概念。

同样的情形，在身份认同的问题上也告出现。启蒙式普遍主义相信，各个个人具有一种普遍的人性或者人的本质。这种普遍的人性乃是“真实”的人性所在，各种要求、主张、制度的正当性，系于它们是不是可以归因于或者有助于这种普遍的人性。这种想法，背后既有对于封建等级制社会制度的反抗，也反映着当时欧洲人与其他文明接触之后对于欧洲文明的厌倦。可是这种理解也在失势。浪漫主义、民族主义、女性主义以及各种强调个人身份的思潮，纷纷质疑一个共通的普遍人性设想，是不是足以掌握个人作为人的文化、社群与历史存在型态。在这些想法的背后，是一个具有强大爆发力的想法：一项特色，越是特属于个人的身份认同，能够掌握住“我”，越能反映、表现当事人的“本真”，也就是越有资格成为我的“真实”的身份认同。相比之下，普遍性的身份由于需要一系列的抽离，掏空了个人身上许多具体、紧要的特色，往往只剩下空洞的形式意义，无法展现我的特点以及与他人的不同。以普遍主义为名义进行这种抽离，其实是一种暴力。

这两类想法，当然都可以联系到世界历史的实际进程。由于帝国主义与殖民主义的发展，垄断了对于人性的诠释，于是从 19 世纪开始，在这两个阵线，逐渐出现一种怀疑，即所谓普遍性，其实乃是西方／资本主义／基督教／白人／男性／启蒙理性之霸权的特殊主张，披上普遍有效的外衣，以求达成支配的目的。普遍理性与普遍人性于是遭到两重的攻击：攻击它是某种特殊观点与利益的伪装，或者攻击它根本不可能“真实地”存在。两种攻击的共同结果，就是普遍性要让位给特殊性，无论这里所谓的特殊性，是某种内在于特殊脉络的特殊理性，或者某种特定的身份认同。

三 普遍主义的关键作用

关于普遍人性与普遍理性的信念一旦萎缩失势，以特殊、直接（immediate）为取向的理性观与身份认同观相对取得上风，普遍主义的可能性和合理性自然遭到质疑。但是放弃普遍主义，真的是可能的吗？要全面论证普遍的概念以及普遍原则的必要性，涉及一些知识论与后设伦理学的议题，并非本文所能尝试。不过笔者想要证明，至少在身份的认同与评价这个议题上，普遍性有其关键的角色，协助我们把认同的问题理性化；因此，这个取向不是仍以理性和正义为念的论者所能轻易放弃的。

首先，就身份认同问题而言，有一个重大的区分不能忽视：主体的面貌诚然是由一个人的身份认同所构成甚至于决定，但是主体对于一己的身份认同，在原则上是不是始终保有自主的诠释、塑造与选择的可能？大略言之，每个人所具有（以及面对）的身份，可以分为“可选择的”（voluntary）与“被归属的”（ascriptive）两类。[4] 理论上，当事人对于前者可以拒斥或者接受，对于后者则似乎并无选择的余地。不过值得注意的是，无论能不能选择，当事人仍然可以对于这些身份有所诠释、评价，甚至于设法调整改造。就属于归属类的身份而言，虽然它们似乎附着在当事人的身上无法去除，可是他要如何看待这个事实，要赋予该身份多大多小的重要性，准备用什么态度去面对自己这项看似无可矫变的身份，甚至于赋予该身份完全不同于一般想法的全新诠释，却有着很多的可能。而就可以选择的身份而言，当事人当然更有评估、选择、突出或者祛除它的余地。换言之，身份议题的关键性的挑战就是：是身份认同界定、湮没了主体（即所谓的“本质主义”），还是主体面对着自己的身份认同还保有一定的相对自主性，可以重新评价、选择、诠释？笔者相信，后面的状况更接近现代对于主体的理解。

但是评估与选择，显然预设着当事人可以将这些身份与其“他者”，与其他的认同可能并列与比较。换言之，只要我们承认主体在身份认同议题上具有一定程度的自主余地，就必须承认：

1. 个人作为主体，并不是被一些既有的身份完全钉死的，而是

[4] 这两个概念借自古特曼对于“身份结合团体”的四种分类：文化结合、志愿结合、归属结合，以及宗教结合。见 Amy Gutmann, *Identity in Democracy* (Princeton: Princeton University Press, 2003), pp. 30–34。古特曼的主题是各类身份团体在民主社会中的公共伦理，这些伦理会因为身份结合所根据原则的不同而有不同的面貌与困难，因此她做了四重区分。本文在此处的关怀并不是身份团体结合所依据的原则，而是想要强调身份认同本身可以来自自愿采纳、拥有的特色（信念、价值观、生活方式等），也可以来自生来即被“归属”、赋予的特色（肤色、性别、残障、性偏好等）；当然，这两个范畴无法清楚切割，许多特色其实处在灰色地带。文化与宗教似乎跨越了两类范畴，但似乎更属于志愿一类。由于本文旨在说明各类特色与主体的连接方式，只取两类即可。

可以抽离出来，去观察、评价这些身份的，并且这样的抽离并不代表我们假定了某种“毫无内容”（unencumbered）的主体之可能。

2. 所谓身份，并不是绝对的“既有”，而是必须经过主体加以诠释和塑造的，亦即容许当事人自行述说和诠释他身上所包含的身份；我们可以称身份选项的这个特色为其“叙事性”（narrativeness），蕴含着以具体的生命史为脉络去诠释与赋予意义的可能。

3. 而无论可选择的还是被归属的身份认同，显然都可能与其他的身份认同进行评价性的比较；这里所谓的评价，可能涉及的方面包括道德的对错、伦理的善恶、利害的得失，以及价值、尊严、品味、本真（是否忠于自我）等多方面的评价，不一而足。

4. 可是比较当然预设着某种共通的尺度，至少预设着当事人可以说出一些相干的理由，说明他基于什么样的考虑而接受某种身份、拒斥某种身份，甚至于想象与向往某种身份。这种理由或者尺度，必须明确地与这些待选择的身份“共量”（commensurable）；或者即使找不到明确的共量尺度，也找得到一些足以进行比较的参考项目（parameters）。换言之，比较的可能以及做进一步选择时所参考的理由，已经预设了在特定的身份认同之间（或者之上），有着一些共通的价值或者关怀。这些共通之物，指向一种特定意义下的“普遍”。在这里，所谓普遍，必然已经超出了主体当下特定身份的考虑，而是指主体所动用的理由的普遍性。这种理由，视野上当然跨越了这些待评价与待挑选的身份认同。

本文在此的说法，业已将身份议题的普遍主义，摆进了一个特定的问题脉络：人们关于身份认同的选择，乃是一种有自主性可言的活动，因此也是一种由主体做评价的活动，而评价在逻辑上预设着“凌驾”于受评价对象的“普遍”。应该特别强调，评价的必要性无所不在——尤其是在涉及身份认同议题时的必要性——不仅是一个事实，也让身份的认同取得了攸关重大的道德意义，即人的自主、说理，以及价值意识都在这里找到了其角色。可是，既然是评价，则又必须在“我族中心的评价”与“非我族中心的评价”之间有所区分。毋庸赘言，这个区分取决于评价时所依据的理由（标准）是不是超越了当事人现有认同的视野，而能够在一个更“普遍”的意义上证明评价是合理的。

要说明这种“合理”，哈贝马斯的沟通理性和罗尔斯的公共理性，可能是在今天比较完备的两套理论。两者皆以公共性的说理为“合理”的来源：哈贝马斯认为沟通的结构特色保证了这种说理是合理的，罗尔斯相信公共理性的“政治”性格以及公民之间的“相互性”即是“合理”的定义。我们并不一定必须接受这两种特定观点。不过，由于认同议题发生的脉络即在于面对他者进行有理由可言的评价，身份认同理由的“合理”，最明显的一个意思就是由认同其他选项的人来认可为合理。拒绝在这个意义之下进行有理由可言的评价，不啻回到了我族中心主义，从而也就放弃了关于自主的追求，让自我被现有的、事实性的身份所钉死。在今天，自我的身份认同，公认是一项需要尊重与正视的基本价值，可是要求这种尊重与正视的根本理由，还是在个人相对于身份认同的主体地位，而不是身份认同所涉及的各个选项本身。我族中心，正好贬抑了当事人的主体地位；他变成了某种身份的承载者，而不是该一身份的拥有者和认可者。

基于此，一个进一步的问题是：如果我们愿意循着自主—选择—评价—有理由可言的评价这个脉络来思考，最后得到了一个普遍性至为必要的结论，我们还需要厘清：为什么各方“他者”的认可，足以建立这种普遍性？这个过程牵涉到了什么样的机制与设定？

四 普遍性与相互性

传统上，普遍性所要求的理由可以来自多种源头，但也面对着来自多个方面的挑战。普遍主义历来需要仰仗某种客观、超越的下锚奠基之所，借以作为普遍性理由的立足地。可是首先，古典型态的形而上的背景，无论是柏拉图式的实在主义、亚里士多德式的目的论、斯多亚式的理性论、基督教式的有神论等均逐渐失势，无法援引作为普遍性理由的来源。继之而起的是现代式的自然主义（例如科学观），所设定的人性欲望与激情的普遍主张，虽然一时被视为普遍理由的依据，可是旋即遭到历史主义、相对主义，以及主观主义的挑战，从人性更为明白确凿的历史性格、相对性格、主观性格，得出了反普遍主义的结论。而随着各种价值多元论成为“事实”，以及民族主义、社群主义与女性主义的昌盛，身份认同反而需要由“差异”来界定，结果超越性的共有理由，愈来愈难找到立足之地。

如果必须放弃超越式的与自然主义式的普遍主义，普遍性还有什么其他来源？

分析前述的“非我族中心的评价理由”这个概念，或许可以得到一些启发。上面提到，为认同提供评价性的理由，需要跨出当事人现有认同的视野。这种理由需要在一个更为普遍的脉络里成立。

而要进入这样一个更普遍的脉络，一个自然的途径，即是获得处在其他认同视野之中的人的认可。

不过，所谓“其他人的认可”，需要再加以分辨。古特曼与汤普森将民主制度下调节理由的原则分为三种：利害（prudence）、相互（reciprocity）与超然（impartiality）。[5]这三者中间，由于身份认同的评价所涉及的范围很广，包括了道德的对错、伦理的善恶、利害的得失，以及价值、尊严、品味、本真等属于“人格”的面向，并不是利害原则所能涵盖处理的，所以为理由寻找一个普遍的脉络，应该只能从相互与超然二者寻取。但是这两者所蕴含的“普遍”，含意其实大不相同。

就我们的问题来考虑，相互与超然两种原则的重要差异在于，它们各自所要求的理由，分属于不同的种类。相互原则所要求的理由，是其他人从一己视野出发即能接受的理由，古特曼与汤普森称之为相互可接受的（mutually acceptable）；而超然原则所要求的理由，则是一般性的、超越性的理由，需要各方压制或者摆脱了个人独特视野的局限之后，才能认可的理由，两位作者称之为普遍可证明的（universally justifiable）。换言之，相互原则对个人有着“如其实”的尊重，超然原则则舍弃了个人脉络，向往一个超越了个人的理念。

这两种原则所产生的普遍性，因此也有着关键的差异。首先，如上引二位作者在书中列表所言，它们的动力、过程与目标都不相

[5] Amy Gutmann and Dennis Thompson, *Democracy and Disagreement* (Cambridge, MA: Harvard University Press, 1996), pp. 52–63.

同。[6]不过，就我们的目的而言，更重要的不同在于：既然我们不想陷入我族中心主义的泥沼，那么理由的构成要件之一，应该就是该理由要能被别人认为足以称为理由。这表示，这种理由需要和其他的认同选项所设定的正当性标准、价值观有所对话和说服（或者被说服）。换言之，由于我们必须既避开我族中心，同时又尊重与正视他人的自主的认可，我们需要的认可只能来自相互原则。相互原则所设定的理由之普遍性，才是我们所需要的普遍性。[7]

循着相互原则所要求的模式，这种卷入了不同观点与主体以追求认可的过程，大致上具有如下的特色：

1. 这个过程并不设定一种抽离的主体，而是从具体特定的主体出发，不仅避免了哲学上的奢侈假定，对于个人的特殊性也明确地有所尊重。

2. 这个过程所处理和接纳的理由，并不是另有独立源头的、其妥当性业已获得先然保证的理由，而是有条件的（contingent）、经建构而逐渐形成的理由，从而容许个人的自主性，在思考理由与评价理由时，有其发挥的机会。

3. 这个过程承认，主体的认知、偏好与利益之间的差异，都是理由之所以相异的正当原因，因此它所面对的理由照顾到了差异，从而尊重多元的存在。

4. 这个过程也注意到，历史文化情境脉络等的相对性，乃是造

[6] Amy Gutmann and Dennis Thompson, *Democracy and Disagreement* (Cambridge, MA: Harvard University Press, 1996), p. 53.

[7] 这个问题，请参考本书第七章更深入的讨论。

成理由之相异的一个正当原因，因此必须面对与跨越，从而有助于引入更丰富的思考资源。

5.这个过程要求人们作为理由的提供者与评价者，具有平等的权利与地位。这种权利与地位的平等，着眼在意见、利害、身份，以及生活的经验应该受到关怀与尊重。这说明，平等在此的意义不止于形式的平等。

这些特色的完整意涵，一时之间还难以理清头绪。不过明显可见，它们带出了多面的、强大的规范性要求。必须强调，历史上普遍主义原先即自许承担着进步与批判的职责，但是传统的普遍主义无法给普遍事物一种非形上的、非霸道的、非权威的源头，以至于普遍主义逐渐失去了这方面的可能贡献。但是相互原则所开启的普遍性，则能够设定一些从特殊主义来看属于乌托邦的价值与理想。靠着这类规范性的设定，“进步”与“批判”这两种普遍主义思考的重要功能，在理论上似乎比较可能取得有说服力的陈述。

五 从说理的普遍主义到身份认同的普遍主义

可是身份认同真的能够接受根据普遍理由去进行的评价吗？不错，前面说过，根据个人自主的理念，这种评价乃是必要的、无法避免的。可是在涉及身份认同的问题上要求普遍性的理由，是不是忽略了这类问题的一些特性，结果有失公平？

这个疑虑并非无的放矢，因为身份认同，其实是由不计其数的事物所构成的，诸如宗教、文化、社会经济地位、性别、生活方式等。对这些事物做评价，不会有单一的标准，而是必须考虑到内在于各类事物的本身的评判标准。但是必须强调，在身份认同的层次，问题的重点也有所转移。一方面，在价值多元的前提之下，我们似乎必须先假定（presume）这些事物具有内在价值，同时认同属于个人自我的建构与表现，在尊重个人的前提之下，评价的标准必须尊重当事人自己的理由。但另一方面必须注意，在涉及认同的议题上，我们并不仅是在（例如）宗教信仰的逻辑之内，探讨某一种宗教的妥当性与价值，也不仅是追问当事人如何理解和评价自己的信仰，而是在追问这项特定的身份界定与其他人的关系。——而当然，这才是身份认同问题必须牵涉到普遍主义的原因。这时候，认同议题的道德面向成为焦点；对身份认同要追问符合普遍主义的理由，岂不正是因为这类理由才能表达对于其他人的尊重与平等考虑吗？

必须承认，这个要求虽然正当，却忽视了身份认同议题的几个特殊的面向。如上面的叙述所示，在身份认同的选项之间，无论做评价性的比较，或者是根据相互原则进行理由的认可，都涉及了对价值观（conceptions of the good）做比较与评价，甚至于进入了泰勒所谓的强评价（strong evaluation）的层次。在这个层次，由于涉及的价值观深刻地渗入了个人的人格，甚至于构成了个人人格价值的客观源头，其评价的理由很可能要涉及文化、历史、宗教和形而上的信念。[8] 普遍主义若是仅仅以尊重与考虑他人的视野为依归，面

---

[8] 例如 Charles Taylor 所谓的构成性价值（constitutive goods）或者自我之源头［sources of the self］，例如宗教的神、柏拉图的善之理念、康德的自主个人，即属于此类。见 Charles Taylor, *Sources of the Self: The Making of the Modern Identity* (Cambridge: Cambridge University Press, 1989)。参见本书第十章。

对如此根深蒂固的信念，显然太过于贫乏无力，并没有办法处理多数在身份认同层面上的差异与争议。当然，这个事实，其实也充分说明，普遍主义不必奢望消除或者克服价值多元论或者合理的分歧（reasonable disagreement）。[9] 进一步而言，普遍主义并不是一种一元论；它不必主张每一个问题都有而且仅有一种正确的——亦即普遍的——答案[10]，有待经由某种遵循相互原则建立的方式，来获得所有人的同意。不过，普遍主义如何既坚持在相互原则下进行有理由的评价比较，但是又容许这种比较不必获得唯一的结论？这里，我们有必要厘清说理普遍主义与认同普遍主义之间的关系：

第一，站在合理的分歧论的立场，我们对于说理的效力，不应该有过高的估计。在正常情况之下，人们运用理性，寻找最好的理由，极可能在很多问题上仍然导致相互径庭的意见与判断。[11]

第二，当我们根据相互模式追求认可的时候，这里的“认可”是指相互的“理解”还是“共识”，应该有所区分。[12] 很多时候，社会生活所需要的、可能得到的仅是分歧之间的相互理解，而不是其

---

[9] 价值多元论与合理的分歧论相去很大，见 Charles Larmore, *The Morals of Modernity* (Cambridge: Cambridge University Press, 1996), ch. 7。参见本书第九章。

[10] 这是伯林对一元论——通常被误解为他对普遍主义——的理解。见他的“The Pursuit of the Ideal,” (1988) in Henry Hardy, ed., *The Proper Study of Mankind: An Anthology of Essays* (New York: Farrar, Straus and Giroux, 1997), pp. 1–16。本书第九章对伯林的多元论 / 相对主义问题有多厘清，请读者参考。

[11] 见罗尔斯的有关著作以及上引 Charles Larmore 的文章。

[12] 理解（Verständigung）与共识（Einverständnis）的区分，笔者取自 Maeve Cooke, *Language and Reason: A Study of Habermas's Pragmatics* (Cambridge, MA: The MIT Press, 1994), pp. 110–117 的讨论。这个重要的区分来自哈贝马斯：共通的理解（我知道你在说什么；你知道我在说什么）和共同的想法（即“共识”）看来乃是两个概念。不过，哈贝马斯认为两者之间有内在的关联。

间的趋同与共识。但无论理解还是共识，都在本质上不同于将他者异化，或者以策略理性、工具理性将他者视为操纵、强迫的对象的做法。理解与共识所设定的与他者的关系，是一种对他者即使不同意但仍然承认、尊重的态度。这种态度即使尚不算是完整的普遍主义，也是普遍主义之为可能的一个重要因素。

第三，不过，人类——个人或者群体——所持的价值观，不应该被视作天成、固定、僵死的，而是可以改变的。这是个人自主性的可能性所寄，也是历史以及心理上的事实。问题是改变能不能成为一个理性的过程，成为一个集体合作、互动的过程。普遍主义的可能性，相当程度上也系于这个过程的逐渐实现。社会科学往往假定（并且这种假定往往会“自我实现”），人的信念与价值表现为定型的偏好，无所矫变；如果有所变化，往往也是策略性的适应与对策，并不是一种理性意义的学习和趋同。这种假定，只会导致一种极为僵化的身份认同图像。一旦这种图像能够松动，则说理的普遍主义仍然有其发挥的余地。

第四，若我们相信在身份认同议题上共识仍有可能，用说理的普遍主义来处理身份认同的议题，也有助于区分开“参与”（participationist）意义下的共识和“整合”（integrationist）意义下的共识，以及这两种共识所意味的不同的普遍主义。[13] 整合意义下

[13] 这个区分来自 Seyla Benhabib，虽然我已经将这一对概念移出了她的原来脉络。见 Seyla Benhabib, *Situating the Self* (New York: Routledge, 1992), pp. 76ff.。本文关于普遍主义的一般论点，与 Seyla Benhabib 所谓的“交互式普遍主义”（interactive universalism），在原则上应该是相通的；请见她的上引书以及 Seyla Benhabib, *The Claims of Culture: Equality and Diversity in the Global Era* (Princeton, NJ: Princeton University Press, 2002)。

的普遍身份认同，意指一种由实质的价值共识所建构起来的身份认同，其表现方式往往会诉诸某种超越特殊认同的民族精神、生活方式、人生观，甚至于共和主义理想中的共同体生活，等等。参与意义下的普遍身份认同，则单纯意指一种由平等的交往所构成的共同追求活动。个人在这种活动中的角色，系由其权利、义务，以及活动的规范所构成，通常称为公民身份。这种活动的目的，仅在于追求个人在说理与道德意义上更好的生活。在这个意义上，公民身份并不会与一般的身份认同竞争，而是指各种身份参与反思活动时的行为、态度，以及规范。普遍主义要求这种共同活动，因此也以公民身份为圭臬、为典范。这时候，普遍主义并不会与各种身份认同背后的价值观冲突，但是它仍然必须志在“扩大与改善”（to enlarge and refine）这类价值观，以便提升公共生活的开放与质量。

六 结语

本文提出的问题是：就身份认同以及说理两类议题而言，在什么意义之下的普遍主义是必要而且正当的。我们指出，如果身份认同是一种容得下个人自主选择的事物，那么它就需要预设某种超越的价值，作为当事人进行比较和选择的理由。而为了排除我族中心主义，这种理由还必须是他人能够承认构成了“理由”。要满足“能为他人所承认”，这些理由便须受制于相互性原则，亦即在这里产生共识的过程，要让各方的差异与多元有所发挥。

这种追求共识性的普遍事物的方式，是不是高估了理性处理认同议题的能力，以及侵犯了身份认同的神圣性？在四个意义上——

（1）合理的分歧是正常的；（2）就平等与尊重他者而言，相互理解已经弥足珍贵，其价值并不逊于最后的共识；（3）经过相互之间对于理由的切磋挑战而改变身份认同，并无碍于这项身份认同的神圣性；（4）这种普遍主义的认同建立了平等交往，并不影响纯属于个人的身份认同——这些忧虑可能是多余的。

第六章

“承认”是一项宪政价值吗?

论承认的政治性格 [1]

一 前言

公民身份的界定，以及在制度上确立公民身份所蕴含的权利与义务，是宪政体制必有的一环。公民身份以及公民的权利义务，体现着一些非常根本的政治价值，需要借宪政体制来宣示与实现。这类政治价值，或可称为基本宪政价值。[2]

[1] 本文系参加“中央研究院”人文社会科学研究中心政治思想专题“宪政基本价值”学术研讨会（2006年11月23—24日）的论文。会后做了较大幅度的修改，发表在萧高彦主编，《宪政基本价值》（南港：“中央研究院”人文社会科学研究中心，2009年），第187—216页。这次收入本书之前，又做了一些行文上的修订。

[2] 所谓“宪政价值”，似乎并无严格的定义。而若是要做界定，又应该根据什么原则，可能还需要进一步的讨论。在本文中，或可将“宪政价值”理解为“在制宪的时候必须考虑与落实的价值”。这个说法的脉络乃是罗尔斯的“四阶段”说，即从选取正义原则，根据正义原则制宪，再根据正义原则以及宪章立法，以及行政权的施展分为四个阶段。在制宪的时候（以及行宪过程中涉及价值的权威诠释），需要同时考虑公民之平等的自由，以及政府的结构，故“宪政价值”应该包括基本权利以及政府权力的结构与限制。因此，宪政价值既有别于第（转下页）

历来西方有关这类基本政治价值的意识，用市民权利、政治权利、社会权利三个范畴，大约已经足以分类总括。这些权利指向平等与自由两项价值，认为现代宪政体制的道德基础在于所有公民平等地具有主体的自由，亦即拥有政治意义下的自主性，故而必须承认各项消极自由、积极的政治参与权利，以及让这些自由及权利取得“公平价值”的各项社会、经济的制度安排。

到了今天，市民权、政治权两个范畴已经鲜有争议；在福利国家的架构下，社会权项下的基本服务如国民教育、公共卫生与医疗、失业与养老补助等也已经被视为理所当然。不过，这些权利的保障和落实，是不是已满足了政治自主性的要求？这是近代政治哲学所关心的问题，也是现实政治中许多争议的所在。这里的质疑大概出之以两个形式：一是追问现有的各项权利，是否足以满足政治自主的要求；二是对于政治自主性的理解本身若有改变，是不是会影响到各项权利的内容。

在 20 世纪末叶，有关公民身份背后的政治价值的理解，确实发生了一个重要的变化。如果说六十年前马歇尔陈述公民权利的时候[3]，主要的考虑在于普及公民意识，即借着赋予公民权利而建立公民向国家的归属与整合（这是政治的考虑），到了近二十年，公民权利所体现的政治价值，基调就已经移转到了公平对待个人（亦即转

（接上页）一阶段考虑正义原则时的“道德人”的自由与平等，也有别于立法与行政阶段的政策考虑。按照罗尔斯的想法，正义第二原则即属于立法阶段，亦即分配议题不能算是宪政价值。见 Rawls (2001:48)。但如下文所示，由于我认为“公平对待个人”这个概念的内容必须扩大，基本权利势必会牵涉到分配与承认的议题，本文并不将这两个议题局限在“立法阶段”。

[3] T.H. Marshall, “Citizenship and Social Class,” in Robert E. Goodin and Philip Pettit, eds., *Contemporary Political Philosophy: An Anthology* (Oxford: Blackwell, 1997), pp. 297–319. 这篇历史性的文章原先发表于 1949 年。

向了道德的考虑）这个主题上了。在这个新脉络里谈基本自由、参与权利，以及资源的分配，所考虑的是如何让个人获得公平的待遇。罗尔斯的正义理论，即是经营这样一套政治价值的典范理论。用公平取代整合，固然是因为在现实的层面上来说，公平才能导致稳定的整合；但也因为从规范的层面上，公平本身便具有关键的道德意义，由它所规范的整合，才能满足公民之间公平之合作所需的“相互性”（reciprocity）这项道德要求。

可是历史背景的改变，也带来了新的议题，进而影响了“权利”的概念。既然政治价值的焦点不再放在归属与整合，而在于公平对待作为公民的个人，所谓“个人”以及其政治自主，也就不再仅以国家所设想的公民为模式、为典范，而要随着“公平”概念的需求，容许更多的社会、文化价值介入，让个人的政治自主性涵盖更多的面向。在这个脉络里，身份认同（identity）的问题遂告成形。[4]“对个人公平”这项要求涵盖的范围扩大，一方面继承了原先自由主义自由与平等的要求，但附加上传统左派特别针对资本主义体制而提出来的资源分配议题；另一方面则将“平等”的要求从权利与资源，扩张到身份与认同方面的特色是否被尊重接纳，开始追问“个人的身份特色有没有获得公共的承认（recognition）”。[5]继“权利的普及”

[4] 这个趋势，当然还有社会、政治、文化等因素的变动，在发挥更大的作用，不过本文只强调理论本身随着问题意识转变而呈现的重心转移。

[5] 在本文初次发表时，为了保持该一概念的突出地位，曾将英文文献中的 recognition 一词翻译作“肯认”。但由于笔者始终试图将平等对待意义下的承认（承认具有平等的地位）与评价意义下的正面肯定（推许为具有正面价值而接受）区分开来，并且认为正面肯定意义下的“承认”不可能是一项政治义务，在本书中改为“承认”。这个区分，在下面第七章中更形尖锐，只能使用“承认”而不能使用“肯认”。

与“资源分配之公平”之后，身份的获得认可，遂排上了政治思考与政治实践的日程表。在身份特色上居于少数（少数族裔、少数性偏好、少数文化团体）的人们，发现争取自己的身份特色获得承认，乃是保障自身权利、争取资源，尤其是维系尊严的不二途径，因此纷纷加入了要求“承认”的运动。这种运动以及其背后的哲学观点，终于蔚为潮流。

有见于承认问题受到的注意日渐增加，本文想要探讨：承认的重要性不言而喻，但它算是一项宪政价值或者基本政治价值吗？本文的结论是：如果在“公平对待公民的政治自主性”这项要求之下来理解宪政价值，承认——经过较为谨慎的限定——确实构成了一项宪政价值。不过，这里的谨慎限定，会排除多元文化主义所期待的文化推许（esteem）。本文将先说明，这种对于承认概念的限定，可以透过三个问题来表达；然后根据当代泰勒（Charles Taylor）、霍耐特（Axel Honneth），以及弗雷泽（Nancy Fraser）三人所建构的承认概念，本文将说明他们对于这三个问题的答复，显示了他们心目中的承认，其实都没有脱离宪政价值的要求。

二 承认的概念分析与道德意涵

一般言之，“承认”泛指对于个人身份（identity）的某个关键面向的正视、尊重，甚至推许，并且该面向通常对于当事人“是谁/是哪一种人”具有决定性的“构成”意义。拒绝给予承认，仿佛即是贬抑或否定了该一关键面向，结果对于当事人的自我、对于他的自我认定，造成否定的效果。承认的对立面，乃是忽视、扭曲、贬抑，甚至于负面的评价和丑化侮辱。这些作为，效果上都践踏、否定了当事人的自我形象、尊严甚至人格。

当我们这样理解承认时，作为一项公共生活里的机制或者理想，它的给予或剥夺，可以有三个层面的含意。首先，它影响到当事者心里的感受。一个人无法获得承认、或者获得的承认不如预期，通常会造成心理的创伤，例如丧失自信与自我肯定。其次，承认的获得或者阙如，有其社会整合的意涵，会影响到当事人的公共地位、公共机会，甚至于公共的权利，从而使他的存在与活动受到或有利或有害的影响。第三，也是最根本的，承认更涉及了当事人的人格之构成，影响所及，当事人会成为什么样的人，是不是他自己所想成为的人，都跟着改变。在这第三个意义上，当事人的“自我决定”或者自主，直接受制于承认的影响。有见于这三个层次的重要性，承认并不是简单的心理—社会生活机制，而是具有深重道德意义的。[6]

上述承认的第三个层面，晚近主要由泰勒和霍耐特加以铺陈发挥，视之为前面两种（不）承认之心理与社会后果的根本成因。他们两位都受到黑格尔承认理论的深厚影响，认为承认乃是主体之所以成形（构成）的要素：主体性或自我意识，唯有在与他人（其他自我意识）的相互承认关系之中才能成形。[7]在这个意义上，承认是

---

[6] Seyla Benhabib, *The Claims of Culture: Equality and Diversity in the Global Era* (Princeton, NJ: Princeton University Press, 2002), pp. 51–52.

[7] 黑格尔的承认理论，主要见《精神现象学》中自我意识章中的主人奴隶一节。不过，霍耐特强调黑格尔在早期的耶拿时期已经开始发展承认理论。见 Axel Honneth, *The Struggle for Recognition: The Moral Grammar of Social Conflicts* (Oxford: Polity Press, 1995), （转下页）

否健全存在，可以决定当事人的主体性、他的自我意识，也就是他的“身份”能不能够自主地（健全、自由、完整地）成形。剥夺承认，对当事人造成的伤害不仅停留在心理层面和社会地位层面，更进入了身份之构成的层面，不能不谓严重。

在这个思路的引领之下，承认议题的道德意义，不只是价值上的可欲与否，更涉及了正义。承认不仅涉及私人感受，还涉及了社会地位以及个人的人格构成，从而牵涉到了个人生活的机会与权益，以及人格的面貌与尊严。换言之，承认涉及了个人的公共生活。这种情况之下，承认显然是一种与正义——而不仅是裨益于日常生活的质量——紧密相关的价值。这一点，与弗雷泽用“参与的对等”（parity of participation）一概念来表达承认的公共政治意义，同样强调了承认在社会生活里的关键地位。既然身份认同议题涉及了社会参与的权利，并且攸关个人人格之构成，那么其“应然”的规范性格（相对于其社会心理层面的作用），就不能不居于第一线。

不过，以上所言，只涉及了承认的影响或者作用。至于承认这件事本身的含意，还并不清楚。检视有关承认的一些哲学文献，我们会注意到，“承认”的意思并不是单一的。要说明承认究竟是什么样的一件事，需要考虑承认的进行牵涉到的人格的普遍和特殊两个基本面向，而究竟是从普遍的角度接纳特殊，抑或从特殊的角度

（接上页）part I。泰勒较为简约的说法，见 Charles Taylor, *Multiculturalism and "The Politics of Recognition"* (Princeton: Princeton University Press, 1992), pp. 32–34。除了黑格尔之外，美国社会学家 George Herbert Mead，*Mind, Self, and Society* (Chicago: University of Chicago Press, 1934) 一书对泰勒和霍耐特也有一定的影响。

“推许”特殊，所带来的承认会大异其趣。这中间，可以分出三种可能的承认角度。

1. 普遍角度的承认：承认某个人或者某种人，一个起码的意思是指，承认该个人或者属于该类的人，具有完整的人格，也就是具有所有人共有的道德地位和道德价值。这种意义的承认，道德上表现为对于其人的尊重。政治上则表现为对于其人基本权利的尊重。这种承认，旨在将某些原本被排除、遭到不平等待遇的人，纳入完整人格的范畴，让他们享受人类的普遍待遇，满足平等或者公平的要求。这种承认的根据，因此通常是强调被承认者与其他人一样具有某种实质的或者道德的特色，至于造成差异的特色，则被视为并不具有道德意涵或者政治意义，应该予以忽视。准确地说，这里所承认的是某种普遍的道德与政治人格。

2. 特殊角度的承认：但是承认某人或者某种人，还有一种不可或缺的意思，就是在承认上述的平等地位以及平等待遇（也就是承认了普遍的人格特色）之外，还因为当事者人格的某些特殊独有的特色或者需求，而要求某种特殊独有的对待方式。在此需要强调，这种对于特色的承认以及因此而产生的特殊要求，必定是在上述对于普遍性承认的要求获得满足之后才能成立的。因为这里对于特色的承认以及特殊待遇的给予，其实是以特殊主义的方式，表达普遍主义的要求：理由是唯有如此的特殊的待遇，方可表达对于该人或该类人的平等看待。设想即知，如果脱离这种普遍主义的脉络，以特色（包括特殊需要）为理由要求特殊待遇，不啻根本否定了普遍平等的基本原则，也就是主张某种等级身份制度。当代主张承认的各家中间，似乎并无这种等级身份制的倾向。

但无论着眼点是人格的普遍面向或者特殊面向，上述两种角度，都将承认放在一种普遍主义（或者平等主义）的脉络里来理解：所有的人都应该获得平等的对待，而承认则是落实这种对待方式所要求的途径。这两种角度的承认的差别在于，第一种角度认为，承认了共有的特色或者需要，即/才算是平等的对待；而第二种意思则认为，对于独有特色的承认，以及因此而生的独有待遇，才足以保证平等的对待。需要强调，在这两种承认观点之下，被视为需要承认的特色、需求之所以有资格受到承认，仅是因为该一特色、需求在平等对待的原则审视之下，被认为乃是平等对待的一个构成部分。它们本身是不是具有道德平等意义之外的价值或者必要，并不在考虑之列。（例如，承认宗教信仰的权利，以及各个信仰的独特崇拜方式，并不代表对于宗教这回事，或者对于个别特定宗教本身的价值有所判断。）也因此，一项特色、需求若是并不足以成为平等对待的构成部分，则对它的承认也就没有必要，无论它本身具有什么价值。

3. 评价角度的承认：承认的第三种常见的意思，溢出了上述着眼于“平等对待方式”的范畴，进入了“实质评价”的范畴。这两个范畴是有别的：以对待方式为着眼点，承认的意思是赋予权利或者待遇，而以平等对待为理由；以实质评价为着眼点，承认的意思则是正面的“推许”（esteem），这时候承认某项特色或者需求，意思是说认为该特色或者需求具有某种实质的价值，承认它代表其本身即值得承认，至于承认它是否为平等的对待原则所要求，并不在直接的考虑范围之内。

这种实质评价意义下的承认，在很多场合都在发生，例如就个人而言，成就、才艺，或者美德，都有可能要求承认；性别、族裔、文化惯习亦然。但是这种承认的含意与运作进行方式，在脉络上迥异于平等主义脉络下的承认要求：这种承认的受者具有某种优点，而施者认识到了这种优点，根据某种价值尺度承认该一优点的价值。这种承认有可能转成平等主义意义下的承认要求，但是只要它根据价值的标准来要求承认，这种承认仍然必须与（例如）该价值标准的运用是不是普遍、公平的考虑有所区别。

由于本文所关心的承认是一种“宪政”价值，亦即强调承认作为一种政治道德上的义务，为共同体成员相互的对待所需，因此，承认的平等对待面向显然是理所当然的，但是承认的评价面向就必须慎重处理。毕竟，宪政价值属于很基本的权利与义务的领域，但是对于各种特色的“推许”，则似乎不可能成为一种义务。换言之，我们有理由说，承认作为宪政价值，只能基于上述（1）普遍及（2）特殊两个角度下的承认要求，而不涉及（3）评价意义下的要求。但是实质评价意义下的承认，难免会与前面两种意义的承认有所牵连。假如一项特色与平等对待有直接的关系（尤其从当事人的角度来看），可是又无法取得评价意义上的承认，我们该怎么办？这是承认议题中较为棘手的一个问题。[8]

---

[8] 一个简洁的回答方式是：基于对人有平等的尊重，故而承认其特色，但这丝毫不蕴含对于该项特色在评价意义上的推许。在“尊重某人”与“尊重某人的某一项信念、特色”之间，必须做出类似的区辨；参见 Charles Larmore, *Patterns of Moral Complexity* (Cambridge: Cambridge University Press, 1987), pp. 63–64。不过必须指出，有些人身上的某些特色，非但无法取得评价意义下的推许，甚至于不可能成为平等对待所需考虑的对象；这时候，这些特色根本不可能要求承认。你不需要推许任何一种性偏好，即可以对各种同意情况之下的性活动施以承认，因为平等承认性偏好，乃是平等对待的一个要求。但是种族主义的偏好，由于涉及对于他人的歧视［用德沃金的话来说，是一种涉他偏好（external preferences）］，本身即不是平等对待所能列入考虑的，永远没有资格要求承认。

本文将整理泰勒、弗雷泽、霍耐特与罗尔斯几位政治哲学家关于承认的看法，以资显示，他们都意识到了这中间的问题，也都根据自己的不同理由与方式，排除了上述（3）评价推许意义下的承认。因此，他们心目中的承认，都可以算是宪政价值。本文拟利用上述的讨论，分辨出三个问题，观察这几位思想家如何应答：

（I）他们关于承认的理解，有没有分辨上述的（1）普遍角度和（2）特殊角度？他们对于这个区分的看法是如何的？

（II）他们所谓的承认，有没有区分上述的（1）与（2）的对待方式脉络、与（3）的评价脉络？他们是否承认，承认主要不是评价问题，而是对待方式的平等，或者说正义问题？

（III）他们如何看待（3）的评价问题？当评价问题与平等要求冲突的时候，他们会持什么态度？

三 泰勒论承认：权利与评价

承认之所以在当代成为一个明确的政治哲学议题，泰勒的贡献是奠基性的。所谓“奠基”，主要分成两个方面说。第一方面，他较早就明确地论证了承认的重要性和道德意义。第二方面，他充分掌握到承认所涉及的上述三个问题，并且提供了经典的陈述与分析。在这两方面，他对于后起的讨论有决定性的影响。

泰勒的出发点，即是承认与身份的紧密关联（25—26）。[9] 而这

---

[9] Charles Taylor, *Multiculturalism and "The Politics of Recognition"* (Princeton: Princeton University Press, 1992). 本节引用泰勒此书时将直接注明阿拉伯数字页码。

两者的关联，则建立在他独特的人性论上面。他认为人之所以能成为人性的主体（human subject），系于其“对话”（dialogical）的性格：人是在与其他人——尤其是“关键的他者”——互动之中界定自己的，“一个人不可能自行成为自我。只有在与一些对话者的关系之中我才能成为自我……自我只有在我所谓的‘对话网络’之中才能存在”。（32）[10] 在泰勒的认识里，对话与人作为主体的关系经过两层转接。第一，人成为主体，也就是理解自身、界定自身，需要先取得丰富的各种“表现语言”（languages of expression），以这些最广义的语言为媒介进行“表现”（expression）[11]，在表现中逐渐形成一己的身份。第二，由于语言在本质上即是对话性、公共性的，逻辑上不可能是私人的独语（monologue），个人的身份成形，也是在对话的脉络中进行（32—35）。[12] 但接下来的问题则是：既然身份认同不是在先存在的，也不是由社会位置所保证的，而是必须由个人在对话中争取（negotiate）来的，就有失败的可能。其他人可能拒绝接受你的自我界定，也可能赋予你一种你并不认同的界定。这种失败，即是“承认”的失败。广泛言之，在社会层面，由于对话网

[10] 关于人之“对话性”更一般性的论证，请见 Charles Taylor, *Sources of the Self* (Cambridge, MA: Harvard University Press, 1989), pp. 35ff. 上引文在该书 p. 36。另外，请参见 Ruth Abbey, *Charles Taylor* (Princeton, NJ: Princeton University Press, 2000), pp. 67–69。

[11] 泰勒所谓的“表现”，特指他所谓“表现主义”意义下的人之成为人的创造与自我认识过程。见本书第十章。

[12] 泰勒这一套表现论比较复杂，此处不赘。读者可参见他的其他著作，例如上引 *Sources of the Self*, ch. 3。也可以参考本书第十章第四节。需要注意，论及承认与身份的内在关系时，泰勒的论证比较明白而且严密；霍耐特对这一问题也有完整的经营，不过本文并未列入讨论；见 Axel Honneth, *The Struggle for Recognition: The Moral Grammar of Social Conflicts*。

络的有意无意的扭曲和压迫效应，身份的成形可能也是扭曲的，甚至是失败的。

泰勒进一步从欧洲近代思想史的一次转变，展现“承认”这个概念本身的逻辑。他认为，在等级社会特别是以封建等级为身份标准所产生的“荣誉”（honor）观念让位之后，注重平等的“尊严”（dignity）概念和注重独特的“本真”（authenticity）概念继之而兴，成为想象、理解个人身份的两个主轴（27—31）。从这两个主轴，分别产生了“普遍主义的政治”与“差异的政治”。前者认为所有人都平等地值得尊重，其基底的价值在于“普遍的人类潜能”；后者认为每个个体的身份都是独特的，其基底价值是人人皆有潜能独立地界定和形成一己的身份（41—42）。泰勒强调，这两种政治，其实均以普遍的平等原则为基础（39）；两种政治所坚守的价值，也都在于普遍的人性潜能。不过显然，它们“尊重”潜能的方式很不一样。普遍主义要求以“无视差异”的方式对待人，才算是尊重其潜能；差异政治则要求“正视差异”，才算是尊重了人的潜能。着眼点的不同，造成了普遍主义与差异主义分庭抗礼，不过两者都肯定了“普遍平等”这项价值，不同所在只是对这项价值提出了不同的诠释。

这个情况充分说明，就上述问题（I）而言，泰勒可以做肯定的回答。他不仅指出了人类身份的普同与差异两个面向，并且在思考承认议题时兼顾了这两个面向。他也认清了承认的这两个面向，其实都预设了一套普遍主义或者平等主义的脉络。

但是泰勒继续指出，承认议题在当代有了新的转折：上述尊重人的自我界定之潜能的要求，进一步蜕变为要求尊重这种潜能之独特的“成果”，也就是具体的人格或者文化，以及其产品（42—43）。在此，泰勒其实是在针对所谓“尊重”，发展出几种不同的解释。第一种是泰勒所谓的一种最常见的、自由主义式的解释，强调尊重必须“无视差异”，其对象只限于自主性本身，而不及于自主性的选择结果；康德式的自主性，是这种尊重的典型对象（57），演变成前述的普遍主义的政治。第二种意义的尊重，涉及了泰勒称之为存活（survival）的集体价值，即为了文化主体能够继续存在，故对文化本身提供特殊的保护和支持。此种态度虽然涉及了集体性的价值，逾越了个人自主性的范围，却仍然是一种尊重，即对于“多样”的尊重（58—59）。传统自由主义并没有意识到这种尊重的重要，不过泰勒认为它仍然可以归属于自由主义的范畴。接下来，泰勒指出还有第三种对于尊重的可能理解，即对于现存文化及其产物赋予正面评价（64）。在泰勒看来，晚近的多元文化主义（multiculturalism）所要求的尊重属于此一类；它认为做到这一步，对于潜能的独特实现成果有所肯定，才算是满足了尊重的要求。

这样理解尊重，并且导出所有文化在评价意义上都应该获得平等的推许，表面上似乎是前述平等尊重原则的延伸（68），但是泰勒不同意此说。他提出了一项分辨：视各个文化具有同等的价值，可以是一种“推定”（presumption）（66ff.），也可以指实际的价值平等判断（actual judgment of equal worth）。（68）作为推定，对于各个文化的尊重只是一个初始的预设（66），即准备发现其他文化有其本有的价值，在做法上准备借着“视野的交融”（67）而修整一己视野的局限、成见和评价标准。泰勒承认，“推定”意义上的尊重，是一种可以作为权利而提出来的承认要求。但是多元文化主义等晚近观点所要求的，已经进入了实际上评价推许的领域：它们要求的是直接实际承认某一文化的价值。泰勒认为，这种要求在逻辑上是荒唐的，因为根据“评价”一词的定义，获得正面的评价，不可能是一种权利（70）；此外，任何人如果认为，他可以不经比较与说明理由，就直接、当下立断地推许另一种文化，不仅反映了评价者本身的高傲与优越感，也表示他根本忽视了该一文化的独特与相异之处。（71）

从这套分辨来看，泰勒对于上述问题（II），也会做肯定的答复。尊重作为对待的方式，与评价推许意义下的尊重，由于所涉及的平等原则与“评价”这种活动的逻辑有着重大差异，根本是两件事情，并且后者很有可能造成与尊重背道而驰的态度。在对待方式的意义下理解尊重，所蕴含的承认要求，关系到了是不是视对方为平等的主体；这种承认可以循普遍主义的途径进行，也可以循差异主义的途径进行，但是其立足点在于平等与公平并无二致。这种承认蕴含着道德义务，对于个人意志当然具有道德的强迫作用。可是评价乃是应用某种客观标准，便根本不是由意志来决定的事情，因此也不可能受道德考虑的强制，亦即“正面评价”不可能是一种道德义务。

至于上述问题（III），泰勒则只提供了部分的回答。一方面，由于评价的结果是什么内容不可能事先有定论，由此提供承认更不会是道德义务，所以他充分理解评价的结论可能是负面的承认。但这是否有违平等的基本要求呢？泰勒对此没有作直接的答复，而是强调，与其追问他人是不是有权利要求我们的承认，不如追问我们是不是应该从“价值推定”去理解和认识其他文化。而如果从这个角度来看，其实面对异文化之时，由于种种限制，我们离做出终极价值判断的时候还早。换言之，他离开了权利的问题，进入了人类面对实质历史现象时的态度问题。不过，从以上所言仍可以确定，对于泰勒而言，既然评价意义下的承认不是一项权利，自然也不可能构成一项宪政权利。

四 弗雷泽论承认：参与的对等

继泰勒之后，当代另外一次关于承认的重要讨论，见诸弗雷泽与霍耐特针对承认与分配之间轻重与关联的争议。[13] 本文将根据他们之间的辩论，探讨他们心目中所理解的承认，在什么意义上是（或不是）一项宪政价值。至于分配议题，本文将不涉及。

弗雷泽关于分配与承认的讨论，涉及道德、社会、政治以及制度四个层面。在此，我们将仅探讨道德层面的问题。在道德层面，弗雷泽又分出四个议题，分别呈现她的分析与观点。这四个议题是：（1）承认事关“正义”，还是涉及“自我实现”？（2）分配与承认是两个独立的典范，抑或可以相互化约？（3）各类承认的要求（主张）之间，要如何分辨有道理的与没有道理的？（4）正义究竟要求我们承认个人或者群体的独特之处，还是承认普遍的人性即足？（27）[14] 这里除了第二个问题之外，其余三个问题，均与我们的前述

[13] Nancy Fraser and Axel Honneth, *Redistribution or Recognition? A Political-Philosophical Exchange* (London: Verso, 2003).

[14] 本节以及下一节引用上注所列弗雷泽以及霍耐特书中的文字时，将直接注明阿拉伯数字页码。

问题（I）（II）（III）有关。

首先必须强调，弗雷泽赋予承认议题一个十分独特而明确的脉络：承认乃是正义问题，而不是心理健康或者人格之实现的问题。如弗雷泽所形容，承认通常被视作攸关自我实现（self-realization），泰勒及霍耐特可为代表。所谓事关自我实现，意思是说个人之发展出健全的主体性、发展完整的正身（intactidentity）、成为真正的我，须以获得健康完整的承认为前提。而发展出这种主体性或者正身，或者说实现一个充分发展的理想自我，正是美好人生这个理想的部分内容——甚至即是其全部内容。因此，从人格成形及其蓬勃兴盛的发展的角度来看，承认具有高度的道德意义。

不同于这种思路，弗雷泽将承认视作攸关正义的问题。她认为承认所涉及的主要不是某种理想的生命状态，而是社会地位，因此她提出"承认的地位观"（status model of recognition），即将承认与地位两个概念相结合。（29）承认的剥夺或扭曲是不正当的，主要原因在于个人或群体被剥夺了"社会互动中完整成员"的地位。这种完整成员的地位，被弗雷泽诠释、界定为"参与的对等"（parity of participation）。

弗雷泽认为，将承认放在社会地位的脉络里谈，而不看作自我实现的问题，有几方面的优点（30—33）。这些优点是不是都成立，在此不论。[15]不过弗雷泽的说明中所提出的两个观点，因为与我们

---

[15] 在笔者看来，其中的第一项［即视自我实现为实质价值，故而在价值多元论的时代，无法取得各方的共识］即无法成立：我们完全可以想象，各方对于自我实现的具体内容会有不同的构想，但是对于自我实现这一目的本身，则均同意为最重要的人生目标。毕竟，"成为自（转下页）

的关怀有关，值得标举出来。一方面，由于地位观强调的是社会关系，而不是个人的心理状态或人格的完整本真，地位观之下的承认不必涉及一套个人身份构成的理论（譬如泰勒的对话形式的表现论，即属于这种理论），而只须根据平等或者正义的要求，关切制度以及人际关系即可。这种取向，除了理论上的简明与负担较少之外，也蕴含着策略上的弹性，即弗雷泽所谓的“实用主义策略”，我们在后面会谈到。另一方面，将承认视作个人的自我实现之条件或前提，蕴含着实际获得肯定乃是一项权利；可是在弗雷泽的理解中，自我实现的理论（她以霍耐特为例）往往将评价意义下的推许，看作承认的一环，结果，获得推许似乎变成一种权利，弗雷泽讥为荒唐。她认为，虽然每个人都有权利追求承认，但事实上获得评价意义下的推许，却不可能是一项权利。地位观所要求的承认，则正好不会有这种结果。由此可知，将承认与评价分离，也是弗雷泽思路的一个基本论点。

这样一套关于正义的构想，由于同时涵盖了承认与分配的诉求，弗雷泽称为“两面向正义观”。(35) 这套正义观的核心价值即是参与的对等：正义要求社会须如此这般安排，让成员们能够在平等的

（接上页）己想要成为的人”可以是普遍的理想，虽然这个理想的内容注定因人而异。当然有一些关于人生的构想是负面、消极的，根本不会接受“自我实现”这种似乎以自我为中心关怀的思路；“弃绝自我”（self-abnegation）在宗教中并不罕见。不过弃绝自我也是一种安排自我、寻找自我跋涉之路的取向，完全可以视作一种自我实现的努力。此外，其中的第三项（即自我实现脉络里的承认理论，一定会将承认与推许看作同一回事），也很难成立：一个人可能因为种种原因，对于人生理想的想象是严重扭曲误导的，我们可以设法指出其扭曲误导，但是怀着遗憾的心情尊重当事人最后的（错误）抉择。我们无须走上相对主义，认为价值判断必须内在于价值抉择，因此不可能判断某一种价值抉择流于扭曲误导。

地位上互动。这种对等的互动，需要主观与客观（或者称文化与经济）两个面向上的条件，即资源分配与文化的承认。[16]分配与承认乃是正义的两个面向，两者不能相互化约，但又包容在同一个正义架构之中。由此，弗雷泽证明了承认与分配必须并重，这也是她的主要理论与政治关怀所在。

但是“参与的对等”，以及它所衍生的一套正义观，基础又何在？弗雷泽认为，这套正义观乃是“平等的自主性”（equal autonomy）这项根本道德理想的意涵与延伸（229）；她的逻辑是：为了满足平等的自主性这项理想，人们应该获得应得的承认（以及资源分配）。可是平等的自主性要如何理解呢？弗雷泽提出参与的对等，即是为了赋予平等的自主性更为具体的形貌。参与的对等性，展现了一种说法，即对于“尊重（每个人的）平等自主性”这项核心价值提出了一套诠释，弗雷泽称之为“激进民主的诠释”。（229）这套诠释的特殊之处在于，它不会满足于形式的平等：由于它是以“参与”这样一种比静态的、形式的公民身份来得更实质、丰富的概念为脉络、为基准，视个人为社会互动中的完整伙伴，也就会要求“参与”的各类制度性先决条件——包括经济资源和社会地位——能够平等地落实。换言之，用“参与”来诠释和强化自主性这个概念，比起单纯地主张地位或者道德权利上的平等，更能证明承认与分配的必要。

[16] 弗雷泽另外还提到第三个面向即政治面向，指的是政治制度上对某些人或者群体——并非来自不承认，也非来自分配不公——的不利状态，见该书第68页。

在这里不难看出，弗雷泽确实不必诉诸玄妙复杂的身份成形理论，即可引进承认的概念：在参与的脉络里，承认直接关系到个人进入社会生活的时候能不能取得对等的地位。参与之所以不对等，弗雷泽常举的原因包括了各类种族、性别、社会身份、性偏好，以及其他文化、政治、宗教的歧视。这些歧视确实造成了参与时的制度性不平等。我们也不难看出，借着平等自主的道德理念以及参与对等的正义要求，承认也取得了规范的意义：拒绝承认，不啻违反正义，也伤害到平等的自主性这项道德理想。

经过这些说明，弗雷泽关于承认的基本看法，可以参照我们前面提出的三项问题逐一整理。

首先我们会注意到，弗雷泽将实质的评价推许，从承认的领域排除了出去：如果获得承认是一项权利，那么既然实质的推许并不是权利所能保障的，承认便只涉及“寻求推许的权利”（32），却不仰仗任何特定的评价结果。换言之，针对上述问题（II），承认是属于对待方式的问题，而不是评价的问题。承认他人的平等参与权利，涉及清除各项制度性的文化成见，但这并不代表针对文化价值本身作正面评价。在这个问题上，弗雷泽的态度坚定明确。例如她指出，为了参与的平等，同性恋婚姻与异性恋婚姻应该取得相同的地位（均成为制度，或者均“去制度化”），但是其理由并不是因为同性恋“获得伦理性的正面评价”，而是因为参与的对等“以本务论的方式”对同性恋者的主张赋予正当性。（40）承认与评价无关；承认与否的标准，完全在于参与的对等这项原则。

其次，针对上述的问题（I），弗雷泽固然意识到着重普遍共有的人性与着重差异两种视野之间的差别，但是她的理论架构使然，对于承认的要求来说，普遍与特殊之分只有策略的差别，不具有本质的意义。“参与的对等”这项正义标准，本身是一种普遍主义规范，不仅对所有人都适用，也赋予所有人平等的价值。但是，由于承认旨在“弥补社会的不正义”（45），而不是旨在满足某种本质性的需求，采取所谓的“实用主义策略”的，选择要采取哪一个途径，端视“参与的对等”作为标准会如何要求，从而随个案不同，实现承认所需要的做法也会不同，时而要求承认某些人的普遍人性（例如针对种族歧视的受害者），有时又会要求承认某类人的独特之处（例如针对女性的生育能力），并无定法。

第三，针对上述问题（III），有没有可能，某项对象虽经“参与的对等”要求我们承认，却在评价的意义上无法获得认同？弗雷泽当然会否认这种可能，首先因为她根本不认为承认要仰仗实质性的评价来建立承认的正当性；也因为她相信，虽然承认的要求不会必然地都合理（当然会有不合理的承认要求），但是合理与否的评判标准并不涉及实质价值，而是根据“对等参与”受到了什么阻碍或者扭曲来判定。（38—39）

综观弗雷泽的整套理论，会发现“参与的对等”是其规范性论述的核心。可是为什么“参与”会居于这么关键、重要的理论位置？根据什么理由，平等的参与最妥当地诠释了对于个人自主性的平等尊重？为什么参与能够充任平等——以及如何承认——的评判标准？直观上，用参与说明平等，不仅符合人的社会性格，也符合民主社会的公共生活理想。不过，参与与互动等概念本身的所指，并不是自明的。在较为一般的意义上，它们泛指一般社会人际生活的经营，其制度意涵并不很明确。在较为特定的、接近共和主义或者公民人文主义的意义上，它们又似乎偏离了弗雷泽所要求的本务论取向，进而对于它所预设的宪政体制，设定了一些有争议的前提。一旦参与的意义是被放置在一套共和主义或者公民人文主义的脉络里来理解，那么参与所要求的"承认"是不是可以简单地设定为一项宪政价值，也无法确定。例如，为了维护参与，承认这个概念所要求的是积极的公民认同、支持，还是消极的市民式的包容甚至于不在乎（indifference）即已足够？毕竟，如何理解"宪政价值"，"激进的民主"并不是唯一的诠释方向。

在下面我们会见到，罗尔斯对于"参与"即提供了相比之下更为明确的陈述，值得参考。

五 霍耐特论承认：身份的成形

在弗雷泽眼中，参与的对等是最高的政治道德原则，而实现这项原则，则要求经济上的再分配与文化上的承认。如果说承认在弗雷泽的理论中居于衍生的（derivative）地位，并且与分配并列为正义的两项内容之一，霍耐特的观点则将承认摆在核心的地位，将其视为正义的主要内容，至于分配以及文化领域的特定承认要求，则都是从基本的承认要求导衍出来的结果。

霍耐特在两个层面，说明承认何以在社会生活中具有这种核心的地位：一个是经验的，一个是规范的。在经验层次，他从社会理论与道德心理学着手。他认为，社会冲突的道德内容，必须用"承认"来展示和处理。第一步，他指出，根据历史研究，社会"不正义"的经验与认知，总是对应于应当获得的承认遭到无理拒绝。经济上不利与文化上受辱的区分，其实只是这个意义上社会“不正义”的两种现象而已，都可以用经济领域或法律领域的承认之遭剥夺来理解。这是他的道德心理学论点。其次，他指出“承认”这个概念如何取得了经济或者法律的意义。与其抽象地谈承认，霍耐特试图在历史与社会的发展中寻找承认的具体形式。他认为，近代资本主义社会系由三个“承认领域”所构成，分别由爱、法律平等，以及成就（achievements）三种承认原则来节制。[17]以法律承认对于个人平等地位的尊重，以及按照成就承认个人的社会价值，乃是资本主义社会将先前等级社会中的“荣誉”（honor）概念民主化和绩效化所造成的结果。（138ff.）除了私领域的爱之外，每个人还都期待自己受到法律的平等尊重，也期待能按照社会贡献而获得推许（esteem）。这种期待若是遭到否认，即构成了不正义，甚至引发反抗。在这个意义上，这三项原则，构成了霍耐特心目中的正义原则。这是他的社会理论的论点。[18]霍耐特这两个部分的想法，虽然值得参酌细究，但在此不赘。

回到规范的层面上，霍耐特从两个方面着手，建立承认的规范地位。一方面，他说明了承认与理想的社会——“正义或者美好的社会”——之间的关系：承认紧密联系到一套有关社会的理念：“正义或者美好社会”这个理念，是以承认为核心的。何以如此？就个

---

[17] “爱”作为承认的一种形式，泰勒也曾提到，见 Taylor, *Multiculturalism and "The Politics of Recognition,"* p. 36。不过他视之为私密领域内的事，与公共领域的承认有别，故未加讨论。本文也将采取泰勒这个态度。

[18] 但是霍耐特说，这三个原则本身并无法得出“文化正面承认之要求”；文化的承认本身有可能需要构成第四种承认领域，见 Fraser and Honneth 上引书第 166—170 页。

人而言，承认带来个人在道德方面的社会化，也就是个人身份的成形；另就社会而言，承认带来社会的道德整合，也就是透过承认，个人才正常地进入社会。（173）在这两重意义上，社会的正义或者美好与否，均系于它是不是能够确保承认的条件获得满足，让“一己的身份成形（identity-formation），也就是个人的自我实现（self-realization）（174）之过程，能够妥当地进行。换言之，由于身份成形与社会整合均需要以承认为途径，所以承认关系到社会生活与个人生活的质量，当然构成了社会理想的主要内容。

另一方面，霍耐特还进一步说明，承认与“平等的自主”是在概念上相连的。虽然如他（以及黑格尔、米德、泰勒等思想家）所再三强调的，个人身份的成形需要以承认作为要件。但是“个人身份的成形”这件事本身之所以具有关键性的规范意义，是因为它乃是正义的意涵，是正义与平等的“目的或者理由”。（176）这中间的扣环，在于“自主性”这项出发点。一方面，所谓自主性，部分的意思即是要求人们形成自己的身份，因为形成身份即成为某种人，成为某种主体，也就是落实自主性；个人能够按照自己的向往与期待，为一己的身份取得面貌与内容，亦即“实现自我”，岂不正表达了自主性？另一方面，霍耐特强调，既然平等乃是正义的核心，而平等蕴含着平等的各项权利，其中包含着平等的自主性，也可以看出正义会要求自主性的平等。从这两方面来说，正义都要求身份的平等成形；那么正义自然也就会要求平等的承认。霍耐特在此的思路或有些复杂凌乱，却依然说明了“正义所要求的平等的自主，蕴含的正是让人们平等地实现一己的身份”这个命题。既然这项目标、这个“善”系于上述三项承认原则（爱、法律平等与成就），那么这三项原则的道德意义也就明确建立了。

显然，在“自主性”与“身份的成形”或者自我的实现之间，如何建立可靠的关系，是霍耐特整个说法的关键。他认为这种关系不仅确实存在，也对衬出弗雷泽关于参与对等说的任意性。（179）此外，承认自我实现这项“善”的关键地位，也彰显了程序自由主义所压抑隐藏的价值性默认。（178）可是我们仍可以问：所谓自主性蕴含着自我实现，或者关于身份的特定主张，应该如何理解？

身份的成形或者自我实现，有两种可能的理解方式。一种建立在某类关于人性或者人格的特定假定上，其实现或者成形，是指将该种人性或者人格发扬到圆满极致。亚里士多德常被视为这种圆满论（perfectionism）的代表。但这应该不是霍耐特的意思。他强调资本主义社会有其独特的承认原则，构成了现代身份成形的正义原则，与前现代例如封建社会的等级制承认原则（荣誉）有别（140），显示他并没有设定一套固定的有关人性或者人格的形而上假定，而是承认了身份或者自我的构想会随着历史处在变化之中。而如果霍耐特的自我实现并不是一种特定的圆满论理想，仅强调个人在身份问题上有自我决定的可能（其极端形式例如萨特式的存在先于本质说），那么如弗雷泽所指出的，为了避免对于持有不同人性论或者身份理念的人不公平，霍耐特只能将自我实现或者身份成形理解作一种形式的理想，即认为每个人都应该有“机会”实现自我、形成身份，至于其内容则属于个人的选择。（225）霍耐特自己也表示，他的意思接近罗尔斯所谓的“弱（薄）的善之理念”（259），也就是一种形式的要求，对内容并没有作规定。

可是一旦这样稀释他的主张，霍耐特将“自主性”直接连接到

"身份成形"的独特做法，也就无法成立了。何以如此？

将自主性或者身份的成形理解为一个形式的理念，可以进一步分出两种可能的意思。一个意思是，由于缺乏更高道德原则的节制，人们的自主性无分轩轾，任何内容都可以作为身份的理想而实现，也就是说任何的身份认同，都有权利要求（以及获得）承认。这当然是荒唐的：例如种族主义者，并没有理由要求他人承认他的这项身份理念。[19]霍耐特也强调，个人的自主性之实现，有赖于提供承认的对方也是自主的，这言下之意是基于平等自主性而建立的承认，本身即带有内建的规范要求（259）。[20]可是这样的交互承认要有可能，它所预设的平等自主性，显然在"身份成形"或"自我实现"之外，包含了其他的内容。这种对于自主性的扩大理解仍然是形式的，并没有设定关于人性或者人格的实质内容，可它又是具有规范意义的，要求对于某一些身份的成形，不应该赋予平等的承认。这种自主性的概念，应该如何说明？

霍耐特似乎认为，"平等"一概念已经足以表达这个要求，可是他的说法并不会比弗雷泽标举的"参与对等"更具体或者更清楚。不过，援用本文前面第二节所提出的三个问题来提问，反而可以凸显霍耐特赋予平等的具体想法。

首先，霍耐特强调，"所有针对承认的斗争，过程上都展现着

[19] 在这个"证成"或者评判标准的问题上，弗雷泽比霍耐特更有自觉，见 Fraser and Honneth 上引书第 37—42 页。至于种族主义为什么没有资格要求承认，请参见上注 7。

[20] 黑格尔早已说过，只有一个自我意识才能借承认关系让另一个自我意识成形。不过，黑格尔还强调劳动的客观化作用与中介作用，在晚近的承认理论中却鲜少见到列入考虑，其中缘故值得探究。

普遍与特殊之间的道德辩证”（152）。这里，霍耐特主要是指法律上的承认，但是他将法律的承认如是诠释：只有参考平等原则，指出某项尚未获得法律考虑的“差异”需要肯定，才有法律承认的斗争可言。换言之，霍耐特视承认为平等原则的应用，至于差异是指共通性质遭无理的否认而受到了歧视（没有做到前述普遍角度的承认），或者是指特色殊相遭淹没忽视而没有受到差别待遇，因此遭压抑（没有实现前述特殊角度的承认），都并没有超出法律平等以及法律承认的范畴。这两种情况，都是以普遍或者平等为圭臬，针对“对待的方式”进行检讨和要求。当然，霍耐特关于这两种情况的区分，对应于他有关尊重权利与对成就的评价两类承认之区分，要来得较为复杂。在权利领域，追求承认的进行方式是导出平等权利的意涵，指出某种歧视造成的差别待遇是错误的；在评价成就的领域，追求承认的进行方式，则是改变现有的价值系统，让原先因为文化偏见等因素而遭到贬抑的成就（例如女性的家务劳动），也能获得应有的评价甚至推重。但无论哪一种领域，霍耐特的讨论显示，针对我们上面举出的问题（I），他意识到了承认可以根据普遍性在现有价值体系下的意涵，或者现有价值体系下的歧视，分成两类方式，但是两类方式均诉诸普遍的平等。

其次，针对上述的问题（II），即承认究竟是评价问题还是对待方式的平等、正义问题，霍耐特的答复虽然也是较为复杂，但并不暧昧。如上面所言，霍耐特认为，承认的要求，无论是在法律权利的领域，还是在成就评价的领域，都归于同一个以平等为旨的共通架构，追求个人受到平等的对待。他的这个看法，直接涉及对于文化特色、文化差异的承认问题。文化特色的承认，通常归类为对于差异的承认，主张者不仅不愿意诉诸超文化的、普遍性的权利论，也不愿意接受外在于该文化的评价标准。但在霍耐特的仔细分析之下，多数的文化差异要求，其实都涉及个人或者文化群体中的个人的法律的平等，或者在强调某文化对于整个社会的贡献时，诉诸某种绩效原则。[21]那么在法律平等原则与绩效成就原则之外，文化差异的承认能不能构成一项独立的原则？

经过层层剥离，霍耐特认为，对于文化特色本身，不可能在规范层面上要求给予正面的评价推许。充其量，规范上只能要求人们对于特殊文化特色给予善意的注意，以便进行评价。如果文化特色适用一项独立的第四项承认原则，其要求也只能限于这个程度。（168—169）换言之，霍耐特清楚地将承认的问题局限在对待方式，而不是评价的层面上。

---

[21] 霍耐特的讨论相当复杂，其要旨在于根据各类要求的目的和根据，区分各个要求归属于什么原则，我们整理简列如下，借以看出他的结论之归趋。他认为，要求承认文化差异：

1. 若是旨在改善个人的处境，例如消除歧视，落实普遍的权利，则属于法律权利领域（163）。

2. 若是旨在改善群体的处境，则可以分为三类：

a. 旨在维护文化，抵御外来的侵蚀，属于法律平等（164）；

b. 旨在要求资源或者保护措施，以促进共同体的凝聚，也属于法律领域的平等（164—165）；

c. 但宗旨若是在于正面直接地承认文化差异本身，则再分为两类：

i. 要求某个群体的文化特色受到尊重或者注意，避免伤害尊严、限制自由等结果，属于法律平等（166）；

ii. 要求本身文化的目的与价值获得推重，则超出了法律的范畴，进入了社会评价的范畴：甲、根据某种社会贡献的论述，证明一己的文化对于社会有贡献，从而获得推重，仍然属于社会评价，也就是仍然按照“社会贡献”之类的普遍原则进行评价，不算是对于文化本身特色的直接承认（167）；乙、旨在文化特色本身获得直接、不诉诸外在评判标准的正面评价推重；这是真正的“文化差异的承认要求”，可是霍耐特在此画下了界线：这种要求不可能具有道德上的强制性与约束力（168）。

既然如此，霍耐特对于上述问题（III），也持明确的否定态度。和弗雷泽一样，他根本不认为承认的正当性涉及评价意义的推许（或者说对于文化特色本身的推许）。承认，并不蕴含正面积极的评价。

基于这样的分析，我们可以看到，霍耐特谈到承认的时候，强调法律平等与社会贡献的平等评价，着意排除的正是评价意义下的推许。他所谓的社会贡献，诚然预设了一套文化所蕴含的评价标准，不过这里所谓的文化，意指一个社会的公共文化，而不是社群主义或者多元文化主义意义下的一般文化。当霍耐特着意于法律平等与公共文化认可的贡献平等的时候，他所想到的乃是现代政治与经济生活里的公民，而不是在特定文化或价值观影响之下界定身份的“生活世界”的成员。需要说明，他本人并没有做这样的区分。可是他所谓的承认，完全需要在这样的一个公民世界里才能进行；也只有在这样的世界里，才能进行身份成形与自我实现。离开这个脉络，承认不可能具有道德的强制性，也即不会成为社会成员的义务。根据这个分辨，霍耐特所谓的自主性，应该是指公民身份，即政治意义上的自主性；这种主体借着法律与社会合作的必要取得了平等地位，却又先于特定的身份成形过程。这种主体如何可能？霍耐特并没有说明，但是罗尔斯的道德人/公民概念，似乎有助于弥补霍耐特理论在这方面的疏失。

六 罗尔斯论承认：道德人与民主公民

其实，霍耐特的疏失，在泰勒与弗雷泽的理论中，也隐约可见：

“尊严”与“参与的对等”，若是脱离了政治或者公民的脉络，能够成为一项道德义务吗？[22]放到身份认同的脉络中，承认不确实是一个横跨政治与文化、相当歧义的概念吗？为了说明这种先于身份认同议题的平等主体要如何设想，也借以显示霍耐特观点的疏失，我们最后或可离开本文的脉络，看一下罗尔斯有关道德人/公民的概念，以展现以上三家有关公民身份之理解的不足。[23]在他的著作里，罗尔斯并没有特别讨论到承认议题，可是他关于道德人的想法，有助于我们摆脱多元文化主义的牵制，将承认的问题带回公民的层次。

身为本务论的自由主义者，罗尔斯并不是没有关于“人性”的理解：人是“依其本性”自由、平等、理性的；这种本性构成了人的道德人格（moral person）。道德人格或者道德人具备两项道德能力（capacities），分别为“正义意识”（sense of justice）的能力与“善之构想”（conceptions of the good）的能力。前者让当事人能够思虑、理解、应用、遵行正义的原则，后者则让当事人能够形成、修订，以及追求一套理性的生命规划。

罗尔斯根据什么得出这种有关人性的说法？他的观点，显然与心理、社会或者形而上学因素均无关。反过来说，多数情况之下，我们并不会这样来看人或者人性，那么我们的理由又是什么？问题似乎出在“人性”这个概念太过于浮泛模糊，因此任何有关人性的

[22] 弗雷泽对这一点有所意识，试图摆脱泰勒及霍耐特所着眼的身份认同和个人心理的面向（30—32）；可是她也并没有强调一个独特的政治范畴。

[23] 以下的陈述，大体系参考 Samuel Freeman, “Congruence and the Good of Justice,” in Samuel Freeman, ed., *The Cambridge Companion to Rawls* (Cambridge: Cambridge University Press, 2003), pp. 283-296 而写成，并非笔者自己根据罗尔斯的著作所做的重建。

讲法，都显得有些随意和局部。“道德人的道德能力”，仿佛也很难逃过这个批评。

但是罗尔斯并不是毫无所本；他提出道德能力作为“人性”，理由（这也是一个很有说服力的理由）在于：这是我们在进行社会合作的时候，对于自身以及彼此所预设的理解。如果想从事社会合作（而不是统治社会，或者操纵社会），我们就已经相信，同在社会合作中的人，不仅有能力追求一己的合理目的，也有能力选择（以及摆脱）身份、信念，以及关于整体人生的这类目的；不仅会基于正义原则关怀自己的权益，也会以正义的原则对待他人。你当然可以不接受这些假定；你可以假定自己与人们都是由生理因素决定行为的有机体，也可以假定自己与他人都是非理性的自我主义者。但在这些假定之下，你不可能与他人进行社会合作[24]，尤其不会试图找出正义的原则，以便在公平的条件之下与他人进行社会合作。这几种有关人性的图像本身（以及其他社会学的、政治学的、经济学的、宗教的人性图像）的对错与妥当，并不是罗尔斯在这个脉络里有必要追究的问题；他所想要突出的是，当思考公平地进行社会合作的时候，我们是如何彼此相视的。所谓的自主性，他也完全是在这个脉络里来了解的。

这样理解的自主的自我身份，有没有“成形”或者实现和承认的问题？罗尔斯认为是有的。[25]一方面，上述两种“能力”需

[24] 在不同的理论家的设想之中，人类在一起经营社会生活的方式，可以是合作，也可以是弱肉强食，或者是高度纪律化的命令体系，或者是博爱互助，或者其他的方式。

[25] 以下的讨论，大体参照 Cohen (2003: 104–111)，并非笔者自己整理罗尔斯原著的结果。

要发展和施展，并且根据罗尔斯所谓的“亚里士多德原则”，这种能力的发展和施展是一件“有价值／善”的事。这些能力的发展和施展，构成了所谓的本性之“表现”（expression）或者“实现”（realization）。当然，根据后期的罗尔斯所提出的新说法来看，正义原则正是为了促成这两项能力的发展与施展而构想的。换言之，罗尔斯相信，自主性需要以两种道德能力的形式去成形与施展，而正义原则的功用之一，即在于促成这种自主性在公民的社会合作中成为现实。如果这也算是“身份成形”，那么这里所成形的身份，即是公民或者道德人的身份。这种身份可以进一步进入市民社会，取得其他的特色和认同，也可以为这些特色与认同要求承认。但是在政治身份优先的意义上，后面这类领域的承认与否已经会受到公民身份的节制，应该无助也无伤于公民的人格成形。

另一方面，道德人或者公民如何取得承认？罗尔斯对这个问题的处理，见他有关“自尊”（self-respect）之社会基础的说法。自尊之所以可能，是因为正义意识的能力，赋予我们每一个人平等的地位：这种能力让我们成为自由而且平等的人，其中正义意识更让我们与其他人共同决定社会的正义原则，在集体事务上平等地参与了最后的权威决定。这种平等的地位，保证了我对自己的尊重，也保证了他人对我的尊重。公民的平等以及因之而来的自尊，并非寄身于我们的利益应该受到平等的考虑，或者我们都具有平等的内在价值，或者都有相同的禀赋和利益（或者贡献），而是寄身于我们对公共事务有平等的发言权和决定权。换言之，获得承认乃是每个公民的权利，但是这种承认并不涉及广义的身份认同，或者个人的特定信念、倾向、价值观，而只涉及当事人在民主社会里的公民身份。

七 结语

本文提出的问题是：承认是一项宪政价值或者基本政治价值吗？本文得到的结论是：如果在公平对待公民的政治自主性这项要求之下来理解宪政价值，文化或者身份认同意义下的承认，确实构成了一项宪政价值。这意思是说，可以对“公平对待公民”作纯粹政治性的理解，得到罗尔斯式的结论，即承认只限于民主社会里的公民身份。本文梳理泰勒、弗雷泽、霍耐特三位重要的承认理论家，发现他们虽然根据不同的理论前提鼓吹承认，其实他们的结论，还是与罗尔斯的想法相合。他们三位，以及罗尔斯，都与多元文化主义的承认观念有可观的距离。

但是需要注意，按照泰勒、弗雷泽和霍耐特的论述，承认之所以成为一项具有道德—规范意义的价值，是因为它借着对话表现论与身份之构成挂钩（泰勒），或者直接系于“参与”（弗雷泽）、系于“身份的成形”（霍耐特）这两项具有道德—规范意义的价值。因此，参与和身份的成形所拥有的道德成分应该如何理解，才是他们的论证的关键所在。他们三位，似乎都不愿意如罗尔斯一般，将视野局限在单纯的“公民”概念上。他们都担心这个概念太过于形式、贫乏。但本文的论证似乎显示，公民身份或许确实贫乏而且“形式”，但是已经足以导衍出明确的宪政价值，其丰富的内容仍然不容忽视。至于更广泛的承认当然有其意义与价值，可以在市民社会中尽量发挥：即使多元文化主义意义下的承认不构成宪政价值，并不代表它不具有重大、可贵的文化、社会价值，以及对个人的私人价值。

第七章

主体如何面对他者

普遍主义的三种类型[1]

一 前言

在我们的概念架构中，“普遍”既与“差异”或者“区别”成对比，也与相互有别的个体成对比。但既然个体乃是由差异与区分所界定的，那么在个体之外或者之上，有必要与可能设定“普遍”这个性质吗？普遍主义与特殊主义，乃是对于“普遍”性事物之可能与必要的正反两种响应。例如，面对着人与人在个性特质上无限多的差异，有没有可能与必要设定一套普遍的人性？面对众多认知架构与诠释的角度，有没有可能与必要假定普遍适用的理性或者合理之评判标准？

[1] 本文初稿曾在“中央研究院”人文社会科学研究中心政治思想专题研究中心所主办的“政治秩序与道德秩序：现代性的规范涵蕴”学术研讨会（南港：2010 年 4 月 29—30 日）以及中国人民大学外国哲学研究所主办的“普遍主义与特殊主义”学术研讨会（北京：2010 年 10 月 30—31 日）上提出报告。其后经审查通过，发表在钱永祥主编：《普遍与特殊的辩证：政治思想的探掘》（南港：“中央研究院”人文社会科学研究中心，2012 年），第 27—52 页。这次收入本书之前，又做了一些修改。

面对着人们在身份、处境、所得、能力等方面的无限多区别，有没有可能与必要要求一套在道德上普遍适用的对待方式？面对着各个国家、社会在文化与制度上的多样差异，有没有可能与必要坚持政治、法律、社会方面的普遍权利[2]？普遍主义对这类问题提出了肯定的回答，即使这些普遍主义的说法本身还是言人人殊，十分多样。

在今天，时代的精神取向与社会结构的变化趋势均强调个体的独特、多元，于是差异与区别在存有上似乎比普遍更为真实，在认知上无法化约，在价值上优先，而积极差别待遇（即只要不造成剥夺，对待的方式容许差别）要比形式上的平等更符合正义的要求。最关键的是，在今天，主体的自我意识与身份认同取得了至高的优先性；但无论这主体指文化、国家、族群或者个人，主体在本质上即是特殊的、个别的，由它的独特性、差异性（而非相似性、共同性）、它的“非我”所界定和维持。可是普遍主义似乎背道而驰，要以某种号称普遍的本质、规范、价值，泯除这种差异或者分殊，结果压抑、扭曲了主体。

既然如此，为什么还有必要追寻普遍性的事物呢？本文认为，在主体与他者的互动方式中，“说理”扮演着关键的角色；可是要在正视差异的前提之下维持说理的可能，普遍主义正是一项必要的条件，是故普遍性、普遍事物不可或缺。普遍主义的必要在于，要证明某个信念或者行为是妥当的，也就是在某个意义上是对的、好的，一个必要

---

[2] Seyla Benhabib, *The Claims of Culture: Equality and Diversity in the Global Era* (Princeton and Oxford: Princeton University Press, 2002), pp. 26–28.

条件在于能否提供具有普遍性的某些标准、原则、价值作为理由。理由须具有普遍性，是因为理由之所以能够成为理由，不能只对当事人成立，还需要别人——也就是“他者”——承认，在同样情况之下因为同样的理由确实可以做出同样的判断。本文认为，由于一个理由必须对其他人也构成理由，也就是理由必须具备某个程度的普遍性——这正是所谓“普遍主义”之所以坚持普遍性之必要的考虑：你判断一件事是对的、好的，需要当事人以外的其他人也能同意你这个理由足以证明它是对的、好的。因此，要否定普遍性，可以出之以二途：或者否定理由的必要，或者否定理由需要由他者来检验或承认其构成了理由。换言之，所谓普遍，就是跨越了当事人的当下脉络，也能为他者——差异者或者差别者——所承认、接受。[3]

借用后文将会说明的“承认”概念，我拟称这种普遍主义为“承认他者的普遍主义”，因为这种普遍主义着重在为涉及对的或好的评价性判断提供理由，而理由的概念要求我与他者之间的相互承认，即“承认他者”对于理由具有构成性的意义，从而尊重了差异。不过除此之外，另外还有两种类型的普遍主义。一种用回避的方式超越他者，转而追求一种对于他者以及自身均中立、超然的普遍性，不待与他者说理的过程来寻找普遍的理由；本文称之为“超越他者的普遍主义”。另一种普遍主义则否定他者，强调自身作为主体，必须要求他者承认我的自主自足的主体性，所用的手段却是借生死

[3] 为什么关于好与对的判断及其理由必须具备一种对话的、公共的面向，需要较为完整的哲学论证，在此暂不进入。本文只假定，理由这个概念本身即蕴含着公共的检定之要求，不会是一种私人心灵的运作（包括诉诸权威）。

斗争降服对方，逼迫对方放弃自己的主体性，接受征服者的普遍地位。这种观点，假定了主体均为隔绝的原子，之间并无说理的可能与必要。这种原子式的主体所能发展出来的普遍主义，当然只能是虚假的普遍，本文称之为“否定他者的普遍主义”。[4]

本文认为，这三类普遍主义的分歧，起自各方对于理由的理解迥异，而不同的理由观背后，其实预设着不一样的主体观。“承认他者的普遍主义”预设了主体并不是自在完满的原子，必须借着在主体之间发展出的相互主体关系，方能交换观点，形成具有普遍效力的理由；“超越他者的普遍主义”认为理由必须超越各方的特殊观点，因此个别的主体性并不是理由的构成部分，从而相互主体性并无必要；而“否定他者的普遍主义”则持一种自我肯定、自我设防的理由观和主体观，在根本上否定相互主体性是可能的。这中间的差别，以及其意涵，我拟借用黑格尔分析“承认”概念的架构来说明。然后，我将简单描绘这三种普遍主义的内容，并借用黑格尔的架构来分析其间的长短得失。

二 普遍主义的根本问题：说理如何可能？

在西方哲学传统中，一直有一种在多样之间寻找共通因素的驱

[4] Seyla Benhabib 曾区分两种普遍主义：“交互式的普遍主义”与“取代式的普遍主义”，大致上相当于此处所谓的“承认他者的普遍主义”与“超越他者的普遍主义”。但她的问题意识与本文并不一样，也没有谈到否定他者的普遍主义，故在此不加讨论。见 Seyla Benbabib, *Situating the Self* (New York: Routledge, 1992), pp. 13–14。

动力量，推动着普遍主义问题意识漫长的形成过程。这个传统假定，个别事物的差异与多样即使真实，但在存在、认知（以及价值）几种意义上并不是终极的；在个别事物的内部或背后，或者在人类掌握事物时所用的概念之中，还可以找到一些共通的事物或者原则，这才是个别事物的“真实”所在。这种出于形而上学与知识论关怀的普遍主义传统十分复杂，不过由于其与我们所面对的问题关系较为间接，本文并不拟有所梳理与讨论。

本文所要发展的普遍主义，主要涉及评价性的判断之成立的条件。这种普遍主义所处理的问题是：面对自己或者他人的信念与行动，我们不能不追问它们的妥当性，也就是它们是不是对的、好的，那么这种判断如何才能成立，而不只是判断者的偏见、成见？如上所言，这取决于判断者提供了什么样的理由。但这种理由需要具备什么特性呢？又根据什么以至于具有理由的效力？在这种问题意识之下出现的普遍主义于是主张，为了保证理由不是偏见或者成见，这理由必须经过他人理解和承认为理由，也就是他人会同意这理由确实构成了理由，并且对理由本身可以接受或者不接受。换言之，本文所理解的普遍主义，乃是一种对于说理的看法，要求我们做判断时所依据的理由必须由差异的观点所共同认可。这样的理由，赋予“他者”一种构成性的地位，地道的“普遍”是由我与他者的合作构成的，其中蕴含着对他者平等与尊重的对待。

这样一种普遍主义的概念，其实与传统普遍主义的关怀并没有完全脱节。所谓说理，也就是演证一个主张的正当或者妥当，当然需要诉诸在它之外的一个依据：个人抱持的“确定性”必须立足于某种在个人之外的基础上。在古典思想中，这种客观性寄身于实质的、已经客观完整存在（out there）的形而上学或者宗教预设上，例如柏拉图式的实在主义，亚里士多德式的目的论自然主义，斯多亚式的理性论，基督教式的一神论，古今各种自然法思维，等等。到了近代，科学自然主义兴起，思想家们于是退回世间来设定某种依然客观普遍的人性、欲望、激情，为支持特定的主张提供确定的理由。在这类自然主义之外，尚有另一条重要的现代途径，是寻找理性或者思维的先天结构，以其先于经验的地位保证其普遍性，再以这种普遍性保证特定判断的妥当。

这些普遍主义的思路，无论诉诸超越还是诉诸自然、先验的领域，均假定了某种客观、现成存在的普遍性规范，作为个别事物的本质、源头、理由或者支撑；因此所谓演证某项主张的妥当，即是诉诸这样的客观事物作为支持。可是到了近代，在涉及实践的脉络之中，由于客观世界已经“祛魅”，无足以构成信念与行为的圭臬，尤其在文化与历史多元论的挑战之下，既有的道德与价值秩序不再具有绝对的权威。所谓演证一项主张——无论是信念或者评价——的妥当，已经找不到这种客观现成的权威可以依靠、提供理由。这时候，说理的普遍主义一定得被相对主义（认为信念与行为的评价只是内在于判断者视野的偏见、成见）所取代吗？非相对主义的说理如何还有可能呢？

但是上述这类客观实在论的说理观，并没有穷尽“说理”的可能范围，“说理”——演证一个主张的正当或者妥当——除了诉诸一个客观、现成意义下的外在权威，另一个意思是自行提出理由来支持自己的意见，并且这理由在其他人眼里确实有是非对错可言，可以进行批驳或者同意。一项主张的妥当与否，取决于是不是有足够的理由支持；而理由需要具备的基本条件，则是能够与他人进行讨论，接受批评、进行改正。这里的想法是：说理就是面对他人（尤其是持不同意见、不同价值观的其他人），与他人合作寻找终极而言最好、最对的行为与信念。“他人”之所以是关键，并不是因为某种较强的“共识”真理观使然，而是因为（1）他人的介入保证了我不是在自说自话，不是在重复自己的成见，同时又（2）维持了我修改意见的机会，以及（3）保障了他者的差异地位。这三者乃是在今天所谓“合理”的基本要件，也是在客观权威阙如的情况下主张“好”与“对”的另一种基础。由于他人的介入之必要，说理成为一种“相互主观的”的活动；它所要求的理由满足了相互主观性的要求，因此是普遍的。

在这样的理解之下，说理这种活动当然预设、要求他者具有说理的能力。我们是不是愿意承认他者具有这种能力呢？这涉及了“承认”这个议题。[5]

三 自我意识与承认：黑格尔的一个议题

“承认”指的是主体之间一种相互对待的方式。在今天，承认被赋予极高的道德与政治意义，个人或者文化之“自我”与身份认同

[5] 本文作为研讨会论文报告时，评论人萧高彦教授曾质疑是否有必要从黑格尔的“承认”议题展开关于普遍主义的讨论。本文采此进路的原因在于，黑格尔的“承认”概念，其实即是关于自我与他者之间说理之可能性的一种探讨，并且突出了这种说理对于普遍性的构成作用。详见下文。

能否完好地发展成形，“获得承认”据说是一个关键因素，承认也因此构成了正义的一环。[6]但是“承认”究竟是承认什么？自我与他者之间的承认关系，除了明显的心理、法律与社会面向之外，在什么意义上与自我之“构成”有关？黑格尔关于承认的经典论述，界定了这些问题的内容，值得稍加复习。[7]

在《精神现象学》论“自我意识”的一章，黑格尔带出“承认”这个关系，意在说明一个论点：自我意识自许为独立自主，但实际上它必须要借另一个自我意识的承认，方可证实自己的独立自足。用较为平白直接的话来翻译黑格尔的想法：自许为主体者（个人、文化），必须要经由他者的承认，才能证实自己的主体地位，才能实现自己的自我形象。问题是：如何获取这种承认？

黑格尔所谓的主体（自我意识）意思很特定明确：自我意识对于自己有一套设想与期待，他的信念与行动发自这种设想与期待，也可以根据这些设想与期待来证明为妥当与正当。换言之，主体的

---

[6] Charles Taylor, “The Politics of Recognition,” in Charles Taylor, *Philosophical Arguments* (Cambridge, MA: Harvard University Press, 1995), pp. 225–256；Nancy Fraser and Axel Honneth, *Redistribution or Recognition? A Political-Philosophical Exchange* (London: Verso, 2003)；钱永祥：《“承认”是一项宪政价值吗？——论承认的政治性格》，见本书第六章。必须指出，在该篇文章中，笔者对于“承认”的理解并不全面，基本上局限于当代政治哲学讨论的视野，对于“承认什么”这个关键的问题只提出了一般性的说明（见该章第二节），殊为不足。

[7] 黑格尔《精神现象学》第四章，“意识自身确定性的真理性”。黑格尔在自我意识章中的论证至为复杂，引起的诠释也很多样，但真以清楚明晰的问题意识取胜者不多。本文的理解主要依循 Terry Pinkard, *Hegel's Phenomenology: The Sociality of Reason* (Cambridge: Cambridge University Press, 1994), pp. 46–63；Larry Krasnoff, *Hegel's Phenomenology of Spirit: An Introduction* (Cambridge: Cambridge University Press, 2008), pp. 93–110。限于主题以及篇幅，本文避免摘引黑格尔的文本来建构此处所呈现的论点。

自我观不仅决定了自己的信念与行动，还为这些信念与行动提供了理由。在这个意义上，自我意识乃是独立、自足、自主的主体。

但是这样的一种主体要以什么模式存在？何谓信念与行动“由自己决定”？黑格尔提出了三种可能的模式，来展示这样的一个主体是什么面貌，又如何实际存在，即如何把自我意识的“确定”变成“真实（真理）”：欲望、承认，以及生死斗争。所谓自我意识在这三种模式之中存在，意思是说，只有一个能够按照自我理解与期待去思考与行动的主体，才有可能以这三种模式存在。可是黑格尔想要证明，这三种模式都无法落实这样一个独立、自主、自足的主体之存在所需要的完整条件。这三种模式都不是主体的理想存在模式。而之所以如此，是因为这个主体观本身有问题：自主的主体需要社会脉络来让他者承认，从而确证他所认定的理由，但自我意识这种主体是一种“唯我”的原子式主体，注定在它的三种可能模式中发现自身的不足。[8]

---

[8] 这种关于个体的想法，科耶夫应该是很好的例证。本文接受当代几位学者对于科耶夫的批评，认为科耶夫（创造性地）扭曲了黑格尔。简言之，黑格尔陈述“承认”概念，目的在于检讨自我意识的存在条件与不足之处；科耶夫却将自我意识的难局（主奴关系）视为主体在历史中存在的常态，从而认定“承认”这个关系本身只能以生死斗争及主奴关系的形式存在。尤其重要的是，科耶夫对于主体的理解始终停在笛卡儿的“我思”，未能设想个人的社会性或者互为主体性，见 Vincent Descombes, *Modern French Philosophy* (Cambridge: Cambridge University Press, 1980), pp.20–23; Judith Butler 也指出，科耶夫继承了古典自由主义、自然法传统关于个人与共同体的理解，始终强调个体性的优先，见 Judith Butler, *Subjects of Desire: Hegelian Reflections in Twentieth-Century France* (New York: Columbia University Press, 1987/1999), pp. 77–78；此外，施特劳斯认为霍布斯乃是黑格尔论述自我意识之构成的先驱，在黑格尔眼里霍布斯的自然状态系“不驯的个体意志”状态等论点，极可能与科耶夫有相互影响，见 Leo Strauss, *The Political Philosophy of Hobbes* (Chicago: The University of Chicago Press, 1963), p. 58, n. 1, p. 122。科耶夫诠释黑格尔所引起的讨论已经很多［例如 Judith Butler 之书第 61—79 页，以及下引 Robert B. Williams 的（转下页）

自我意识最自然（黑格尔的术语是“直接”）的存在模式，黑格尔说是欲望：对自我意识而言，我能感觉到的欲望（以及欲望所预设的需要与匮乏），在定义上即是我的欲望。在欲望的指挥之下，欲望主体的信念与行动系由属于自己的欲望所决定，欲望也为它们的正当提供了理由。另一方面，欲望的对象相对而言只是有待消费的外物，是欲望方使它成为列入考虑的对象；该对象本身并没有内在价值，足以证明欲望的合理与正当。因此，若是主体按照欲望去界定以及消费对象，不就展示了自身乃是独立自主的吗？

可是在消费欲望对象的过程中，主体其实无法证明、验证自己的独立自主：首先，在欲望的模式之下，他无法离开欲望的对象；这种对象，成为他展现自己独立与自足的必要成分。在这个意义上，他虽然声称对象从属于欲望，自己却仍然依赖于对象。换言之，出于欲望的信念与行动，仍然必须涉及对象：渴的概念包括了饮料，饿的概念包括了食物，性的概念包括了性对象。这些对象虽是描述欲望时的一个必要成分，却显然无法用欲望来完全笼罩住：毕竟，对象与欲望并不是完全重合的概念。

其次，这种证实的过程永远没有结论：因为欲望会再生，欲望的每一次满足都是新欲望的开始。相对而言，既然欲望需要对象，那么每次将对象消耗之后，欲望本身就又失去了一个验证一己做主

（接上页）书中相关章节]，在此不多引。不过 Ethan Kleinberg, *Generation Existential: Heidegger's Philosophy in France 1927-1961* (Ithaca: Cornell University Press. 2005) 晚近出版，是一本很有帮助的思想史，已经有中译本[《存在的一代：海德格尔哲学在法国 1927—1961》，陈颖译（北京：新星出版社，2010 年）]，值得一提。

的机会。在这个意义上，欲望的证实注定是一个无止境的过程，不可能有结论。

其实，将欲望作为主体的存在模式，意思也就是将主体设想为一种有机生命。现在，既然主体的独立自主不能借着欲望的“内生性”（生于有机生命的内部）来设想，那么可以将主体推到比有机生命高一个层次来理解，将其视为欲望的挑选者：是主体根据自己的理由在欲望之间作抉择，选中了某个欲望，因此他的信念与行动即使起源自欲望，也系由他高一层次的理由来判断选取的。[9] 自我意识包含欲望，但不再等于欲望，而是欲望的主人。自我意识不为欲望所制约，不仅只是有机生命，而是以另一种模式存在，能够取舍欲望，这即是主体的独立自足性格之所系。可是这种高一层次的自我构成方式，要如何得到证实？

“承认”在这里进场，也是在这个问题脉络里，“承认”作为一个黑格尔式的问题才呈现其全貌。[10] 如果主体的自我期许、自我想象是指他能够自行提供理由，在各种欲望之间取舍，决定自己的信念与行动，那么需要证实的便是这些他所提供的判断及其理由具有独立于欲望的正当性、妥当性。（否则理由与欲望本身有何区分？）

---

[9] 黑格尔的三分法（欲望、承认、生死斗争），似乎没有给今人所谓的“偏好”（preference）留下余地。偏好虽非当下的欲望，但也不是有明确理由可言的选择结果。当然，偏好对于解答黑格尔的问题——自我如何证明自己的作为选择是正当的——不会有任何帮助。他完全可以忽略这个范畴。

[10] 这样说是夸张了：黑格尔在其他许多著作中也谈到承认，并且赋予承认更为多层面且广阔的内容。见 Robert R. Williams, *Hegel's Ethics of Recognition* (Berkeley and Los Angeles, CA: University of California Press, 1997)。但是在《精神现象学》的自我意识章里，针对“承认”到底是承认什么，确实提出了比较明确的陈述。

而要证实这一点，便既不能依靠对象本身，当然更不能诉诸欲望。现在需要的是“承认”：由另外一个有能力提供理由的主体，来承认这个主体所提供的理由确实说得上是理由。换言之，一个当下的“借口”是不是构成“理由”，不能由当事人自己来断言，而要看其他人是不是可能承认它是理由。这个想法是黑格尔在自我意识一章中的一个关键论点。它看起来突兀，其实不难理解：理由原本便不同于欲望和偏好，必须诉诸超越了个别主体的标准，容许他人的检验与讨论，也就是具有某种“互为主体”的性格。但是这种理由要有可能，一个基本条件在于某种公共的说理活动已经成为可能。这种可能性，进一步要求先有某种公共的理性观、理性的公共判断标准。黑格尔分析“承认”这个概念，指出了这些条件的必要性。可是在自我意识的阶段，由于“我”以自己为最无可矫变的确定性所在，这些条件却都还没有出现。结果，自视为自主自足的主体，虽然为了证实自己的自主性而要求承认，却找不到条件去落实承认的基本要件，遂只能进入生死的斗争以及主奴关系。

必须说明，在这里所谓要另一个人“接受”我的理由才算承认我，逻辑上其实是过高的要求。这牵涉到“承认”是承认什么。笔者认为，承认指的是承认对方为一己的信念与行为提供理由的能力，以及承认对方所提供的理由值得考虑。至于考虑之后是否接受，倒是次要的事情。那么为什么黑格尔要提出这种比较强的“承认”概念呢？那是因为要让承认仅只蕴含“值得考虑”而不进一步蕴含“同意”，也就是进入说理而不是单纯的认可或者接受（认可或接受都可以透过欺骗、胁迫而更轻易地达成），需要承认的双方拥有更多、更深厚的说理基础与说理的意愿跟空间。尤其关键的是，需要对于理由的普遍性有所掌握，不能再认为理由仅是主观的、特属于当事个人的认知或者选择。可是在自我意识的阶段，理由的互为主观性格并没有出现；相反，由于自我意识仅指个人的独立自足，而它所需要的承认乃是为了确证这种独立自足，于是要求承认变成了要求同意“我的”理由，即便这种理由已经超越了（有机）生命所决定的欲望（恣意）层次。

换言之，在论自我意识的一章，黑格尔采用“接受”这种比较强的承认概念，正好凸显了自我意识的霸道性格：自我意识会要求“接受／同意”意义下的这种承认，乃是因为自我意识所关心的仅是确认自身的独立自主，而不是公共说理的可能性。自我意识作为一种意识的模式，注定无法从“确定”转为“真理”，原因在此[11]。

正是在这样的缺乏社会公共理性的状况之下，对承认的追求演变成了生死斗争与主奴关系。为了确证我的理由真是理由，系由一个高于自然生命的主体所决定、高于一己的需求以及欲望，也即

[11] 一位审阅人根据 Christine Korsgaard, *Self-constitution: Agency, Identity, and Integrity* (Oxford: Oxford University Press, 2009), pp. 190ff. 在“private reasons”与“public reasons”之间的区分，质疑笔者以他人的承认来建构理由的普遍性，所获得的究竟是科尔斯戈德（Christine Korsgaard）所谓的“可以普遍化的私人理由”，还是“公共理由”。在笔者的理解中，科尔斯戈德所谓的公共理由是很强的要求，靠着这种规范性适用于所有人的理由，人们在互动之中“一起商量”，得到“共同的决定”，“按照我们一起自由地选择的律则一起从事某一行动”方有其可能。而私人理由即使可以普遍化，也只是说若我在某一情境之下按照该理由可以做某事，那么你在该情境之下按照该理由也可以做该件事；普遍化的私人理由，并不代表该理由的规范力量跨越你与我，成为我们都得接受的理由。在本文中，笔者倾向于只要求私人理由的普遍化，而避开地道的公共理由。毕竟，这种强意义之下的理由应该是成就，而不是预设。普遍主义的要求，应该只要求尊重，并不要求同意。但这只是笔者暂时的想法，需要进一步的考虑。

这理由是属于一个“理性我”的，我得要求另一个理性我来承认我的理由。但这里的我只具有个人、主观的意义，所谓“承认”仅是一方接受另一方的主观意见，也因此，任何少于“接受”的承认，都不啻对于我个人的不承认，所以只剩下斗争一途，无所谓考虑理由以及进一步说理的余地。而又因为斗争中需要证明我并不局限在有机生命的层次，反而属于理性我，故而我不惜丢弃血肉生命，所以这种斗争必以生死明志。只有不惜有机生命而甘愿一死的斗争，才能证实我的理由已经超越了有机生命以及欲望的界线，进入了纯粹由我个人决定的理由层面。在生死斗争之中，最后因为贪恋有机生命故而投降为奴的人，则也独立自主地决定了以主人的理由为他自己的理由，放弃了自身以主体身份继续说理的意愿。

本文不拟继续讨论黑格尔论主奴关系的意涵。以上的重建，已经足以说明，在黑格尔的理解中，“承认”的问题脉络，在于确证主体之说理的能力与所提供理由的普遍性格；说理既然不能局限在个人的理由，就要以承认为途径，建立某种“相互主观”的视野。黑格尔的论证是说，由于没有这样的视野作为说理的背景与资源，对承认的追求就会蜕变成为生死斗争与主奴关系；本文则希望显示，有了这种视野作为资源，承认可以导出一种尊重并且重视他者的普遍主义。黑格尔指出了问题所在，他的用意原本是要演证自我意识所要求的承认过于霸道，因而适得其反，有所不足。但是这个病理学的、关于限制的论断，在当代的主体观[12]手中，由于只强调主体

[12] 科耶夫影响下的法国存在主义者如萨特，应该是这种主体观的极端表现。但是单面地强调

的自主一面，只强调权力意志，被当成了一种有关主体关系的生理学的、常态的分析，认为主体之间的关系，完全是以生死斗争为途径，追求对方降服意义下的承认——即一种由主奴关系所界定与描述的“承认”。这种情况之下，当代的一些主体观反对普遍主义是很自然的，即使它们对普遍主义的这种理解其实是错误的。

四 承认他者的普遍主义与超越他者的普遍主义

那么说理要如何以承认为途径，建立互为主观的视野？在进入讨论之前，有必要先区分三种对于他者——也即是对于承认——的态度。

依照上文，“承认”即是承认他者，承认他者与自己分享一套说理的义务、规范与资源，在一个互为主体的架构之内，形成具有普遍性的判断。但在这个途径之外，还有另外两种可能，与它适成对比，须要加以区分。一条途径是拒绝承认他者，以此拒绝说理，也拒绝普遍主义。此途径继续让个别主体享受充分的自我确定，与他者展开生死斗争，自身以“普遍”自居，却以降服对方为志。近代各种形式的“文化政治”，常是采取此一进路。另外一条途径，则是回避对他者的承认，但肯定普遍性。此途径同样不去松动个别的

个人的自主与自足，早已是现代一种普遍的文化现象。至于主体之间的关系对于主体究竟有什么样的意义，笔者认为这种关系对于主体的构成有特殊意义，可是却不是决定性的、本质论的意义，而是容许主体抽身反思的。因此，笔者不愿意接受形而上学意义（构成意义）下的社群主义，却不否认社群乃是个人实现自我以及经营人生时的重要条件与资源。

主体自身的封闭性的自我确定，转而追求一种中立、超然的普遍性，以资压抑自我与他者之间差别的意义。这两种途径即使对普遍主义的态度相反，却都坚守着主体性，拒绝了说理的可能。

在此，我们先区辨中立的普遍主义与承认的普遍主义。下一节，再探讨文化政治对普遍主义的批驳；我们会看到，文化政治的批评实际来自误解了的普遍主义。

要求理由"互为主观"与要求理由"超然中立"，其间构成有趣而富启发性的对比。阿迷·古特曼与丹尼斯·汤普森曾将民主社会中的说理所诉诸的"理由"背后的原则分为三类：利害（prudence）、相互（reciprocity）与超然（impartiality）。[13]这三种原则对于理由如何构成，以及各种理由所预设的对于人与理性的理解，有不同的规定。利害原则要求理由必须"相互有利"（mutually advantageous），各方根据自己的利害计算，也就是考虑自己的实力、成本与可望收获，进行讨价还价式的说理，最后达成的协议乃是在现状之下对双方各自最有利的判断。这种说理过程所根据的理由（利害），都是双方可以理解并且愿意接受为理由，并没有以一己的成见偏见独断独行，也容许他者在讨价还价过程中扮演充分的角色，并没有霸道地加以忽视。但是，这种理由所反映的仅是各个个人的私利以及其间的比较，对于"对"与"好"做了最褊狭的解读。同

[13] Amy Gutmann and Dennis Thompson, *Democracy and Disagreement* (Cambridge, MA: Harvard University Press, 1996), pp. 52–63. 在前面第五章中，我们已经叙述过古特曼与汤普森的相关论点，见第四节。严格言之，非民主社会不可能允许说理变成公共性质的活动，因此可以先不列入考虑。至于这三个原则是否穷尽了民主社会中说理的原则，没有其他，则也待另外讨论。在此，我只想呈现"相互"与"超然"的对比。

时这种说理还假定，提供理由的各方只关心自己的利益，“他者”其实只是筹码的拥有人，他的意义是由手里筹码的数量所界定的；在这个意义下将他者列入考虑，无足以保证我不是在“我族中心”的范畴之内计算和思考，因为他的存在，可以化约为一堆筹码与一组量化了的利害而已，与我的利害同质，只有量的差异。这种关于理由以及人的理解，都太过简化而且单薄，其实并没有真实完整地处理我与他者的关系。

因此，要借着说理寻求一种普遍的理由，以满足理由成立的基本条件，只能从“相互”与“超然”二者中寻取。但是这两种原则的含义大相径庭。就理由之性质与说理所设定的“他者”来考虑，相互与超然两种原则的重要差异在于，它们各自所要求的理由，分属于不同的种类，所预设的主体，也大异其趣。

相互原则所要求的理由，是其他人从一己的视野出发即能接受的理由，古特曼与汤普森称之为相互可接受的（mutually acceptable）；而超然原则所要求的理由，则是一般性的、超越性的理由，需要各方压制或者摆脱了个人独特视野的局限之后才能认可，两位作者称之为普遍可证明的（universally justifiable）。

这两种理由所产生的普遍性，因此也有关键的不同。相互可接受的理由所具备的普遍性，是在差异的基础上、以差异为前提而形成的，对于差异有高度的尊重；普遍可证明的理由，则是在否定差异的基础上、以摆脱差异为前提而取得普遍性，视差异为干扰，有待熨平或者扫除。相应于两类理由与差异的关系，两类说理对主体的理解也很不同。在相互模式下，主体必须根据自己的差异特色衡量对方的理由，可是在超然的模式下，主体却是一种抽离的身份，所有人都相同，一如在罗尔斯无知之幕后面的主体。

循着相互原则所要求的模式，这种卷入了不同观点与主体以追求认可的过程，大致上具有如下的特色：

1. 这个过程并不设定一种抽离的主体，而是从具体特定的主体出发，不仅避免了哲学上的多余假定，也明确表达了对于个人的特殊性有所尊重；

2. 这个过程所处理和接纳的理由，并不是另有独立源头的、其妥当性业已获得先然保证的理由，而是有条件的（contingent）、经建构而逐渐形成的理由，从而容许个人的自主性在思考理由与评价理由时，有其发挥的机会；

3. 这个过程承认，主体之间的差异为各方的理由之所以相异的正当原因，因此它所面对的理由照顾到了差异，从而容许多元的存在；

4. 这个过程也注意到，历史文化情境脉络等的相对性，乃是造成理由之相异的一个正当原因，因此必须面对与跨越，从而有助于引入更丰富的思考资源；

5. 这个过程要求人们作为理由的提供者与评价者，具有平等的权利与地位；这种权利与地位的平等，建立在意见、利害、身份，以及生活的经验（以及其诠释）应该受到平等的关怀与尊重的基础上。

这说明，平等在此的意义不止于形式的平等。

这些特色的完整意涵，一时之间还难以理清头绪。不过明显可见，它们带出了多面的、强大的规范性要求。

经过以上的对比与说明，说理普遍主义的特色与可望逐渐浮现。

必须强调，在历史上普遍主义一向即自许承担着进步与批判的职责，但是由于传统的普遍主义无法给普遍事物一种非形而上的、非霸道的、非权威的源头，以至于普遍主义逐渐失去了这方面的可能贡献。但是相互原则所开启的普遍性，则能够设定一些从特殊主义看来属于乌托邦的价值与理想。靠着这类规范性的设定，“进步”与“批判”两种普遍主义思考的重要功能，在理论上似乎比较可能取得有说服力的陈述。

五 否定他者的普遍主义：文化政治

如果在说理的过程中，可望产生普遍主义，并且这种普遍主义并不仰仗一种抽离、先验的公式，而是有待平等的差异主体来合作形成，为什么在不同的宗教、国族、文化之间不容易见到这种说理的局面，反而在它们相遇之时，往往形成严重的冲突，进一步促成了“普遍主义乃是不可能的、伪装的”这样的结论，构成了文化政治的出发点？为什么前述的“拒绝承认他者”，或者黑格尔所描述的生死斗争与主奴关系的结局，典型所在竟是这种或可泛称为“文化”的主体彼此作为“他者”相对峙的局面？从18世纪的赫尔德开始，文化特殊性与普遍主义的紧张关系开始受到重视。[14] 到了今

---

[14] 很多人（包括笔者在初稿中）受到伯林（Isaiah Berlin）的影响，常以为赫尔德乃是文化相对主义、文化民族主义的始作俑者。（其实伯林的实际论点要更复杂。）但这一流行的误解，已经受到纠正。赫尔德一方面是文化的多元主义者，另一方面又设定了起码的共通人性（他的 Humanity 概念），以及共同的人类福祉。见 Vicki Spencer, “In Defense of Herder on Cultural Diversity and Interaction,” *The Review of Politics*, 69 (1), (2007), 79–115；Sonia Sikka,（转下页）

天的多元文化主义，对普遍主义的抗拒，已经直接以文化意识与文化主体为主要论据。确实，"文化"可以说在本质上就是特殊的；文化与普遍主义之间，似乎有其内在的紧张；号称为普遍的文化应该正名为"文明"，而文明当然就标志着真实、地道的"文化"之死。[15]

必须指出，在涉及文化的脉络里，普遍主义的问题一定会牵涉到太多政治、历史与族群斗争、压迫的事实，当然不再是单纯的"说理"之可能性的问题。但是我们也必须强调，说理的问题并没有消失，因为"文化"仍是需要说理来检讨、批判与证明自己的内容之正当的。说理的活动本来假定，"这个信念或行动是不是对的或者好的"与"我的这个信念或者行动是不是对的或者好的"乃是同一个问题，"我的"一词不会给它增加或者减少正当性，所以虽然大家会有不同的看法，但是其间经过讨论争辩而形成判断，乃是各方都应该接受的过程。不过到了一种特定的主体观或者身份观开始主导时，"我的"一词反而变成了关键所在：由于信念、行动所表达的乃是我的特色、我的观点，其理由来自于我，对它们的评价，直接构成了对于"我"作为特定主体的评价，因此上述两个命

（接上页）*Herder on Humanity and Cultural Difference: Enlightened Relativism* (Cambridge: Cambridge University Press, 2011), pp. 42-43. 感谢一位审阅人在这个问题上的纠正与建议。

[15] 普遍的文化应该正名为"文明"（Zivilisation），而"文明"即是真正的"文化"（Kultur）之死，正是德国当年"反现代性"运动的主张之一。斯宾格勒认为文化完全"实现自己"之后，"文化突然僵化了，它节制了自己，它的血液冷冻了，它的力量瓦解了，它变成了文明"。陈晓林译，《西方的没落》（台北：桂冠图书公司，1975 年），第 90—91 页。

题不再是同一个问题。后者所涉及的是我的身份所在，我之本人；对我的信念与行动有所质疑，即是针对我之为我所发的质疑。这种质疑，所根据的理由与标准必然来自于我之外，注定挑战了我的自主自足，故而构成了对我的“不承认”或者“扭曲的承认”。相对的，既然我要自成标准，裁决一切信念与行为，我也不能轻易地承认其他异于我的自我。这种情况之下，主体或者身份成为了绝对的原点。

这种将焦点凝聚在自身之身份认同上的主体观，所涵盖的不只是个人主体，更包括了各类集体性的主体，例如宗教、民族、种族，以及文化。这类事物或者被赋予了主体的形象和功能，或者构成了个人之主体性的界定性的、构成性的要素。但是，由于它们都自许为自主自足的主体，便会争取自身作为评价与判断的标准，不能够接受外来的、他者所提供的标准。这种“标准之争”，构成了“文化政治”。一如一般政治所争在于支配关系，文化政治是文化之间以文化为形式进行的支配与反支配斗争，所争者即是谁的标准居于支配的地位。标准与我相异者，即构成了他者。而拒绝承认他者并且进而设法支配他者，不是罄竹难书的历史事实吗？多少世纪以来的种族歧视、殖民主义，以及各类强势中心文化对于弱者、后进者、边缘者、异端者的压迫与侵略，以扭曲的方式多少说明了文化政治的形貌与意义。在这无穷的压迫之间，“文化”所提供的标准并不只是表面涂抹的烟幕、口实，更是一个必须占领的阵地。强者对于弱者的支配、剥削以及污名化，通常表现为强者的普遍者姿态：强者代表的是某种具有普遍妥当性的文化，而弱者则需要自贬为特殊者，“承认”强者文化的规定。这种历史景观，是大家都熟悉的。

文化政治的研究者，对于文化政治的这种特色了然于胸。张旭东指出，文化冲突其实是“普遍性—特殊性之间的辩证法”：任何一种文化意识，都必须要“将自己作为一种普遍的东西再一次表述出来”，不然的话，它“就只能作为一种特殊性和局部的东西，臣属于其他文化或生活世界的更为强大的自我期许、自我认识和自我表述”[16]；酒井直树说明，“我们通常所谓的普遍主义，乃是自许为普遍主义的特殊主义”，“西方必须将自己呈现为普遍者，将特殊者归属于其下。西方本身乃是特殊，可是它又构成了普遍性的参考点，他者相对之下承认自己只是特殊”。[17] 每一种文化，本质上都认为自己是“普遍”的，即自己的价值与规范对他者也是适用、妥当的。可是将文化视为主体之后，这种确定性要获得他人的承认，就只能以船坚炮利来勒索。承认不会是对等的：强者会用自己的普遍标准去看弱者，认为弱者只是某种局部、特殊的文化；强者则会要求弱者按照强者的自我认识去看强者，将强者的价值与规范视

---

[16] 张旭东：《全球化时代的文化认同：西方普遍主义话语的历史批判》（北京：北京大学出版社，2005 年），第 1—2 页。

[17] Naoki Sakai, “Modernity and Its Critique: The Problem of Universalism and Particularism,” in his *Translation and Subjectivity: On Japan and Cultural Nationalism* (Minneapolis: University of Minnesota Press, 1997), p. 155, 157. 需要强调，酒井直树所关心的问题与张旭东并不一样。酒井意在同时批判普遍主义与特殊主义，指出它们之间的共生合谋关系。他最终提出鲁迅式的“拒绝主体”的反抗，以求维持独特的他者地位，躲开与西方的相互界定命运。对这种思维来说，维持独特的、不确定的个体身份，才是正确的抵抗之道。自主与说理，当然只是主体欲望的幻觉。张旭东则意在确立普遍性与特殊性的辩证，指出成为普遍乃是一种文化责任。酒井会认为张旭东落在民族主义式抵抗的窠臼当中，而张旭东则会认为酒井的思路只会导向解构，包括解构“中国”，结果陷入西方霸权的陷阱。

为自己向往、追求的天经地义的标准。这种斗争的思路——文化交会之时必须追求“承认”；而“承认”乃是按照强弱的不对等来进行的；承认的结果是强者被视为普遍的事物，但弱者仍然必须反抗——乃是“文化政治”的结构性思路。在这种思路之下，“他者”的独立自主只能靠斗争来维持，不可能作为平等的说理对象出现。按照这种逻辑，相互性原则毫无意义，自然也就不可能设想一种承认他者的普遍主义了。

为了化解文化政治这种高度斗争性、侵略性的问题意识，当前一种最盛行的、放弃了评价职责的回应，便是退回到文化相对主义或者多元文化论：让各种文化各行其是，避免将某一文化的标准强加于其他文化之上。可是这种响应虽然立意去中和文化政治的侵略性格，却完全没有挑战文化政治的前提：视文化为自主自足的主体，具备完整的内在标准，足以判断信念与行为的对错好坏。

但是文化能够比拟于个人，作为完整的主体存在吗？它与个人是什么关系？个人又应该如何看待文化对他的要求？进一步而言，文化与个人是否类似，都需要“承认”方能形成自我？

无论文化压迫还是文化反抗、侵略性的文化政治抑或包容性的文化政治，似乎有一套共同的假定，那就是将文化视为一种自主自足的主体：文化政治在族群、身份与文化之间设定密切的本质性关系，三者相互界定，形成了一种超级政治主体。文化被主体化，被视为一种整合而有意志与命运可言的人格，是一个民族的自我意识所在，也是其成员界定身份认同的依据所在。即使某些时候，文化与民族脱钩，也仍然要与各种次身份团体结合在一起，作为该团体身份的指标，构成一个团体的人格与性格。文化的主体化推到极端，变成人们依附在文化身上，由文化用认同感来塑造人、凝聚人，形成身份，由文化给社会生活提供规范与价值，提供集体的形貌与发展方向。换言之，文化的主体化带来的便是文化为主，个人为从，文化不再为人所用，个人反而得用文化来界定自己，集体也要靠文化来铸造成形。文化被视为抽离于个人生活的一种物化（reified）、异化的自存之物。这种情况下，文化的意义当然是高度政治性的。人群之间、社会之间、民族之间的冲突，即使不可能仅仅是文化的冲突，也很容易表现成文化冲突。

“文化”应该如何理解，并不是本文可能回答的问题。但是相对于物化的文化观，我们或许可以转而从一种发展的方向去设想，文化乃是由人们生活中随时随地地诠释、创造、混合、使用与评价所构成的。在一方面，个人需要现成既有的文化来诠释与规范生活中的各种情境；但在另一方面，个人又不是文化的容器或者载体，而是时时在塑造与利用文化的主体，让文化有所发展与变化。这种主体身份，至少有两方面的意思。第一，文化乃是个人作为人所急需的资源，攸关个人在各方面的成长与发展，与世界互动的能力与机会，自我形象的塑造，以及维持自尊，因此文化是至为重要的一种资源，需要受到保护与尊重。既然作为资源，它的价值便是工具性的，不能与个人的内在价值相提并论，也不能颠倒二者在价值意义上的先后。第二，个人面对自己的或者他者的文化，面对个别文化中所包含的规范与要求，始终需要保有进行评价的可能（这其实是一种知识上的也是道德上的责任）：个人的文化认同不可以紧密到无法与其拉开空间，无法对其批评与评价、修改，甚至于加以拒绝的程度。即使是我的文化，我也要知道它（的某些细节）是不是对的、好的。这个说法有两项意涵。一方面，任何文化都会藏污纳垢：文化通常包含着一些歧视、残虐与压制的成分，须要警觉与检讨。把“文化”视为通体圣洁的神牛，认为它一定有理由存在，甚至一定是好的、对的，只是浪漫的幻想。[18]另一方面，所有的文化都应该受到尊重，不应该受到歧视与污名化；但是尊重不同于正面评价，不是推许或者肯定。到了评价的层面，无论是推许一种文化，或者是批判某种文化，都需要我们展示评价的标准，对于文化做出客观的评价，不能以主观的偏好与欲望为准。[19]这不啻是说，文化的正当性与价值，需要客观的确证，亦即需要经过前述的说理过程。总而言之，文化不仅不应该被物化为拜物教的圣物，不仅需要接受检验与评价，并且这项工作提出了“文化的评价如何可能”的议题。这类议题，正是文化政治所忽略的重要问题。

所以，文化之间（或者说承载文化的主体之间）确实仍有承认的问题存在。要让对文化的评价有其可能，就要正视文化为一己的正当与价值所提供的理据。不幸的是，依照前文所述黑格尔的分析，个别而自主的主体相遇之时，相互所要求的承认，会以生死斗争为形式，最终演变成主奴关系。同样的，文化得为一己的判断与行动提供理由，并且是自以为普遍有效、正当的理由。但是

---

[18] 努斯鲍姆说得明快：“文化会伤害人”——“文化多样性与语言多样性确实非常相像。这个模拟的麻烦在于，语言作为语言本身并不会伤害人，可是文化的各种实务却时常伤害人。”Martha C. Nussbaum, *Women and Human Development: The Capabilities Approach* (Cambridge: Cambridge University Press, 2000), p. 50。

[19] Charles Taylor, “The Politics of Recognition,” pp. 253–256.

这种性质的理由，根据定义即对他者适用，因此需要他者的承认来提供确证。可是由于主体化了的文化与“他者”缺乏互动与说理的共有资源，个别充满自信的主体会用斗争与征服的手段需索、强求这种承认。结果，文化的主体化导致了文化政治对于“他者”采取主体式的强硬态度。这种情况之下，文化政治所理解的普遍主义，注定是一种否定他者、主张本身之普遍地位的普遍主义。[20]

六 结语

本文以黑格尔对于自我意识的分析与批判为架构，说明说理需要他者的承认，但是这种承认的意图，在一种预设主体的自主、自足封闭性格的脉络里，只会导向斗争。那么承认如何才有可能？这需要为说理找到一种互为主体的、社会性的脉络。[21]借着这种脉络，主体对于他者的说理资格与说理能力有所承认与尊重，说理方有可能产生普遍主义所追求的普遍性。本文借用古特曼与汤普森的三种

---

[20] 在这里，应该讨论弗朗茨·法农如何陈述殖民主义与承认的问题，以及他对于黑格尔“承认”模式的批判以及发展，但本文力有未逮，只能省略。法农在 *Black Skin, White Mask* 一书中，有专章讨论“The Negro and Recognition”，其中有一节论“The Negro and Hegel”。法农描述了殖民者如何根本否定了被殖民者的“承认”，但他并没有因此否定普遍性这个理想。Charles Villet, “Hegel and Fanon on the Question of Mutual Recognition: A Comparative Analysis,” *The Journal of Pan African Studies*, vol. 4, no. 7 (2011)，正面探讨了相关的文本，对笔者很有启发。

[21] “互为主体的、社会性的脉络”是某种纯粹形式的架构，抑或也包含实质的价值、某些人类共通的基本价值？这类基本价值的普遍性又要如何证明？而所谓形式架构与实质价值真能截然二分吗？这些问题，在本文中已经无法讨论。本文只是想要指出，普遍主义的意义需要厘清，并且有其关键的作用，不容简单地、出于误解地否定。

说理原则指出，对待他者的态度（承认、回避、拒绝）蕴含三种普遍主义的可能，但其中只有“承认”的态度指向真正的普遍主义。最后，本文指出，“文化政治”对于文化的拜物教，复制了黑格尔所批判的自我意识，只能取得虚假的普遍主义。

第四辑

对话与质疑

第八章

演化论适合陈述自由主义吗？

对哈耶克式论证的反思[1]

一 前言

对自由主义理论感兴趣的读者，可能都会注意到，在自由主义思想的发展史里，有两种相当不同的论证传统发挥过主导的作用，分别为契约论与演化论。为什么某些自由主义理论要循契约论发展，而另一些理论则宁可取演化论的进路？这两种论证途径，究竟有什么样的关系？两种取径，各有什么得失优劣之处？它们之间的选择，对于所展现的自由主义形貌，又有什么影响？虽然这些相互牵连的问题很重要，形诸文字的深入讨论似乎还不多见。

[1] 这篇文章最早是参加香港中文大学中国文化研究所“中国近现代思想的演变”学术研讨会（2001年8月23—25日）的论文，后来又分别在“中央研究院”中山人文社会科学研究所、中正大学哲学研究所、东吴大学哲学研究所的研讨会上做过报告，得到一些批评和回馈；最后，本文发表在《台湾社会研究季刊》第46期（2002），第173—191页。两位审阅人的意见，也迫使我三思文中若干陈述。对这些帮助，在此必须致谢。

演化论作为一类有关生命与社会型态之变化的一般性理论，其本身的对错长短，非本文所能深究。本文仅拟针对演化论与自由主义的关系加以观察，希望证明自由主义与演化论之间有着相当紧要的差异；因此，自由主义者使用演化论的概念架构陈述自己的主张，有其并不适宜之处。当然，演化论是一个颇为驳杂的论述传统，不可能简化、定于一尊；不过，各类“演化”理论，不可能不具有某些共通的特色。在本文中，演化论并不特别指任何一种特定的生物学演化理论。本文所谓的“演化论”，泛指一类有关接续性变化的观点，18 世纪以降在法国、英国，以及德国的思想家之中开始出现、流行，而后逐渐取代原先一套默认静态存有或者固定本质的传统世界观（其中所谓的变化，充其量只是一种重复再现），特别是基督教的创世论所蕴含的本质主义。这套观点，在许多领域造成了翻天覆地的革命性影响，在社会理论领域也不例外。就自由主义而言，应用演化论的先例并不鲜见，19 世纪英国的斯宾塞（Herbert Spencer, 1820—1903）和美国的萨姆纳（William Graham Sumner, 1840—1910），都曾经旗帜鲜明地试图根据演化论建立一套以放任为主要特色的自由主义，但这些理论今天已经少有人理会。到了 20 世纪后期，哈耶克（F.A. Hayek, 1899—1992）成为了演化论自由主义的主要理论家。[2] 主要通过哈耶克的论述成就和影响，演化论与自由主义

[2] 文献里将这三位自由主义思想家的演化论一并讨论的不多，笔者仅见过 Ellen Frankel Paul, “Liberalism, Unintended Orders and Evolutionism,” *Political Studies*, 36 (2), (1988), pp. 251–272。这篇文章并没有提到我在下文里所强调的评价标准的问题；它提到了个人在演化论里遭到忽视的问题，不过并没有提出较为详细的说明。

的关系在今天不仅获得广泛的肯定，甚至于被视为天然的伙伴。本文即拟以哈耶克为例，检讨演化论取向的自由主义会引起什么问题。当然，无须赘言，指出演化论与自由主义的差距，并不等于证明了契约论才是论证自由主义的妥当形式。

二 演化论的基本主张

社会演化论是一种什么样的理论传统？分析作为说明社会变化的一个独特范畴的“演化”，我们似乎可以说，演化论作为一种社会观，需要主张下列三个基本命题。第一，人类社会的演变构成了一个发展的序列，序列里的每一个阶段，都是前面一个阶段经过调整之后的改善状态；所谓改善，意思是说适应力较差的成员遭淘汰，剩下的成员均具有较高的适应力。第二，这种发展的动力来自社会各个成员相互之间，以及他们与环境的互动和调适。第三，此种发展的方向，既非由在先的计划或潜在基因所决定，也不赖外在于演化过程的力量来指引。严格言之，放弃这三个命题之一，我们就离开了演化论的基本立场，转进到了有关变化的其他论述范畴。换言之，为了使演化与机械因果性的作用、生物界个体的发育成长，以及人事领域有意识的行动几类变化过程有别，“演化”这种变化过程需要具备几项特色：

第一，演化不同于由外力有意造成的改变，它乃是自发的发展。它也不是从任何主体（神或者人）的意向所导出，并不是由这样的意向进一步设计、落实而成；换言之，演化不受任何指令系统的指挥，也不受某种具体主角的意图来操控。它排除了干预的可能与必要。

第二，演化不是某种本质性的内因所促成的改变。它不同于出自本性的、预定的成长，它没有既定的脚本，也没有在先的目的，因此，演化论与一般所理解的目的论相斥。也就是说，社会的发展并不是旨在满足一个已经设定在先的实质状态，或是设法实现某种“潜能”、某种内在的目标。

第三，演化不仅试图说明社会的变化，还赋予社会的变化某种价值的涵蕴，因为演化论必须认为，这种由演化所带来的变化，构成了接续的进步。这里所谓“进步”，可以做各种不相同的诠释，不过至少它指适应能力的积累形成了更好的生存机会。演化的进程之有其价值、结果之所以可欲，理由至少在此。[3]

这三项特定立场，共同呈现了一个“社会借自发的调适过程产生较好的事态”的变化景观。这是演化论的基本主张所在。

无疑，思想史上出现过的各类演化理论，通常要来得更为复杂丰富，不能如此徒具骨架地原则化、系统化。不过即便如此，我们也必须承认，在历史上，演化论之所以能够结合近代的进步信念，形成一股强大的思潮，强烈吸引了众多思想家，往往正是因为演化

---

[3] 这个说法会引起争议。论者会指出，演化论并不一定蕴含进步的观念，因为演化——特别是晚近生物学领域的演化论——完全可以摆脱“进步”这个属于历史哲学的概念，即使“进步”的意识形态在历史上曾经促成和利用过朴素的、常识领域的演化论。关于这个问题，我无力多做讨论。不过，演化论作为近代世界垂两个世纪而仍健在的一股思想潮流，与演化论近数十年来作为绝对科学性的一套理论，似乎还无法划出清楚的界线；因此，试图将进步这种文化意识形态与（“科学的”）演化论分家，至少在一般人——以及许多演化科学家——的意识里是很困难的。这个论点取自 Michael Ruse, *Monad to Man: The Concept of Progress in Evolutionary Biology* (Cambridge, Mass.: Harvard University Press, 1996)。笔者感谢洪裕宏教授指出这个问题。

论具有一种自成一格的目的论色彩：不用假定任何内在动力、引导性的目的因，或者外来的努力，演化居然会自行浮现其明确的方向性。也就是说，凡是演化的结果，即是演化的机制原本保证会实现的，而这个结果正好也就是较好的、可欲的、可以称之为“进步”的。这似乎是一种理论上最精简而所得到的结果却最理想的“进步”论述。但是，这也正好是演化论思维模式的一个基本困难所在。这套信念的两个成分：演化方向由演化机制本身促成决定，以及演化结果的可欲，都预设了演化朝向着某项明确的目标。可是，让我们看清楚：演化论如果具有这个意义上的目的论成分，那应该只能说是一种“空”的、或者说“未定案”的（open-ended）目的论：演化会带出什么结果事态，在原则上并不能够事先逆料。[4] 不做这个区分，演化论就无法与各种实质的目的论（例如亚里士多德式的目的论）有所分辨。演化过程注定要实现的，也就是演化论所许诺的，固然是“适者生存”这个看来明确具体的预测；不过不难看出，所谓“适者”，其实与“演化结局的幸存者”乃是同样的意思，前者由后者界定，并没有独立的实质内容。[5] 如果演化论无法提供独立于“演化结局的幸存者”这个概念的理由或标准，去指认与界定“适

[4] 哈耶克对这一点看得最为清楚。见 Friedrich A. Hayek, *The Constitution of Liberty* (Chicago: The University of Chicago Press, 1960), pp. 40–41（以下引此书简写为 *CL*）；Friedrich A. Hayek, *Law, Legislation and Liberty*, vol. 1: *Rules and Order* (Chicago: The University of Chicago Press, 1973), pp. 38–39（以下引此书简写为 *LLL* 1）；Friedrich A. Hayek, *Law, Legislation and Liberty*, vol. 2: *The Mirage of Social Justice* (Chicago: The University of Chicago Press, 1976) pp. 23–24（以下引此书简写为 *LLL* 2）。由于写作时手边数据不全，本文引用哈耶克著作时，未能如愿利用邓正来先生的汉文译本。

[5] A.G.N. Flew, *Evolutionary Ethics* (London: Macmillan, 1967/1970), pp. 13–15.

者”，那就不啻是说，演化论并没有提供独立的评价标准来赋予“适者”具体的内容，对于演化结果自然也就并没有明确的依据去做实质的评价。可是不少认同或者主张演化论的人，却往往以为“演化结局的幸存者”既然是“适者”，就一定具备着某些优点、长处或者价值，大家必须认可、取法，因此演化也就指示了某种方向，甚至可以由观察其法则，进一步发现这种方向的实质内容，从而有规范性的理由去期待演化过程所设定的价值的实现。但是，在概念上，演化论只要试图维持其“演化”性格、维持演化这个变化范畴的独特地位，不与机械的运动规律（例如完全无目的——因此本身也说不上有无价值——可言的星球运转）、生物的预定成长［例如种子长成大树，虽然可以说实现了其目的，可是除非先认可了某种至善论（perfectionism），通常我们不会因此就赋予这个所实现的状态本身什么价值］，或者人力的设计使然（例如对于目的的追求，即是肯定了某种价值）混淆，就不会具备这一层含意。[6]

哈耶克的思想诚然复杂而且精密，可是他的演化论论证，在结构上仍然充分体现着对上述三项有关演化的特色的理解。我们应该说，比起许多社会演化论者，哈耶克对于“演化”作为独特的变化范畴的理解要来得更为纯净完整。在此，我不准备讨论哈耶克理论的具体内容，对于他极有启发性的“自发秩序”理论，我也不准备

---

[6] 以上关于演化论的说明，完全来自概念的分析推导，目的在于将演化与其他有关变化的思考范畴加以分别。它只是一个哲学性的“工作定义”，妥当与否留待方家评论、改正、修补。对于演化论的了解，牵涉到很多复杂的问题，在此不能深入。我相信，这个定义若有不妥之处，并不至于影响到后文的论证。

怀疑其妥当性。[7] 以下的叙述，旨在呈现他的思想中的演化论成分，以及演化论以何种方式成为他的自由主义的论据。

哈耶克社会理论的核心概念，就是他所谓的“自发秩序”。就理论的层面而言，唯有自发秩序才能说明，在个别个人的知识极为有限[8]、每个人的目的各不相同、对他人的行为难以臆测，而环境又不断改变的种种现实条件之下，为什么个人不仅通常可以超出己身知识的限制而达成自己的目标，并且还可以进行社会合作。在规范的层面，自发秩序则指出自由的重要价值，因为自发秩序不仅涵蕴着个人根据自己的目的运用（远超过自己所拥有的）知识的可能，这种秩序本身，也要依靠每个个人拥有选择与行为的自由才能维系，完全不是某个指挥中心（“计划”）的意图与意志所能创造的。

演化论的三项要旨，在哈耶克所述的自发秩序身上，均有相应的表现。

首先，就其来源而言，自发秩序可以以“无主”二字形容：它不隶属于特定的环境条件，不从属于特定心灵的运思构想，更不附属于特定的目的。哈耶克强调，自发秩序虽然是人们行为的结果，却非出自人们的设计。在排除“设计”这个成分的同时，哈耶克试

---

[7] 本文的论点正是：即使哈耶克的演化式社会理论完全正确，也无足以构成一套完整的自由主义，因为自由主义需要进一步的评价成分。

[8] 哈耶克所谓的“无知”，有其相当广泛但也相当特定的含意，包括了知识只能零碎、分散地由无数个人所拥有；知识始终在成长之中；知识包括了一大部分的默会之知（tacit knowledge）；知识所需要处理的具体环境条件变化无穷；个人对于自己行为的结果所知极为有限；个人对于自己与他人的行为之间的相互影响无法逆料掌握；个人无法知道他人的行为，等等。关于知识的限制，哈耶克的著作里时见发挥，不需引述。较集中的叙述可以参见 *CL*, ch. 2; *LLL* 1, pp. 13–15。

图说明，自发秩序的成形、运作，与产生的后果，均不是任何意志、意图与目的所指引的。相反，所有有意识的行动，都属于个人或者群体极为局部范围内的活动与互动；可是这些只具有局部意义的有意识活动，居然能够汇集而自发地形成一种没有意识可言的整体秩序状态。自发秩序之起源于无数个别个人的有意识活动，说明了它跟自然界独立于人力的目的性成长（内因）不是同一回事；它成形于众多行动不自觉地、自然地形成的秩序，则说明了它不是有意识的、针对了特定目的（外因）的产物。自发秩序的演化性格在于，在排除了“自然成长”（by nature）与“人力设计”（by convention）这两类范畴之后，演化只有作为第三种说明秩序性的独立范畴，才能说明自发秩序的来历。（*LLL* 1, pp. 20-21）

其次，所谓用演化说明自发秩序的成形与演进，就是指出抽象的行为规则（制度与习惯），如何通过一套模仿和适应、修正的机制，由人们在并不完全明了其所以然的情况之下采用、依循，从而自发地形成社会秩序。演化的机制主要有二：选择（selection）和适应（adaptation）。规则的抽象性格（从环境与目的抽离），它们所凝聚沉淀下来的文化遗产——知识与经验的积累——超越了个别个人所能掌握的目的、后果，以及牵涉到的一时一地的环境特色。而每个个人选择、调整和适应规则的理由，必然受到一己知识与关怀的限制，但这些并不是这种规则被群体采用的终极理由。换言之，社会秩序的形成和演变，自有其演进的机制，不是人们基于有限知识与特定目的的考虑与抉择所能说明的。（*LLL* 1, pp. 17-19）哈耶克由此推论，人力有意识地干预社会制度既无必要，又属徒劳，只是开启了“到奴役之路”罢了。

第三，自发秩序的演化性格，还可以从上述演化机制的效果来看。个人遵循规则时以无知和出于一己特定目的为特色；相对之下，规则的演进（也就是采用、调整或者捐弃），取决于它们是否增加了采用它们的群体的成功与存活机会。对哈耶克来说，这种成功与存活的意思除了狭义的“适者生存”之外，还有更积极的一层价值，那就是知识的累积、有效利用，以及“新的可能性”的推陈出新。在这个特定意义上，自发秩序的演化，乃是推动文明的发展与进步的动力。这种在演化和进步之间的关系，为哈耶克证明了自发秩序不仅是一种描述性的理论，也是一种规范性的理想：演化不仅说明了社会秩序的形成和变化的道理，还说明了为什么这套秩序是可欲的（desirable）。[9] 进一步，哈耶克甚至认为人类的价值观和各种评价标准，以及道德的规则，均属于演化过程，由演化塑造成形，也须受到演化过程里成败结局的检验。[10]

---

[9] 哈耶克明白反对由演化论推导出“演化伦理”，不过他的反对理由，似乎局限在反对从“不可能定案”的演化过程导出演化的法则定律（laws），并未涉及演化论的伦理意涵，见 *LLL* 1, p. 24。至于演化或者自发秩序是否具有规范性的意涵，John Gray, *Hayek on Liberty*, 3rd ed., (London: Routledge, 1998), p. 119 的否定答复显然需要商榷。如果如 Gray 所言，哈耶克认为自发秩序仅是一套“价值中立的说明架构”，那么他在著作里对于自发秩序的无数肯定、推重之词，就实在无法说出道理，他对自由主义的肯定，也必须与自发秩序这套社会理论脱钩。这当然是很难想象的。哈耶克无法明白陈述自发秩序观念的价值内容，不是因为这套观念在价值上中立，而是因为他既想要维护演化的自发性、客观性，又想要维护演化结果的可欲性，却又不愿意将“凡是演化的结果都是好的”视为一个定义问题。下面会见到，这是演化论思考模式的一个内在缺点。不过说到最后，我相信，哈耶克赋予自发秩序的价值内容，根源在于他有关文明之“进步”、有关不断地追求新事物、新的可能性的价值信仰；而这些，皆寄身在对于演化之后果可欲的信念上，虽然他明白承认，演化的后果我们不可能预测，它带给各个个人的命运的影响，也不见得一定是有利的。在笔者看来，这是一种相当奇特的道德信念和心态，可参见 *CL*, p. 398,400。

[10] 关于道德规则，见 *CL*, pp. 62–63；关于价值以及评价标准的相对性，见 *CL*, pp. 35–36。

三 演化论与自由主义

在哈耶克的著作里，用演化论陈述自由的价值，大体上出以如下的形式：有鉴于所有的个人均注定相当地无知，自发的秩序不仅是一个现存的事实（否则无法说明为什么相对无知的人们通常依然可以达成自己的目标），并且是一个可欲的事态（因为个人达成自己的目的，以及文明和进步，系于自发秩序所提供的知识资源，也系于演化的过程经由适应和选择促成新事物、新的可能性的出现）。这种情况之下，由于自由——“让每个人根据自己的知识追求一己的目标”——不仅是使社会秩序成形的一个要因，也有助于实现这种可欲的事态，因此，自由的价值得到证立，而管制与计划的不可行，以及应该容许演化自发地进行，也就成为明显的结论。[11]

除了对于自由这项价值的肯定之外，演化论与自由主义作为一套反对国家干预的政治学说的关联，在于演化论强调，在自发演进的情况之下，一种在某个意义上最有利的社会秩序可望出现。[12]既然如此，政府的干预，充其量只能局限在维持自发秩序这个功能上，超乎于此则非但没有必要，甚至于会得到更坏的结果。自由主义的

[11] 这里我们触及了一个关键的问题：对于哈耶克来说，自由是只具有工具价值，有助于实现某一种有价值的事态，抑或是自有其本身的价值，需要无条件的肯定？这个问题太复杂，本文不拟讨论。笔者自己的初步想法，请参见本书第一章，特别是关于“个人的最高层级的利益”的分析。

[12] 这里所谓最有利，包括了满足多数人的需要、文明的发展、变迁的机会、新事物出现的可能，等等。可是需要强调，哈耶克不仅不认为这类利益是针对个人而发的，也不认为这类利益会令个人感到幸福满意（*CL*, pp. 41–42），更不认为这类利益的分配，与个人的“贡献”、德性或努力有关（见 *LLL* 2, p. 74）。

传统，对于这种反干预、反设计的取向，通常较为认同。不过，除了这个消极一面的关联之外，演化论对于自由主义还有一个正面并且也更具有一般意义的意涵：演化所得到的结果自有其价值，自有其正当性，不需要接受一个在演化过程之外的价值标准来衡量，或特定目标来指引。自由主义感受到演化论的诱惑，多半来自演化论这种似乎可以完全排斥人力干涉、又不需要设定某种价值标准，但居然得到“最好”结果的自许。

这个“演化之外再无评价标准”的立场，应该说是演化论的必然主张。不难想象，演化的进行与转折应该有自己的理由（虽然在这种并无“意图”可言的脉络里，“理由”一词似乎并不妥当），否则外在的理由即可指挥演化进程；演化的结果应该自有其意义和价值，否则我们即有理由根据外在的价值标准去指挥、拒绝或者中断演化的进行。所谓演化的“自发性”，在排除人力干扰这层意思之外，也就是要说明，演化乃是一个自有其逻辑与正面后果的进程。如果在演化的过程之外，还有独立的标准来衡量演化的方向和方式，演化就丧失了它的自发性，甚至于丧失了它作为一个说明变化的独立范畴的存在意义。[13]

关于这一点，哈耶克说得相当清楚。演化自有其逻辑，自有其优胜劣败，让某个群体得势而某个群体遭淘汰的道理。由于人的知识有限（这类无知包括关于演化胜败的逻辑，关于人们选择某项规则的结果，关于所追求的目的牵涉到了什么因素），演化的详情并非

[13] 说明“变化”的几种可能范畴，请参见本章注 5 处的正文。

任何人能妄作价值判断的。一切的好坏价值之分，取决于选择了某一项价值或目的的群体是否能够生存延续，而不取决于这个群体或其中个人的当下目的或者信念（*CL*, pp. 35-36）。就社会秩序而言，任何一项规则在演化过程里的价值，取决于它是否有利于维系整个从特定目的抽离了的秩序，以便于无数个人追求各自迥异的目的，而不在于在特定情境下应用该规则所得到的结果有什么价值（*LLL* 2, pp. 15-17）。由于没有人能知道，个别规则乃至于整个秩序究竟要追求或可望达到什么结果，也就没有人能够引某个目的或者标准为理由，来要求更改某项规则。其实，各项价值或者伦理规则是否有利于社会的继续存在，我们最多只会有局部的了解；而环境的不断改变，也使我们无法确定一项有效的规则是否能够继续有效。社会标准必须在不断的竞争中间，不断证明自己有利于文明的发展（*CL*, p. 36）。

19 世纪的演化论者，往往试图用演化来界定是非、善恶、好坏等价值概念，或者主张将演化作为这些概念是否适用的评判标准。[14] 哈耶克在这类问题上显得较为谨慎。有时候，他似乎视演化本身为一个中立的过程，其工具价值在于促成新的可能性出现，新的调适能力得到发展，最后促成一个有动力、能进步的文明得以成形。可是这个文明理想，这种“为了活动而活动”（movement for movement's sake）（*CL*, p. 41）的想法，究竟是不是一种外在于演化

[14] A.G.N. Flew, *Evolutionary Ethics* (London: Macmillan, 1967/1970), ch. 4 对这类想法提出了很切要的批评。

论的独立理想呢？问题不在于“文明”“进步”之类概念是否具有独立于演化的固定意义，而是在于当哈耶克认为它们有其价值、足以证明自发秩序也因而有价值的时候，他所提供的评价理由（新的可能性、更成功的适应、较大的知识能力和存活机会），是否应该理解为只有在演化论的架构里才具有自明价值的评价理由？如果他要坚持演化论的妥当性与独立性，他就不能在演化过程之外另觅价值根据。事实上，如本文上一段有关无知的讨论所示，哈耶克不能承认任何独立于演化过程的价值认定。换言之，我们不得不说，哈耶克作为演化论者，逻辑上就不应该提出独立于演化过程的价值立场。[15]在这个意义上，他不以为人可以依据任何外在理想或标准来干预演化过程，乃是一项定论。为了演化论的理论融贯，我们可以说，哈耶克继承了演化论的一般倾向，不会接受用演化过程之外的价值标准来作为批评、影响演化方向的理由。

四 自由主义与演化论的差异

评价问题可以说是演化论的致命难题。一旦涉及评价问题，演化论就面对着一些棘手的概念性困扰，似乎很难解脱。举例以言之，演化过程里产生的事物，是否根据定义（“来自演化”）即是具有某种

[15] 其实，哈耶克对于自由、个人尊严等概念，当然绝对肯定其独立的价值。可是如我们后面所言，这类真正属于自由主义的坚持，在演化论的理论架构里其实找不到位子。换言之，哈耶克对于个人自由和个人尊严的坚持如果是自由主义的核心命题，就正好说明了演化论不适合作为自由主义的理论架构。

价值的？而一个事物是不是演化的结果，有没有很明确的标准？特定就自由主义所关切的议题而言，人类历史中一些与自由主义明显不符的制度，应该算是演化的结果（因此应该有其理据），算是演化的结果但是仍有理由指其为错误（根据什么理由），是否意味着我们还是拥有独立于演化论的其他标准，可以来判断这种事物并不是演化的结果？[16]

在此，我不处理这些问题；我们甚至完全不直接对演化论的妥当性有所质疑。我们只关心一个问题：面对一个“自发”形成的秩序，自由主义会取何种态度？

这个问题，哈耶克的答复是：面对自发的演化过程，自由主义当然没有必要，也没有能力去做任何事。没有必要，是因为演化过程自然会带来可欲的结果；没有能力，是因为没有人完全理解演化的机制与意义。他特别强调，任何人——尤其是自由主义者——都不可能指责这样一个演化过程的结果是否合乎“正义”，因为演化的结果并不是任何明确、具名的主体所造成的。正义概念预设了能够负责任的主体，而社会正好不是任何主体的有意创造：这就是哈耶克极有名的

[16] 诚如一位审阅人指出的，哈耶克并不认为“凡是自发演化而成的必然都是有价值的、都是好的”，也没有说演化生成的社会规则与法律就无从批判。确实，试举一例，哈耶克自己曾指出三种情况，说明为什么演进而成的法律仍需要人力立法来更正补救，其中一种情况，就是“过去的发展是错误的，结果形成了不正义的后果”，例如几种阶级不公的历史先例。（见 *LLL* 1, pp. 88–89）但是所谓错误与不正义，判断标准是从何处——演化过程抑是理性建构——获得的？这中间界线的模糊，请参见下面注 20。Chandran Kukathas, *Hayek and Modern Liberalism* (Oxford: Clarendon Press, 1989), pp. 158–159. 也有批评谓，哈耶克正好无法提出评判标准，指认什么（源自演化的）法律是恶法、不正义的法，因为依照哈耶克的定义，源自演化的法律所具备的一般性与平等适用性，直接便界定了法律的正义性格。

“社会正义概念对自发秩序不适用”的主张（*LLL* 2, pp. 68ff）。

可是我们必须再三强调，自由主义不能避开评价的问题。自由主义不只是一套关于制度之来历的理论，一套赞同或者反对某种制度安排的态度，更是一套规范性的理论，旨在为赞成或者反对某一套制度安排提供理由，最终对制度的道德妥当性提出评价。众所周知，跟其他政治立场比起来，自由主义确实更愿意承认社会各个生活领域的独立与自主，因此它与自发秩序的想法是很相近的。可是如果因此就以为，自由主义必须承认社会一切“自发”运作的结果，那就是很严重的误解了。相反，由于自由主义肯定自发秩序，肯定了市场的重大功能，不愿意借重新设计制度直接实现某种道德原则，它反而更不得不在面对自发的演化结果之时，注意这些结果是不是符合自由主义所秉持的基本道德要求。换言之，由于自由主义持有某种道德原则，并不认为人可以一本乌托邦精神将自发秩序根本地更换为某种更好的秩序，它反而更需要秉持独立的评价标准去面对自发秩序运作的结果。这个说法，可以从两方面来发挥，分别涉及（1）评价时考虑的单位，以及（2）评价时切入的角度。

第一，毫无疑义，自由主义是一种严格的道德个人主义，也就是说自由主义制度所关心的权利、利益与负担，首要是指由个人去拥有和承受的权利、利益与负担（也就是以个人为单位，不可以按照跨个人、超个人的单位——大多数人、“社会”、阶级、族群、性别——做累积、平衡、结算）。进一步而言，自由主义的个人主义，首要是一套以个人的自由与平等为基本价值的个人主义，因此如何理解个人的权利、利益与负担，也要受到个人的自由与平等这两项原则的节制。这种道德性的个人主义，会强调对个人要持有平等的关怀与尊重。此说含意之一，便是个人之间的分隔，个人所享有的效益或者福祉不可以相互取代。[17]由此，社会的福祉、公共的利益，乃至于文明的发达、新事物的出现，诚然都是有其正当性，很有其价值，甚至需要个人为之有所奉献、让步的目标。可是奉献什么？让步需要循什么样的程序进行？又有什么事物乃是个人之为个人的基本条件，因此完全不容让渡？要回答这些问题，需要一套原则性的道德理论，配合着一套关于社会基本制度的规范性理论，作为分配权利、利益与负担的张本。各种自由主义，对这套理论的构想不会一致。不过，只要自由主义坚持个人本位，坚持每个个人同样的但是又绝对不可替换的重要性，它的道德理论就必须针对个别个人的权利、利益与负担如何获得平等的关怀与尊重提出原则性的说法。

对比之下，任何一种演化论，都是以物种或者群体为演化、适应、存活或者灭亡的单位。演化的过程和结果，不仅在理论上不以个体为单位，并且个体在其中的命运，也根本不是估算演化成败的着眼点所在。这种情况之下，演化过程对于个人命运的影响，既不具有道德意义，也自然不会有从属于道德角度的考虑。因此，演化论与上述道德性的个人主义是相冲突的。自由主义只要忠于自己的道德个人主义立场，就需要先独立发展出一套有关个人基本权利、利益、责任的理论。然后，它不能不去检讨演化过程的结果，是否有什么违背这些

[17] 据罗尔斯的说法，效益主义主张个人的效益可以以集体为单位在个人之间比较和加总，即显示了效益主义忽视了个人之间的分隔而不可取代（separateness of persons）。见 John Rawls, *A Theory of Justice* (Cambridge, Mass.: Harvard University Press, 1971/1999), pp. 24–27., Will Kymlicka, *Contemporary Political Philosophy: An Introduction* (Oxford: Clarendon Press, 1990), pp. 33–35 富有启发的讨论（此书在 2002 年已有新修订版，见第 35—37 页）。

道德原则之处。演化对于个人命运的影响，在自由主义眼里，不可能是在道德上中立的；这些影响即使有演化论的坚实学理依据，甚至具有明确的演化利益、演化理由，也不是自由主义必须接受的。

这个说法，不免令人生疑：如果演化论是一种关于社会制度的妥当理论，自由主义与之冲突是什么意思？这就联系到了我们其次一层的考虑。自由主义面对自发秩序——包括市场，或者任何有自主运作可言的社会领域——这个概念，会持什么态度？如前面所言，自由主义不仅承认社会生活的领域众多，并且极为强调这些领域的自主性格。它不仅承认社会生活相对于政治权威的自主性，并且也会肯定社会各个领域之间的相互独立。换言之，自由主义对于各个领域的自主运作和自主形成的规范，只会表示支持；不会想要用某种实质的价值观去取而代之。因此，自由主义对于哈耶克的目的多元论毫无异议，也会承认社会生活不能以一种实质目的作为目标，形成一种人造秩序。对于市场配置资源的效率（效率与公平当然是两回事），自由主义更不以为有其他制度可以轻言取代，因此自由主义会尊重市场的自由与自主。不嫌夸大，自由主义大可以像哈耶克所为，赋予自发秩序和市场制度一种类似自然界规律的“天成”地位；也可以如哈耶克所言，从这种天成地位得出自发秩序没有分配正义与否可言的结论。[18] 在这

[18] 参见 *LLL* 2, p. 32, “Nature can be neither just nor unjust”。黑格尔早就提出了同样的说法：“我们不能见到占有和财产的分配不平均，便说自然界不公正，因为自然界不是自由的，所以无所谓公正不公正。”（范扬、张企泰译，《法哲学原理》，第 49 节）可是由于黑格尔掌握到了“自然所成”和“社会面对其后果”之间的分野，他对问题的认识，要比哈耶克来得细致：“没有一个人能对自然界主张权利，但是到了社会状态中，贫穷问题立即呈现为某个阶级遭到侵权。怎样解决贫穷，是推动现代社会并使它感到苦恼的一个重要问题。”（同书第 244 节，译文略有更动）

个层次上，自由主义与演化论并不冲突。

可是这并不代表自由主义对这些自发秩序或者市场的运作，不能持有批判的态度。显然，上述的自由主义规范理论，由于其高度的规范性质，必须具有独立的地位，不可能是演化的结果。[19] 相反，自由主义可以承认演化是一项事实，并且有其重大意义，但是同时又坚持用独立于演化的道德理论来规范、调整演化的结果。罗尔斯在讨论天生资质、社会位置的差异所造成的正义问题时，清楚地说明了这种态度：

> 天生的分配既非正义，也非不正义；人们出生在社会的某一个特定位置上，也没有不正义可言。这些都是纯粹的天成事实（natural facts）。可是制度如何处理这些事实，却有正义与不正义可言。[20]

推广而言，这个态度——在“天成事实”与“如何面对这些事

[19] 哈耶克不会同意这个说法；他认为，不仅对于演化结果做批评是可能的，并且必须出之以“内在批评”的形式，也就是根据演化得到的其他规则，检讨某一项规则的合宜与否。（*LLL* 2, pp. 24ff.）不过这种想法，忽略了道德反省的应然特性，也就是其独立于人类历史处境的超越性，即便道德反思本身并不外在于历史。至于这种反省立场的来源，是不是一定要靠某一种抽象的、建构出来的、普遍性的道德理论，见 Michael Walzer, *Interpretation and Social Criticism* (Cambridge, Mass.: Harvard University Press, 1987) 的质疑。社群主义者一般都会提出类似的质疑，但是必须注意，社群主义并不必然认为，对“事实”、对于社群的历史传统的产物，不需要有相对独立的批评检讨标准。另一方面，契约论是不是产生这种规范的最佳途径，当然还值得讨论。“原初情境”里能进行什么样的推理与选择，哈耶克也大可以提出知识论的质疑。

[20] John Rawls, *A Theory of Justice*, p. 102.

实”的道德意义之间有所区分——会认为，个人所承受的伤害的来源何在（无论自然或者人为），与应不应该设法防止伤害发生、降低伤害的程度、弥补伤害的后患，并不是同一个问题。[21]晚近随着基因科技发达而出现的基因伦理学，充分说明了这个分野：基因对于个人命运的影响，涉及自然界的偶然，显然没有道德问题可言；可是一旦基因科技已经能够防止或者缓和基因对于个人命运的影响，基因的偶然性虽然并没有改变，依然不构成道德的问题，人类应该如何运用基因科技，却构成了明确的道德问题。这个区分，在人类的道德态度中，居于十分基本的位置。一项“不幸”，只因为其起源在自然，就解除了人类面对它的道德责任，其实忽略了道德需要相当幅度（至少超越了自然条件）的人类主动性，才有存身余地。据此，一旦自由主义基于道德立场，认定演化的过程或结果对于个人造成了伤害，妨碍了个人作为自由而且平等的个体的权利与利益，便会要求提出补救、协助的制度设计。面对这种情况而无所作为的自由主义，业已违背了自由主义所应该坚持的道德个人主义。在这

[21] Judith N. Shklar, *The Faces of Injustice* (New Haven: Yale University Press, 1990), p. 81. 哈耶克认为，只有特定主体故意造成的事态才有“正义”与“不正义”可言，而非人力故意造成的事态，一如自然界的灾难（例如地震、风灾），只可以称之为“不幸”。施克莱书中对哈耶克有直接的批评，见第76—82页。施克莱所发展的一个一般论点甚至认为，（人为的）不正义（injustice）与（自然造成的）不幸（misfortune）之间的分野，是一种政治上的选择，而不是固定的简单规则，见第5页。这个问题，其实可以用哈耶克的区分来表达。在历史上，黑人受到非人的歧视和奴役压迫，可是奴隶制度在历史上存在久远，并不是任何人一时的有意设计的产物，是否正好属于“是人们行为的结果，却非出自人的设计”之类？那么奴隶的遭遇应该算做不幸还是不正义？难道自由主义会认为，奴隶制度不该用人力（尤其是国家的力量）加以终止吗？其实，关于性别体制、资本主义，以及其他许多我们生活在其中的制度，都需要我们警惕到类似的问题之存在。相比于其他淡化个人责任的政治理论，自由主义的道德一面，特别有助于我们提高这方面的警觉。

个意义上，自由主义与演化论不会始终同流。用演化论陈述自由主义，却正好掩盖了自由主义的这个关键的批判一面。

五 结语

本文根据自由主义的规范性质和关怀所在，对于演化论是否适合作为陈述自由主义的架构，提出了一些质疑。演化论强调演化过程的自发性格，不能接受独立于演化过程的价值标准和理想。某些自由主义者有鉴于演化论所强调的自发观念，适足以排斥政治干预以及乌托邦社会工程，于是见猎心喜，取演化论作为陈述他们自由主义的架构，完全可以理解。但本文以哈耶克为例，说明这样做是有问题的。

可是我们必须承认，哈耶克的理论，要比19世纪的演化论者复杂。除了自发秩序的理论以及演化论之外，哈耶克似乎还持有某种有关自由的道德理论，这套道德理论独立于他的演化论。[22]不过必须指出，到了思考制度的时候，哈耶克这套道德理论并没有发挥批判或者规范的作用。为了突出演化过程与自发秩序的正当性、可欲性，他并没有让他的独立道德理论发挥独立的功能。

哈耶克对此似乎有所自觉。他告诉某些忧心的读者，使用演化论陈述自由主义有其问题，因为在演化论的架构里，个人自由不再

---

[22] 哈耶克关于自由的道德理论也很复杂而引起争议，见 Kukathas, *Hayek and Modern Liberalism*, ch 5。

是“一项不可或缺的伦理预设”、一项独立的价值，而是一套有关自由社会之利益的理论所带来的副产品。他解释道，他使用演化论仅是针对尚未信服自由之价值的人所设计的论证方式（*CL*, p. 6）。可是如本文所言，自由主义与演化论之间的关系，并不只是这样的策略问题。它们两者分别位于规范与经验的层次，并且自由主义必须认定规范层次的考虑有其优先性，可以臧否、改变经验层次上的演化后果。一旦承认这一点，哈耶克也就承认了自由主义相对于自发秩序、相对于演化论，在规范意义上是具有优先性的。在这种情况之下，用演化论陈述自由主义，自然是有问题的。

第九章

多元论与美好生活

试探施特劳斯政治哲学的两项误解[1]

一 前言

从20世纪90年代以来，西方政治、社会哲学快速地引进中国大陆，构成了中国思想界的一个新生趋势。这个趋势应该如何解读，它的方向与影响应该如何检讨，都涉及了二十年来中国社会转型的文化面向，自有其重大意义，可惜着意于此的著作还未多见。其实，深入理解哪些政治哲学的议题吸引了中国知识分子，什么样的政治价值取得了较广大的认同，应该都足以见微知著，在相当程度上反映了中国知识界的政治倾向与理论视野，进一步也反映了当前社会

[1] 本文发表在《复旦政治哲学评论》，2010年第1卷第1期，第61—77页。当初邓正来先生创办该刊，邀我担任学术委员，并要求我投稿。正来兄已于2013年1月份英年去世，在此我要表达一份惋惜与追思的心意。发表之前，《复旦政治哲学评论》的审阅人提供了全面而周详、仔细的批评与不同意见，让笔者更清楚地认识到这篇文章的特色与局限，在此谨致谢意。刘擎、周保松、周濂三位学友（他们都在自己的著作中讨论过施特劳斯及其思想的是非得失）的批评与建议，我尽量在文章中有所回应，但仍然很不足，在此向他们致谢也致歉。

转型的动力、前景与所造成的不满。

在这个广阔多样的领域中，所谓施特劳斯式的古典政治哲学之进入中国大陆，似乎引起了比较多的争议。众所周知，施特劳斯主要是由刘小枫与甘阳两位先生引介到中国的。他们两位为什么要特意引介施特劳斯[2]，他们的引介是不是翔实正确[3]，这番引介的正面贡献为何[4]，都甚受瞩目。不过，更重要的问题是：他们接受施特劳斯思想的方式，是否缺乏了一分必要的反思、质疑？施特劳斯本身所引起的争议所在，主要集中在他对于西方现代性的激进的批判，以及这种批判所蕴含的对于启蒙价值和自由主义原则的否定。本文认为，施特劳斯式政治哲学的内容虽然很丰富，也能注意到西方现代性在思想上的一些缺陷与困难，但是这套政治哲学本身的概念架构较为粗糙，没有意识到它所假定的一些前提其实混淆了某些应该重视的区分。结果，

---

[2] 刘小枫本人对此曾提出三点具体的说明，见《施特劳斯与中国：古典心性的相逢》，《思想战线》35卷第2期（2009），第59—65页：为了摆脱百年来对西方现代种种主义的盲目而热烈的追求；为了检讨现代之后西方文教制度的学理基础，寻回古典的原则，挽救我们作为学人的道德—政治质量；为了摆脱以西方现代之道来衡量中国古典之道的习惯立场（这段综述里的各个字眼均取自刘小枫的原文）。水亦栎则帮他们两位解释道，“甘阳和刘小枫同时在施特劳斯那里看到了解决中国现代性危机的希望。施特劳斯帮助刘小枫重新坚定了寻找绝对的一元论价值的信心和意志，而施特劳斯帮助甘阳找到了通过研究伟大经典著作让传统重新活到现代的可能性”，《政治与哲学：甘阳和刘小枫对斯特劳斯的两种解读》，《开放时代》（2004：3），第66页。

[3] 这个问题当然值得追问，不仅因为如何诠释、呈现施特劳斯本身即是棘手的问题，更因为“如何诠释呈现”这位从古典立场——而不是从另类现代或者后现代立场——反现代的思想家，反映了中国学人本身的视野与心态。目前，似乎还没有见到研究施特劳斯思想整体的中文专书；这个情况之下，除了施特劳斯本人著作的继续翻译之外，晚近西方研究施特劳斯的几本著作，或许也值得尽快译成中文，供读者对照参考。

[4] 在他们（以及施特劳斯）的影响之下，例如引起了重视、编译和重读古典经书的热潮，或者检讨人文教育的内容，等等，都值得肯定。

这整套政治哲学的基础并不稳当。施特劳斯的政治哲学旨在重新寻找“本身即善或者对”（the intrinsically good or right），建立客观普遍的善恶对错标准。为了这个目标，他涉及了众多的议题，不过其中基础的论点可以归结到三项主题：第一，批判以历史主义与实证主义社会科学为代表的价值相对主义；第二，根据“自然正确”这个根本概念，重新确认客观、绝对意义上的美好生活；第三，从这种美好生活的概念，寻找美好政体的原则。这三项主题，在刘小枫和甘阳介绍施特劳斯的著作中都居于关键位置：虽然陈述的路径与方式不尽相同，但是从批判自由主义以及价值多元论出发，进而肯定古典政治哲学对于客观道德原则的向往与坚持，再进而提倡重读领会古代经典，最后寄望于中国古典传统协助解决中国的“现代性危机”，则大致呈现了施特劳斯政治哲学在中国语境下的面貌。[5]

于是我们读到了刘小枫以伯林为对象，重演了施特劳斯对价值多元论—相对主义—虚无主义—蒙昧主义这套环环相扣、每下愈

[5] 施特劳斯所谓现代性的危机，在西方思想史上的发展是从马基雅维利开始，历经他所谓的“三波”，直到尼采、海德格尔为巅峰。施特劳斯对现代性危机的另一种陈述方式则涉及广义的方法论，针对历史主义（以海德格尔为代表）以及事实价值二分的社会科学实证主义（以韦伯为代表）做检讨。施特劳斯对自由主义的价值多元论进行批判，乃是上述两种陈述方式的综合，似乎并不构成一个独立的议题（即使自由主义价值多元论本身也既不是一种思想史的趋势，更无涉于历史主义或者实证主义）。应该说，施特劳斯批判自由主义价值多元论，主要针对第二次世界大战后的广义自由主义文化而发，目的在于清扫路障，以便提出和展开他自己的问题。但由于“本身即善”这个概念，在今天的“话语”中只有借着排除“相对的善”才能呈现，在这个意义上，施特劳斯对自由主义价值理论的批判，在概念逻辑上又居于核心的地位：他的“善”的理论，只能是当代形式下各种思考价值问题的方式之一，与自由主义的方式相互界定。不提自由主义的价值观，施特劳斯的“自然正确”将孤悬空中，用意全失。

况的堕落史的指责[6]；甘阳则借用同样的指责，聚焦于“权利先于善”所默认的价值多元论，针对当代自由主义发展出同样的批评。[7]在另一方面，施特劳斯对于“本身即善或者对”之可能与必要、何谓“美好人生”、美好人生需要什么样的政治共同体，以及这样的政体如何构成等等问题的处理，也构成了刘小枫与甘阳论述的基础，甚且对于不少大陆学者以及学子，产生了可观的吸引力。

不过，上述施特劳斯的三项主题，原来即是棘手的哲学难题，其本身的纠结内容亟待清理（先不论历代以及今天无数思想家的铺陈经营如何众说纷纭）。在厘清施特劳斯的论点有什么预设（或者混淆）之前，我们很难确定这样一套以“反对价值多元论”以及“追求客观终极的美好人生（以及相应的政体）”为主要议题的政治哲学，是不是也有其盲点？

在本文中，我将设法指出这套政治哲学的若干盲点。我希望证明：第一，它混淆了价值多元论与价值相对论，因此没有注意到多元论与普世主义搭配的可能；第二，它对“美好人生”的理解失之

[6] 刘小枫，《刺猬的温顺：讲演及其相关论文集》（上海：上海文艺出版社，2002 年），特别见其中《刺猬的温顺》一篇，第 170—237 页。施特劳斯使用这些字眼以及它们所指的现象之间的连锁关系，见 Leo Strauss, *Natural Right and History* (Chicago: The University of Chicago Press, 1953), pp. 4–5；Thomas L. Pangle, *Leo Strauss: An Introduction to his Thought and Intellecrual Legacy* (Baltimore, MD.: The John Hopkins University Press, 2006) 的第一章的陈述更为明确而清楚，特别见第 15—22 页。刘小枫没有如此系统地陈述这套关系，不过在他的笔下，从多元论到相对论，从相对论到必须承认“我们应该怎样生活——这样的问题根本无法也无须回答”，再到“法西斯主义难道不是一种价值观点”，仿佛是伯林必须走的一条路。见上引书第 177—184 页。刘小枫居然会举法西斯主义也是一种“价值观点”来反讽伯林，倒是令人为刘先生感到尴尬了。

[7] 甘阳，《政治哲人施特劳斯：古典保守主义政治哲学的复兴》（香港：牛津大学出版社，2003 年），第 65—72 页。

于专断而简单，而若是深入追究，我们会发现施特劳斯对这个理想取得内容的条件、它在制度方面的要求，以及它与多元论的关系，都有相当关键处的误解。

二 价值多元论与普遍主义

如上所述，施特劳斯认为价值多元论乃是现代性的病灶所在，衍生了相对主义以及虚无主义等症候。[8] 刘小枫和甘阳无异议地接受了施特劳斯这个说法，并分别以伯林和当代自由主义的代表：如罗尔斯为例，指出施特劳斯式政治哲学的慧见。甘阳关于自由主义的说法有不少简化舛误，周保松先生曾经提供完整缜密的纠正，在此不赘述。[9] 至于价值多元论的问题，由于问题本身格外重要，在中文世界积累的误解也特别严重，我们正可以接着刘小枫关于伯林的讨论，检讨在一个多元时代中价值普遍主义的可能性。本文的意见是：关于伯林、关于价值多元论所牵涉的一些哲学问题，关于多元情境中如何维持普遍的道德原则，刘小枫的议论都步武施特劳斯，因此不够准确、深入。他们的一个共同盲点是：没有认清多元主义与相对主义乃分别是对于两类问题的回答，因此根本属于两个不同的范畴。

---

[8] 这个主题，在施特劳斯本人的著作中，以及写他的二手文献中，常居于最醒目的位置。请见 Leo Strauss, *Natural Right and History*, chs. 1，2，以及上引的 Pangle 书，或者 Zuckert, Catherine and Michael, *The Truth about Leo Strauss: Political Philosophy and American Democracy* (Chicago: University of Chicago Press, 2006)。

[9] 周保松，《自由主义、宽容与虚无主义》，《中国学术》第 22 期（2006 年），第 1—39 页。

要区分多元主义与相对主义的范畴差别，伯林是一个方便的例子，因此我们还是从伯林这里开始谈。

1. 伯林：一元论与多元论

一元论与多元论之辨，乃是伯林一生有如刺猬般始终关怀的“一件事”。伯林认为，这个分辨乃是西方思想由来已久的一个根本议题，到了启蒙与反启蒙两种思潮冲突的时候，它以最清晰的面貌出现了。由于反启蒙思潮的立足点之一即是文化独特性这个现象，于是普遍主义与相对主义的对比，就构成了一元与多元之争的一个重要面向。结果，启蒙运动预设了普遍主义以及一元论，反启蒙运动则针对性地对于特殊与个体，以及多元论格外着重。[10]

普遍主义与一元论似乎是很自然的搭配：诸多现象与各种理想的分歧多样只是表象，经过妥当的理解之后，它们最终可以纳入一个融贯的一元体系，而此一体系则适用于一切对象与社会。反启蒙思想家从各个方面挑战这种一元与普遍的世界观，试图凸出个人与个体文化的独特性。在他们的观点中，相对性与多元论的结合也是最自然的：分歧与多样乃是事实，真理与价值因此只能是相对的，启蒙运动那种一统融贯的绝对性要求，不啻削足适履。

综合言之，历史上的启蒙与反启蒙，分别倾向于一边的普遍主义与一元论，以及另一边的相对主义与多元论，其间争论构成了启

---

[10] Isaiah Berlin, “The Counter-Enlightenment,” in *The Proper Study of Mankind: An Anthology of Essays* (New York: Farrar, Straus and Giroux, 1998), pp. 243ff..

蒙与反启蒙的主要内容。到了今天，启蒙与反启蒙作为历史运动，虽然不再界定我们的思想争执所在，可是一元、多元、普遍、相对的纠结，却仍然是敏感重要的思想议题。从关于现代性或者后现代性的广泛争议，到社群主义、多元文化主义、女性主义、后殖民理论等特殊论的思想取向对于自由主义之普遍论所做的批判，从马克思主义的普遍历史叙事遭到冷落，乃至20世纪德国的非理性主义反现代思潮、日本的“超克现代性”思潮、今天流行的东亚论述、具有中国特色的发展道路等个别的、区域性的对普遍主义现代性的拒斥，众多思想争端，都以不同方式在经营上述的思想母题。换言之，普遍——一元与相对—多元的纠葛，今天继续骚扰着我们，而施特劳斯式的“自然正确”理想，无妨看作是针对这个纠葛的一种快刀斩乱麻式的响应。

2. 价值多元论与价值相对论

有意思的是，到了今天，“普遍——一元”与“相对—多元”这两组看似自然的搭配，正好颠倒反转了。一方面，价值多元已经构成“事实”，被看作任何涉及社会集体生活的思考都不可回避的预设。[11] 韦伯与伯林更戏剧性地视多元为世界与人生的本来面貌，认

[11] 称价值多元为“事实”，而不称它为好事，不愿意赋予它某种伦理的、历史哲学的，或者知识论的基础与评价，正是因为持此说者想要避免将价值多元论化为一种关于价值的理论，避免卷入实质性的争议。这本身是一种自由主义的价值多元论，而不是单纯的价值多元论，因为它并不与价值一元论形成对立的主张。类似的区别，请见 Charles Larmore, *The Morals of Modernity* (Cambridge: Cambridge University Press, 1996), ch. 7 所分辨的“价值多元论”与“合理的不同意”。

为其乃是价值本身的逻辑性质（即不可共量比较、不可相互化约，以及不可兼顾共存）使然。各种价值之间的抉择并无客观原则可以作为依据，从而对现代处境中的个人构成艰难的考验。其实，这个认识，在洛克谈宗教宽容、美国联邦党人谈自由必然造成朋党的时候，就已经很成熟了。[12] 价值多元乃是人生常态，而一元论（无论是试图将多样价值整体化为一个涵盖全面的“幸福”概念，或同质化为“效益”之类一元单位的化约论，或者是相信人生中各类价值可以有秩序地和谐并存的调和论）如果仍有理论的可信度，可能更多地反映了哲学家的霸气与童骏。

随着一元与多元的势力消长，另一方面，多元却不再必然与相对结盟。事实上，伯林在颂扬多元论之余，完全拒绝了（全盘的）相对主义。[13] 韦伯的多元论是不是蕴含相对主义也许尚有争论余地；

---

[12] 当然，洛克与联邦党人指认多元论之事实的时候，根据的理由完全与韦伯、伯林不同。他们正好不诉诸一套价值理论，或对于价值的“本性”有所主张。他们所根据的，毋乃是人类本身的特色。

[13] 理论上的说明请见（例如）“Alleged Relativism in Eighteenth-century European Thought,” in *The Crooked Timber of Humanity* (London: John Murray, 1990), p. 79以下，或者“Does Political Theory still Exist?”, § 7, in *The Proper Study of Mankind*。至于他自己，当他被问到“你不认为，普遍性的原则跟文化相对主义适成对比？”时，他的回答是：“不，我不认为如此。”见 Ramin Jahanbegloo, *Conversations with Isaiah Berlin* (London: Phoenix Press, 1992), p. 37。安德森指出，伯林的良苦用心在于“在不放弃道德普遍主义的条件下维护文化相对主义”。见 Perry Anderson, *A Zone of Engagement* (London: Verso, 1992), p. 245。在此需要说明，伯林并没有说一切价值都是普遍的；他会承认——没有人会否认——某一些价值确实特属于某些特定文化、时代或者个人，但是也有一些价值属于人性或者道德的要求，甚至于（如本文所主张的）构成了任何评价都需要的前提条件。因此他只反对全盘的或者极端的相对主义，并没有否认价值相对这个现象本身的时常存在。这个区分与本文的论证关系不大，在此存而不论。

可是不要忘记，对韦伯[14]（以及尼采、萨特或者类似以“抉择”处理价值问题的思想家）来说，多元情境之下的抉择丝毫不失其“存在”意义下的绝对性格（韦伯称之为神与魔鬼之间的选择，或者萨特眼里无所谓理由的“投入”），只是这种绝对抉择的妥当性无法取得普遍的（学术性的）证明罢了。但在“证明”的相对性之外，韦伯完全不会承认人的价值抉择本身只具有相对的地位——借用他在另一处的传神譬喻——“像出租车一样，可以呼之即来，挥之则去”。

这就牵涉到了价值多元论与价值相对主义的分辨。[15]首先，如果“价值相对”的意思是说各项重要的价值“一样好／一样对”，价值多元论并不会主张相对主义，因为从多元论所主张的价值之间一般而言（而不是因于文化差异等造成）的不可共量与不可共存，只能推出各项基本价值无法用一把共通的尺来度量，也无法在一个立场中兼顾，因此无法“客观”地判断其间的高下，却没有说这些价值都具有一样的价值（worth）或者一样的正当性。要得到这个意思的价值相对主义，我们得先主张“无法比较的东西就是有一样价值的东西”。但是价值多元论必须接受这种荒唐的主张吗？

伯林与韦伯有关价值多元论的陈述，集中在价值本身的逻辑特性上，认为多元乃是价值本身一种客观的事实。但是价值之无法共量与

[14] 可参见韦伯论学术与政治作为志业的两篇演讲，特别是关于学术的一篇。

[15] 以下笔者区分一般性的价值相对主义与群体（主要是文化）之间的价值相对主义，只是对“相对主义”的一种理解方式，并且并不是当前哲学界的主要讨论方式。前者主要涉及价值本身的特色，后者则涉及价值之承载者或者选择者如何关联到价值选择之妥当性；前者视妥当性系于价值本身所携带的客观性质，后者视妥当性既涉及被选择之价值的特色，同时也涉及选择过程本身的特色。

兼顾，只是价值问题的面向之一。于这个面向，我们无法从价值本身“读出”各自的相对“价值数值”，因此无法根据这些价值本身的“客观数值”去在其间做好坏、高下、轻重的比较，或者对它们进行权衡妥协。这是韦伯与伯林的主张，却不是价值多元论需要接受的唯一结论。价值问题还有另一个面向，那就是当事人与他所选择的价值的关系。自由主义主张多元论，着重的主要是这个面向。不错，价值本身无法共量，因此我们无法抽象地比较其间的高下好坏。但是作为选择者，我们并不是像技术人员一般，无所谓地拿一把客观的标尺判读各项价值的“价值数值”，然后根据这些数值做出选择；相反，从事选择的时候，我们有自己的独特的比较标准。之所以要使用某个标准而不施用另一个标准，正好有我们自己的特殊考虑，这类考虑决定了我们每一项特定选择是来自什么理由。选择不仅仅是比较价值的客观特色，同时还涉及了判断各项特色对我们个人有什么意义。不将主观的意义列入考虑，根本无所谓选择这回事。

但这不是又会陷入另一种意义下的价值相对论吗？那就是，价值判断其实是有标准的，只是这类标准内在于特定文化、社会、时代、观点或者个人，即内在于特定的选择者，不可能找到跨越这些限制的共通标准，来衡量、品评个人的价值判断。在这个意义上，每个人（文化、社会、时代，等等）的判断之间都不可能比较出是非高下，因此，价值判断的妥当性只能内在于某个范围界域，只具有相对的妥当性，根本无所谓在价值的对错好坏之间做客观的比较。[16]

---

[16] 伯林本人便主要从这个角度理解相对主义。见“Alleged Relativism in Eighteenth-century European Thought,” pp. 80。施特劳斯式对自由主义式相对主义的批评，也集中于此。

但是让我们面对上述“理由”这个概念的一项特色：一个理由，如果其妥当或者有效只能内在于产生它、认可它的那个系统，对其他系统则毫无效力，岂有可能符合我们对于“理由”的理解与期待？这种理由，与成见、偏见等无足以成为理由的“借口”要如何分辨？所谓理由，原本便旨在设法展示自己的主张有所依据，借以说服异议者，因此必然会引发他人的同意与不同意（一个说法无法引发他人同意或者不同意之反应者，也不构成理由）。而无论同意或者不同意，都表示外在于该系统的人已经在进行理解、衡量、判断，并且使用到了某种超越该系统的标准。可是如果理由的成立竟然只能内在于它所出现的那个系统，那么外人的衡量判断便也只是施用成见。换言之，这种情况下，其实没有什么“衡量判断”可言。这时候，双方都只是在重复自己系统内部的成见，实际上无所谓“理由”，更说不上合理的同意与否，当然也就没有衡量判断可言。这不啻是说：理由与成见乃是同一回事，并无分辨的可能。价值相对主义者一旦认为理由与成见并无分别，那么他所坚持的就已经不是他自己的价值信念是合理的，而是所有的价值信念（包括他自己的价值信念）都不可能是合理的。这是价值相对论的主张吗？当然不是，这是价值的不可知论，或者即是虚无主义，因为虚无主义才会主张“所有的价值信念都是成见，都不算值得推崇、信仰的价值”。[17]

---

[17] 或许这即是施特劳斯能够从多元论、相对论一路直通推到虚无主义、蒙昧主义的思路所在？但这条思路的关键，不是在批评价值多元主义，而是在于它认定“理由”这个概念无法成立，价值选择背后的理由属于蛇足，并无意义。这个几近荒唐的想法，当然不是施特劳斯所能接受的。

3. 从理由推导普遍主义

一旦从这个意义下的理由着眼，价值多元论与价值相对主义便告分家。自由主义的独特观点正是从价值问题的这个“理由”面向出发的，而不是如伯林、韦伯一般，先设定了某种价值理论。自由主义重视这个面向，是因为理由这个因素蕴含着个人选择的自主成分（而非选择的结果有什么实质特色），而自由主义必须着意维系这个自主成分。价值的意义不仅在于其客观的地位具有什么“价值因子”或“价值成分”，更在于它乃是特定人的特定选择。尊重个人，意思是说必须尊重每个人的选择的权利，也就是不以一己的好恶成见压抑对方的选择机会与选择结果。但是另一方面，由于这种尊重乃是尊重一个有理性反思能力的自主人，它还带出了理由在判断价值之高下好坏时的重要地位——自由主义相信人的选择带有评价性的理由。因此自由主义并不是仅仅坚持价值多元论；它更坚持人们要为自己的选择结果与其间的是非、善恶、高下之评价，相互提供理由。自由主义若是单纯强调“价值多元”，却忽视“理由”这个面向，那就是误解了自己的根本思路，放弃了自主性的要求。

在自由主义看来，价值多元论说的是：每个人选择的结果不会一样，因此选择所认定的价值呈现多样。但是自由主义会跟着强调，选择不可能仅只是表达当事人的欲望偏好，而是受到了理由的决定性影响：理由是选择的一项构成性因素；理由的差异，乃是造成选择之间差别的最重要因子。唯有从一项选择背后的理由，才能说明所选择的价值为什么是你真正所要的、真正有其价值；而理由也只有经过主体之间相互的交代与诘疑，才能取得其可信度，证明其妥当性。选择若是没有理由，或者其理由所反映的只是当事人的恣意偏好，那么该选择或许仍属于权利的范围，却无所谓价值，并不可能跟其他选择“一样好／一样对”。毋庸赘言，你的理由是不是能成立，是不是禁得起别人的检验，甚至逐渐发现他人的理由更合理、更高明，也就是说他人的价值选择比你合理、高明，都无法决定在先，而只能在这样一种说理过程中逐渐呈现。[18]

当然，这不是说“理由”便可以豁免于价值相对论的现实考验。理由之所以成为理由，正是不能局限于所选择的一阶价值本身的特色，而是要联系到对说理双方都成立的共通价值，理由才能发挥功能。选择者必须用对方能够理解与同意的立场，来说明自己根据什么标准或者考虑做出该一选择。通常，这种能为对方理解与同意的立场并不是一蹴可就，而是需要反复地深化与扩张，找到的标准与考虑对他人才具有说服力。但是这个过程，以及其所设定的目标，是必要而且合理的，因为价值即使多元，人们做选择却不是仅在意价值本身的内容，消极被动地受制于“不可共量”，而是有背景来由、有目的、有原因、有动机，更有当事人自己的价值取向与自我认识作为根据和脉络的。这些，构成了特定的评价脉络，其健全与合理，正好是当事人需要展现辩解的。妄想否定这些因素在评价中的角色，便根本没有理解什么叫作评价、何谓选择，以及价值之间

---

[18] 这一条思路，对当代的读者来说并不陌生：审议民主与哈贝马斯的沟通理性均以各自的方式与理论脉络，经营同一套逻辑：从某一种看似分歧的实务（沟通，或者公共讨论），借着这种实务必须预设在先的前提（哈贝马斯的“妥当性主张”、审议民主的公共理性），证明跨越分歧的可能性。

的比较如何进行。这样的结果当然即无说理的必要与可能，从而价值多元论才会沦为主观恣意的价值相对论，甚至于虚无主义。

可是显然，要让这样的价值选择及其理由有可能，便需要假定超乎一阶价值本身的理由是可能的。而这种能够针对不同的一阶价值展开“共量”的理由，岂不正指向所谓的“普遍”吗？能让两个人讨论谁的价值选择更高明的“理由”，一定超越了当事人双方自己所选择的理由；在这个基本的意义上，该理由已经具有最雏形阶段的普遍性了。当事人也许不会很快在理由上取得一致，因此他们会继续争辩，寻找更普遍（意思是说更能迫使对方承认）的理由。这种理由会跨越文化、社会、时代，等等，其普遍性也就更高。那么，有没有彻头彻尾普遍的理由？伯林认为有。他强调一种跨越文化、时代、族群等的普遍人性：他说，有一些理由我们必须拒绝，因为在“人”的意义上它们是无法理解的。[19]但在这个最高程度的普遍性之外（或者之下），价值多元论一旦设定“理由”的概念，便也设定了普遍主义的可能与必要。在这个意义上，多元主义与普遍主义乃是结合在一起的。

不错，届此只是问题的开始：我们应该对这种“理由”意义上的普遍主义再多做些说明[20]，尤其应该将它与“实体”意义上的普遍主义——也就是历史上乃至于今天以“普世价值”名义出现的各类

---

[19] 伯林曾数度表达这个论点，可是几乎从来没有加以发展，所引起的注意也不如他的不可兼容—不可比较论。可参见“Does Political Theory still Exist?”，§ §7，8, in *The Proper Study of Mankind*。

[20] “理由意义上的普遍主义”，在本书第五、六、七各章均有所讨论。

普世理想——做适当的区分。很多普世价值，表面上看来以某种超越性的，或者宗教、形而上的源头为根据，仿佛以实体的方式存在；其实，它们乃是理由意义上的普遍主义所承认的妥当理由，其普遍性足以作为最高层次的理由，支撑较低层级的价值选择。它们之所以具有这个地位，很可能如伯林所言，来自我们对于“人”的某种根本理解。但由于这个问题过于复杂，在此只能存而不论。[21]

以上的分析如果成立，无足以证明施特劳斯心目中的客观终极的“本身即善或者对”的价值观是不可能的，但足以证明，多元论不需要坠入相对主义、虚无主义。另一方面，由于多元论不能轻易否定掩盖，那么若不得不从多元论出发而仍然试图得到客观、普遍的价值判断，我们便应该循追寻理由的途径发展经营其间的结合。政治哲学完全不需要像施特劳斯一样，在相对主义、虚无主义与一元绝对主义、客观主义这两个极端之间做非此即彼的抉择。相反，政治哲学是可以同时认定多元论与普遍论的。

三 美好人生、社会正义、多元论

一旦将多元论与普遍主义结合，并且面对多元情境下的说理必

[21] 让我举一个常见（但其实极端复杂）的例子：“人权”。人权是一项实质意义下的普世价值，抑或是一项具有极高普遍性的理由？在实质意义上，人权有其特定内容，来自我们赋予人的某些特色，并且立足于特定的历史、文化基础上；但在理由的意义上，它的意思是说：“涉及每个个人最高层次利益（即美好生活）的意愿与利害，应该列入平等的考虑，并且其他的价值都要从属于这种考虑的结果。”笔者相信，后者比前者在理论与实践上都更为妥当，并且，当有人以特殊文化、政治理由来反对人权时，后者比前者更能够响应这种挑战。

要时，要求我们的价值选择满足理由意义下的普遍主义，便会产生一个状况：在任何一个时刻，我们所认定的终极价值，都还有待进一步的诘疑与理由。换言之，个人的价值认定即使在主观上具有绝对的确定性，客观上却仍然属于临时性的（makeshift），并且当事人在“投入”之余，不得不承认这种临时性格。而既然终极价值不能免于这种临时性格，那么仰仗终极价值来提供意义与价值的个人生命，又如何可望毫无疑义的“美好”呢？

1. 美好生命与个人自主

对于“美好生命”的问题，施特劳斯有明确、直接的答案：尽人之“性—自然”（nature）即臻于美好人生。[22]这个说法，在今天的规范伦理学中通称为完美论（perfectionism）。完美论认为，“性—自然”指一些内生于人性而界定或者构成人性的性质，一些使人成为人、活得像人的特质，例如某些能力或者活动；而美好人生，即系于将这些性质发展到最高的程度，让人性的核心特质得以充分实现。[23]换言之，其认为借着发展人性之中居于关键地位的某些特质，俾使人成为完满的人，充分实现人性的可能，即臻于美好的人生。而那些为了达到这个目的而需要的性格特质，便构成“善”或

[22] “The good life is the perfection of man’s nature. It is the life according to nature.” Leo Strauss, *Natural Right and History*, p. 127.

[23] 完美论还有另一种形式，同样认为某些事物或者活动直接有助于人之生命的丰富蓬勃，由此而界定了人生的是否美好。这些事物或者活动（例如文化、参与公共事务、艺术创作）客观存在，并非人性内在的成分。不过这并不是施特劳斯的思路。

者“德性”。

对于这种完美论，本文无法正面地讨论。不过对比于上述终极价值的临时性格来说，施特劳斯本人似乎也注意到，他这种关于善的说法其实是后设性质的，只是为人类求索“善”指出一个方向，并没有指出善（或者“性—自然”）的内容，因此他时常区分“拥有”真理与“追求”真理：哲学乃是“追求”，而不是“拥有”。[24]那么，他是不是会承认，上述所谓的临时性格，也适用于我们在任何一刻对于“善”，或者对于“性—自然”的认识——即使他坚持这些概念本身乃是全然客观而恒定的?

施特劳斯对这个问题似乎没有直接回答，至少他没有追究一种临时性的善观对他整套哲学的意涵。刘小枫则说到哲人与先知的不同在于“哲人的审慎悬置了对美好生活的可能性的断定”，像是也接受了某种“临时性”。[25]不过，分析来说，无论是不是认为终极价值受制于某种临时性，关于什么是“终极价值”、什么是美好人生，我们都必须承认，这两个概念还受制于另外两项至为根本的条件：一是所谓的“认可限制”，另一则为“可修改的限制”，它们都对可能的善概念形成了规定。这两种限制都涉及维持个人的自主，表面看来仅能说是“现代”的产物；可是必须注意，它们的理由并不特别局限于现代。因为“有价值的生活”这个概念本身便要求人不可能只是某种价值或者某种生活方式的容器，它规定了美好生活不可能

[24] 例如 Leo Strauss, *An Introduction to Political Philosophy: Ten Essays* (Detroit: Wayne State University Press, 1989), p. 5(即“What is Political Philosophy”)。

[25] 刘小枫，《刺猬的温顺》，第 226—227 页。

在无意识中完成。质言之，有价值的生活一定是包含着自主性这项因素的生活。结果，这两项限制迫使美好人生的概念始终保持着其临时性格。

认可限制（endorsement constraint）不难理解：任何关于美好人生的概念或者构想，无论其客观的妥当性如何无疑，都必须经过当事人自己的认可，才能取得充分的“美好”地位。换言之，假定某种人生的构想客观言之——例如根据神意、根据自然、根据科学或是历史规律——确实是最美好的，但若是无意识，或者受强迫，或者出于误解而过这种人生，比起经过当事人的理解与认同、采纳而过这种人生，其美好当然要打折扣。假定信仰某一种宗教能带来终极的救赎，换得最美好的人生，可是我却在既不明白其奥妙，又心不在焉的状况下草草接受该信仰，我能算是获得了美好人生吗？所谓“幸福的傻瓜”——人在不明就里的情况下活出了美好的人生——是不是在逻辑上就不可能？这种情况之下，是不是这个人可能感觉很快乐或者春风得意，但是他的人生仍然称不上“美好”？

至于可修改的限制（revisability constraint），同样强调当事人的自主追求这个因素，并不外在于美好人生或者终极价值之概念，而是其中的一个构成部分。“美好人生”这个概念有其内在的一种紧张性格：我在当下认定的美好人生，无论内容为何，在概念上（逻辑上）便注定不会等同于真正的美好人生。为什么？因为必须承认，并且实际容许，对于美好人生由什么构成，我们当下的想法也许有误，更可能改变想法。但这还不是重点所在；重点所在是：在一套美好人生的设想与我本人之间，谁居于优位？谁听谁的？如果我只知道（或者只能）死心塌地地接受某种关于美好人生的理念（即便假定它是完全正确高贵的），只能过这种人生，既无怀疑的动机，也没有改弦易辙的余地，我岂不是无异于该一理念的容器或者承载者，岂还有评价、考虑、选择的可能？一个在这种意义上被剥夺了选择与改变可能的生命，沦为某信念之容器或者承载者的生命，岂有可能还是美好的？在这个意义上，“美好人生”这个概念，原本就应该是临时性的；它的有待更正与发现，跟我们所认定的价值观之有待诘疑与提供理由，在含意上其实如出一辙，相互呼应。[26]

用这样高度抽象的概念分析方式，指出“美好人生”这个理想由于必须以人的自主性为其构成条件，因此必备这种暂时性格，对自由主义抱有怀疑的读者当然不会满意。笔者自己也不禁要琢磨，人类面对一项生命的理想时，终极而言究竟是“选择”抑或是“被选择”？坚持自主性在美好生活里的构成地位，“终极价值”会不会就沦为鱼与熊掌，即使崇高至极，却由人品头论足，并无终极性可言？[27]但是如果只坚持终极价值的客观与超越地位，个人的理解、判断、踌躇、追寻只扮演偶然的、外在的角色，与当事人的生活

[26] 这两个重要的论点，来源应该是德沃金。参见 Ronald Dworkin, *Sovereign Virtue* (Cambridge, MA: Harvard University Press, 2000), pp. 242–245；Will Kymlicka, *Contemporary Political Philosophy: An Introduction* (Oxford University Press, 2002), pp. 214–215。

[27] 真正具有终极地位的价值，泰勒称为“构成益品”或者“道德源头”，因于它们，生命中的美好事物才使得生命美好；它们“鼓舞与感动”我们去追求生命中的美好事物。见 Charles Taylor, *Sources of the Self* (Cambridge, MA: Harvard University Press, 1989), pp. 93–94。泰勒强调，道德源头对我们应该具有强制性，亦即对我们构成了绝对的召唤或者命令，并不容我们称斤论两挑拣取舍，至于它是内在或外在于我们则属于次要。见上书第 94—95 页。另可参见 Charles Taylor, “Iris Murdoch and Moral Philosophy,” in *Iris Murdoch and the Search for Human Goodness*, Maria Antonaccio and William Schweiker, eds. (Chicago and London: University of Chicago Press, 1996), pp. 3–28, 特别见 pp. 14–15。关于泰勒的观点，请参见本书第十章。

之道德意义并无本质上的关联，岂不是根本忘掉了这究竟是谁的人生？何况，一个人面对某种超越价值时的投入，若是没有一丝怀疑与挣扎的成分，岂不正因为缺少了即使“令神发噱”[28]但适足以表现个人尊严的一个阶段，而显得廉价猥琐？这个问题太过于棘手，更涉及了人类如何面对“超越”的议题，在此必须悬置。不过上述关于人生理想之临时性格的基本想法，对于我们的道德论述与政治论述，仍然有着可观的启发，不能忽视。德沃金曾用概念分析指出，“当下所理解、信仰的美好人生，不会是真正的美好人生”；麦金泰尔则用完全不同的分析指出，“人的美好人生，乃是用来追求人的美好人生的生命”。[29]这个想法，即终极价值与美好人生等概念，不可能是一种具体的状态，而只能是一个涉及不断追寻、学习、发现、更正等过程的暂时性结论，可能有两方面的启发。

一方面，对于向往“美好人生”、追求“人生意义”等等，且以为有现成答案“在那里”的人，上述想法是一种警惕与针砭，可以减少人类的自大与妄想。作为人类，在极其有限的条件与限制之下，期待终极价值与美好人生以完整、具体、确定的方式在生命的某一个时间点上出现，不仅如上面所论证，在概念上不可能，其实徒然反映了人类一种童稚的自大傲慢（hubris）。试想：以人类生命的短

---

[28] Milan Kundera, *The Art of the Novel* (New York: Harper & Row, 1988), p. 158; 此处引自 Charles Larmore, *The Morals of Modernity*, pp. 169–170。应该指出，昆德拉为什么说神看到人思考就发笑？倒不是因为蜉蝣想窥天地造化显得可笑，而是因为“人愈思考，彼此的思想分歧就愈大”。

[29] Alasdair MacIntyre, *After Virtue* (Notre Dame, Indiana: University of Notre Dame Press, 1984), pp.219. 刘小枫也有完全一样的说法：“哲人生活方式的美好，恰恰在于认真琢磨美好生活的可能性——思考何为美好，作为一种生活方式本身就是美好的。”《刺猬的温顺》，第 227 页。

促，加上道德能力与认知能力的有限，居然期待“美好人生”以其全部的确定性、客观性、不容置疑的地位在某个时空被我们掌握，岂不是如井蛙论天、夏虫语冰吗？我们对人生应该抱持什么样的期待？这个问题牵涉深远广泛，在此无法深论。但是上述多元论与普遍主义的结合，毕竟有助于提醒我们应以更谦虚的态度面对人生的将就（makeshift）性格，也是值得进一步参考的思路。

另一方面，上述关于理由普遍主义的理解，以及接下来指出美好人生的理想注定是将就的，又可以推导出对于社会与政治制度的要求。施特劳斯的政治哲学里，有没有这一面的思考呢？这个问题，刘小枫与甘阳发挥不多，但我们有必要稍加探究。

2. 美好人生与正义

施特劳斯很关心社会如何是最美好的，因为他认为好的社会最有利于人的成为完美。[30] 但社会或者政体如何协助人们尽其性（自然），取得美好人生，施特劳斯的分析并不是很清晰。他对于社会与政治制度诚然有明确的要求，例如他对于“什么样的人应该取得统治权力”，即有明确的说法，并赋予政体的这一面很大的意义。可是这一面与个人生命之臻于美好究竟关系何在，他并没有够明朗地交代。

---

[30] “In order to reach his highest stature, man must live in the best kind of society, in the kind of society that is most conducive to human excellence. The classics called the best society the best politeia.” *Natural Right and History*, p. 135.

无论如何，施特劳斯对于古典自然正当的诠释与重建，至少透露了他认为“正义”乃是社会以及政体最重要的德性；正义即是让每个人获得根据“性—自然”对他好的事物，而只有智者，才知道对人一般而言以及对个别个人而言什么事物是好的（因此智者应该取得权柄与权威）。施特劳斯进一步将城邦的正义表达为一个原则：“各尽自己的禀赋，各取自己之优点所配得上得到的。”[31] 这个原则，跟“尽性即为美好人生”的想法显然相通，因为从尽力实现“性—自然”以臻美好人生这个问题意识的角度来说，施特劳斯的美好人生观，注定是一种从资质禀赋（endowment）出发，以追求成就（achievement）或者表现（performance）来陈述、建构的人之概念，而禀赋、成就，或者表现一旦成为美好人生的关键面向，相应的正义概念自然就是某种以优点长处或者应得（merit/desert）为导向的正义观。

这样子的人之概念，这样一种正义观，是不是能够成立？在此，我们无意另立门户，提出与施特劳斯的正义意见对立的另一套分配原则。相反，我们希望回到问题的架构本身，正视一项在当代政治哲学中习见的区分，显示他在社会正义议题上的这种结论，应该受到挑战。

施特劳斯说，“尽性”这个要求原本假定了“并非每个人都平等地具备了足以臻于完美的‘性—自然’”，或者说并非所有的“性—自然”都是“美好的性—自然”[32]。而即便我们假定了“性—自然”的平等分布，我们也要假定其结果——臻于完美人生——不会是一

---

[31] “ …from everyone according to his capacity and to everyone according to his merits.” *Natural Right and History*, p. 148.

[32] *Natural Right and History*，pp. 134–135。

样的（例如因为教养不同），而是有高下之分的。

这样一种不平等主义，问题并不在于它主张以不平等的方式对待人，而是在于概念上的不足。不足在于它没有意识到“道德人”这个概念的独特性。只要开始从道德角度考虑应该如何对待一个人，该人就作为道德人而存在，而道德人这个身份，一定要与人的实际状况——即每个人的“性—自然”乃至于教养——有所区辨。人的道德地位、道德能力与人性的实况或者可能的发展，从道德角度言之乃是两回事：在人性上有实质缺憾的人（例如理性能力较差，或者较为怯懦、自私，又或者由于出身教养较差，追求完美的热情较淡），在很多方面或都可以归入一种“较低”的范畴，但是很难想象，在什么意义上这种人的道德地位也比较低？进一步而言，资质、成就、表现这几种面向，都属于人的事实层面；它们之中究竟有多少成分属于“道德上没有道理”（morally arbitrary）的结果——既非当事人所能负责，也因此并非当事人所应得（或者应该承受其后果），施特劳斯这套人观与正义观并没有列入考虑。相对地，若是如罗尔斯以及其他当代的自由主义者[33]，用无知之幕遮蔽这类就道德上而言没有道理的、事实性的地位与能力，找到“道德人”，从其

[33] 在这里，我要包括新亚里士多德主义者如森以及努斯鲍姆（甚至也包括马克思）等人的“运作—能力进路”（functioning-capabilities approach）。他们虽然也谈人性以及人性的运作表现、发展腾达，却是针对人的基本“像人的”生存之诸般运作，以及这些运作所需要的能力（利用和转换资源所需的能力）来谈，而不是针对实质意义上的“性—自然”的运作成果来说的。因此，他们列入“事前”考虑的资源、机会、权利范围，比罗尔斯还要深广。参见 Martha Nussbaum, *Women and Human Development: The Capabilities Approach* (Cambridge: Cambridge University Press, 2000), ch. 2。

平等的道德能力与道德地位出发，认定人的能力在于追求一己的美善人生，在于遵照正义原则与他人相处，然后追问这两项能力的运作与落实需要什么样的政治、社会，以及物质条件，从而要求社会制度要提供这些条件，显然才重视了对个人的“公平”。施特劳斯式的政治哲学只识“自然人”，屈从于“性—自然”赋予个别个人的条件，从而重视资质、成就与表现；罗尔斯式的政治哲学则正视“道德人”的存在，理解到这类条件与个人的道德权益无关，认为公平原则需要忽视它们，进而要求弥补自然与社会条件对个人的剥夺，以便提供每个人公平的生命机会。从这个角度来观察，施特劳斯式的政治哲学与自由主义乃是两种政治哲学，其间的差异很大，我们在其间应该如何选择呢?

这个问题，由于牵涉到两种政治哲学陈述问题时所使用的概念架构大异其趣，两者对人性、道德、正义等概念的基本理解相去很大，不可能有简单的答案。但是一个简单的回答方式是：假定了道德人的概念，则事前的——展开生命过程之前——平等主义分配才有可能，从而，这样的社会对于成员的生命是有平等的关怀的，每个人追求美好生命的机会是受到照顾的。如果只能“按照优点长处／应得”考虑分配问题，由于优点、长处、应得乃是成就或表现，属于“事后”的结局，则只是一种奖励或者回报，而不是对当事人的协助。这种情况之下，我们有理由说这种社会缺乏对于成员的平等关怀。这中间的差异，多少显示了施特劳斯式精英主义与罗尔斯式平等主义政治哲学的基本特色，或可作为我们在其间评价、选择的参考。

3. 美好人生与多元论

前面我们讨论过，施特劳斯对于现代性的价值多元取向极表不然；寻找古典政治哲学的“自然正当”概念，原本旨在回归一元、客观的价值系统；刘小枫与甘阳介绍施特劳斯，理论与实践的关怀也在此。不过，施特劳斯的思想，真能排除价值多元论吗？“自然正当”可以为客观、一元的价值或者规范提供基础吗？检视施特劳斯阐释美好人生这个理想时的逻辑，可以发现，从完美论的前提，他并不能推导出一套唯一的美好人生概念。

完美论问道：什么东西使人生最美好？强调“性—自然”的完美论者答复说，发展人性（或者人性中某些核心的性质和能力）到最高的程度，乃是达成这个目的的不二途径。美好的人生，即是一个人性蕴藏的潜能臻于蓬勃兴盛状态的人生。

这项要求，似乎规定了一个明确的规范或者标准，足以判断什么样的人生是美好的，或者人应该追求什么样的人生目标。但是这能得出一元论吗？显然有困难。完美论即使设定了一项明确的核心人性，也无法从这个核心人性推论出美好人生只有一种（或者一个面貌）。例如，施特劳斯指出，古典思想家视“言说、理性或者理解力”为人与动物灵魂的差别所在，因此是人性的最重要特色。[34]他从这个例子说明人应该殚思而活、追求理解，以及慎思而行。但是，从这个一元的完美论理想——若不附加其他足以服人的限定，

[34] “speech or reason or understanding,” *Natural Right and History*, p. 127.

可以推出不止一种美好生活的方式。厨师、数学家、文学家、生意人、手艺工人、战略家，岂不都在发展、运用人性中的思维与理解能力吗？何况，舞蹈者、运动者或者画家所运用的能力，不止于思维与理解，更可能包括人性中的其他能力。古典思想家当然可以为各种能力规定价值的高下，可是除非另外提供说明，这类规定并没有一定须要接受的理由。[35]换言之，如果不假定人性只有一种诠释，不假定这种诠释下的核心能力只有一种发达与实现的途径，则有资格称为“美好”的生命理想与生命面貌就不会只有一种。

其实，施特劳斯虽然假定了对人性的单一诠释，却仍然承认，一方面，人的能力不同，因此追求完满的途径不一，例如有人需要指引，其他人则无此需求；另一方面，人性本身也有杂多的内容，“好”的人性成分需要与坏的人性成分区分。他强调，依照古典思想家的看法，事实上“‘性—自然’并没有给所有人一样的禀赋向完美前进，或者并非所有的‘性—自然’都是‘好的性—自然’。……此外，不论天生的能力之差别，个人追求德性的执着也不会一样”[36]。换言之，由于“性”中间的成分因人而异，又因为意志以及环境因素的影响，每个人臻于完美的途径与程度不会一样。不

[35] 例如为什么诗人、工匠的能力，要比哲学家的能力来得逊色？此外，人类身上的一些为恶的能力，是动物所没有的，也具备了强大的力量。但是这些人类为恶的能力也是比动物的能力更有价值的吗？那你得先说明“价值”的度量标准，尤其需要设定一些道德性质的门槛。请参见下注引文。

[36] “Not all men are equally equipped by nature for progress toward perfection, or not all ‘natures’ are ‘goodnatures.’ … Besides, regardless of differences of natural capacity, not all men strive for virtue with equal earnestness.” *Natural Right and History*, p. 135.

错，这仍然属于完美论，仍然强调人性中间有客观的“好”存在，需要发展培育，但在涉及美好人生、终极价值的时候，只能“低度决定”，也就是说，只能提出一个方向，却不能规定美好人生的具体面貌与内容。在这个意义上，完美论的“自然正确”，并没有蕴含美好人生或者终极价值的一元论。

四 结语

本文旨在从两个有限的议题着手，检讨施特劳斯政治哲学的概念预设。施特劳斯对于价值多元论发动猛烈的抨击。在这方面，本文认为，他混淆了价值多元论与价值相对论，也因此未能注意到价值多元论与普遍主义搭配的可能性。这种搭配的基础在于，从理由的概念出发，可以得到“理由”意义上的普遍主义，而这种普遍主义，与“实体”意义的普遍主义是有区别的。

施特劳斯的另一个重要主张牵涉到美好生活的可能性。在这个方面，本文首先指出，美好生活这个概念与个人自主有一种内在性的关联，因此任何美好人生的构想，都有其“临时性格”。其次，追求美好生活，对于社会权利、机会、资源的分配方式自有其要求。施特劳斯一本他的完美论，从成就与表现的角度来思考分配议题，本文认为他混淆了人的道德地位与人的德性地位之间的重要分野。第三，本文进一步指出，美好生命这个概念，本身并无法巩固任何一元论的价值观；相反，美好生命似乎总是容许多样的追求与实现方式，因此它本身其实有着多元论的涵蕴。这可能是施特劳斯始料未及的一个结果。

经过如上的分析，施特劳斯政治哲学的基础看来比较松散脆弱。他无疑有一些慧见，特别对现代性的潜在危险有其针砭效应。但是他的整个立论，无论是消极的批评方面，还是积极的主张方面，如果不经过进一步的析辨与补强，不一定能够成立。中国知识分子想要从他学到检讨现代、复兴传统的经验，可能应该更为谨慎与批判才是。

第十章

如何理解儒家的“道德内在说”

以泰勒为对比[1]

一 前言

儒家思想的用心之处浩瀚，几乎涵盖了整套人间秩序与天人关系。不过它属于哲学领域的核心议题，应该说集中在理解和论证“道德的实践之可能性与条件”。针对个人一己生命去“培养德性的主体”[2]，乃是它心目中道德实践的关键一步，其下一步才涉及政治理

[1] 本文最早系在政治大学哲学系暨国科会“中国哲学与分析哲学”学术研讨会（2005年9月16—17日）上发表的论文。会后经过较大幅度的多次修订，在《政大哲学学报》上发表。几位匿名审阅人对本文提出过建议和质疑，但可惜在此定稿中尚未能圆满回应。对他们的帮助，谨此致谢。

[2] 牟宗三，《中国哲学的特质》，第11页。此书原出版于1963年，今收在《牟宗三先生全集》，卷28（台北：联经出版公司，2003年）。牟宗三著作浩繁，涉及本文主题的卷帙篇章不胜枚举。为了求简便，本文主要以此书的陈述为代表。在此需要强调：本文并不是要检讨牟宗三、徐复观、余英时几位先生的相关思想全貌，更非志在探讨儒家庞大传统的整套理论建树。本文只是想要勾勒一个儒家有关道德实践之观点的模型，然后挖掘这个模型在哲学上的见地与缺陷。这个模型本身，相对于儒家历来各家以及三位先生的思想和著作，无疑只是高度简化后的骨架；文章的结论，因此至多也只适用于这个骨架。

想以及广泛的家国、社会生活如何体现“道”的理想。在个人层面，道德实践至少应该涉及两个方面：一是如何陈述与证明、肯定相关的道德理想，二是如何将这些道德理想表现在个人的性格以及行为上。只以道德哲学作为关照的焦点，诚然是一种对儒家思想较为褊狭的理解，但是由于儒家对于道德实践的重视，说它的核心哲学议题在此，应该并无太大的争论。[3]

儒家的道德实践观应该如何理解，牵涉到对于整套儒家传统的解读，非笔者的学力所能置喙问津。不过，当代几位对于儒家传统认同较深的思想家和思想史家，出于他们所关怀的诠释视野，在这个问题上用力极勤极深，为这种道德实践观提供了相当明确的陈述和经营，值得重视、讨论。本文将根据徐复观、牟宗三两位新儒家代表人物，以及与新儒家思想或有距离的余英时的部分著作，理解儒家的道德实践观。然后，我准备借用当代哲学家泰勒的类似问题意识为对比，提出一种途径，理解儒家的道德哲学观点在什么意义上是有道理的，并探讨它的含意与限制。本文认为，这三位当代思想家用儒家传统的语言和思想史的概念架构所发展出来的陈述，有助于我们了解历史上儒家道德哲学的根本想法。不过，他们的问题意识不够完整彻底，虽然看出了儒家道德哲学在寻找什么，但这套想法的所以然——亦即脱离了历史儒学的架构之后，要如何展现其中的意思与理据——还不够清晰和深入。泰勒的著作，在一定限度

[3] 必须说明，由于儒家思想所关怀的范围涵盖极广，它其实完全有潜力发展关于形而上的、心灵的、知识论的哲学议题。不过到目前为止，儒家的哲学工作者的这种开发工作似乎还没有显著的成果。

内，或能提供一些理论上的启发。

二 道德内在说[4]：徐复观、牟宗三与余英时的诠释

儒家的道德实践观，是一套什么样的想法？根据徐复观先生的说法，儒家思想的产生，系于一个将“天命”逐渐内化为人性内在潜能的思想发展过程。自周初到春秋时代，“天命”一向被视为行为的“根源与保障”[5]：人间道德的根源，要在天地的道德法则中追求。直到孔子“开辟了内在的人格世界”[6]，认为“性”系由天所命，既命之后天道成为人之性，进入了人心／身之内，所以可以由人从内部建立道德自主性，形成道德的根源。徐复观称儒家为一种“道德性的人文主义”[7]，即意在强调儒家自孔子开始，将道德的权威或来源从天转到人的重大意义。这种想法之所以为人文主义，是因为道德的目标或规范，不必再假神、天或其他的超越权威来颁布，而是要由

[4] “道德内在说”一词，来自徐复观先生，见下文注 8。笔者曾将儒家的“内在说”译作 innerism，乃是极为勉强无奈的译法，在此将就暂用；德文的 Innerlichkeit，或许更为自然贴切。笔者的依据是牟宗三先生曾写道，内在的遥契即是“把天道拉进人心，使之内在化（innerize）”（《中国哲学的特质》，第 41—42 页）。看起来，牟氏采用这个（可能是自行创造的）英文字时，并未深究它是不是妥当的选择。另外一个可能的选择是 immanentism，不过这个字眼可能完全压抑了儒家所在意的超越源头，也容易与某些神学的思路混淆，故不取。

[5] 徐复观，《中国人性论史：先秦篇》（台北：台湾商务印书馆，1977 年三版），第 30 页。

[6] 同上书，第 69 页。

[7] 同上书，第 61 页；徐复观，《学术与政治之间》（台北：台湾学生书局，1985 年台再版），第 309—310 页；徐复观，《儒家政治思想与民主自由人权》（台北：八十年代出版社，1979 年），第 61 页。

人在一己的“天命之谓性”领域之中发现或者建立[8]：“知天命”，即“对自己的性，自己的心的道德性，拥有了彻底的自觉自证”[9]。因此，这种道德性的人文主义，蕴含着徐先生称为“道德内在说”[10]的一种想法，即道德资源内在于人的“性”。

徐复观说明儒家的“道德内在说”，分为两个方面。一方面即强调个人具备内在的能力，去设定和实践道德的善或者规范。如何证明这种能力的确存在，它又如何呈现、淹没甚至失败，徐复观并不以为是一个严重的理论问题，需要独立处理。另一方面他又强调，这种设定与实践道德价值的过程，是一种发展“自觉的精神状态”——即“仁”——所引发的“无限要求”的过程。这里所谓的无限要求，包括了一方面无限要求自己人格的建立，即“忠”，一方面对他人感到无限的责任，即“恕”。[11]徐复观的意思似乎是说：人一旦在“仁”的状态下自觉到了己身的道德可能性，自然就会／就

---

[8] 道德目标是“发现”的（已经存在才能发现）还是“建立”的（建立之后才真存在），是关于价值的两套看法，背后的人性与形上学预设也是很不同的。后文认为儒家是一种道德实在论，似乎排斥了“建立”价值的可能，认为其只能“发现”。但是，如果儒家的道德实在论确实是在实践脉络里才有意义，需要道德实践来“充显恢宏”，那么仅说“发现”显然不妥，“建立”也是其中一个成分。后文提到泰勒的“表达论”，便试图在简单的“发现”与“建立”之间，另外开辟一种思考道德目标的途径。

[9] 《中国人性论史》，第88页。

[10] 《儒家政治思想与民主自由人权》，第59页。在此有必要说明，在今天，“内在超越”或者“内向超越”之类的用词，要比“道德内在说”更为常见。本文之所以沿用旧称，主要是为了突出这是一种有关道德之本性（the nature of morality）的观点：道德即是致力于落实“天命之谓性”之原则的各项意涵。“内在超越”或者“内向超越”强调的重点，则倾向于说明如何企及道德生活所追求的价值源头。毋庸赘言，后者乃是前者最核心的一个部分，不过“道德这回事的本质”与“道德目标循何途径企及”，仍然是不同的问题。

[11] 《中国人性论史》，第91页。

会自觉有义务去发展与实现这种道德可能性。

无论如何，徐复观的陈述，带出了几个需要继续追问的问题：（1）内在的道德人格是如何构成方足以呈现其的道德性格的？例如它与各类自然的本能、人欲、自然理性的关系应该如何设想？（2）这种内在道德人格的“发展”与“实现”，又是一个什么样的过程？是已经成形只待“发现”，还是以某种形式“潜伏”而必须“培养”，还是位在两种可能性之间的某种模式？（3）这个过程所指向的道德目标、道德规则，如何确定其为正确？天道的道德妥当性似乎来自定义：天道定义上即是道德妥当的。但我们真能正确地认识、诠释天道吗？又如何确定自己或者他人心中被激发的道德意识，正是正确的，而不会出错、被误导？（4）进一步而言，这里所谓“正确”，似乎蕴含着某种标准。那么是以天道与性作为标准吗？但是如果天道与性所包含的道德目标与规范，已经明确、具体到了能够作为标准的程度，人的实践又给它们的要求添加了什么？（5）这种个人的努力的成果，与天道以及性究竟是什么关系？如果将个人的道德实践比拟作一个盖房子的过程，它难道只是某种将既定蓝图化为实屋的过程？还是说，道德实践的过程，相对于蓝图，相对于事先脑子里、图纸上的屋子理念，尚有更为积极的功能，例如厘清、界定、修改、增饰，等等？而反过来说，在这个过程里，“天”还有作用吗？人的道德成就除了彰显人性之外，还可能具有“超越”的性格吗？

针对仁以及道德内在论的内涵，徐复观在著作中前后多次加以解说，但似乎均不曾直接处理上述的几个问题。他对于儒家思想的陈述展现，确实触及了一些关键的主题，但是他所提供的分析与答案，应该还需要进一步推展。我们可以说，徐氏对于儒家的道德思想提供了一套饶富哲学启发的陈述，但是也暴露了一些棘手的、有待解答的哲学问题。

牟宗三先生尝明言，中国哲学特重主体性与内在道德性。[12] 在探讨道德实践所涉及的理想如何设定，以及如何在行为、人格上实践该理想这两个基本问题时，他虽然没有明确使用“道德内在说”这个名词[13]，但也说到了“天道的内在化”，亦即确是循着“道德内在说”的架构来发挥的。他接受徐复观有关忧患意识的说法，叙述天命、天道如何透过忧患意识“作为人的主体”，透过“敬”构成了主体性。一旦天道灌注于人身，就成为人的“性”。所以天道与性命的相贯通，即是中国思想的“中点与重点”所在。“如是自不能不重视主体性，自不能不重视如何通过自己之觉悟以体现天道。”[14] 换言之，牟宗三与徐复观一致，先提出一个由“性与天道”公式所表

[12] 《中国哲学的特质》，第 4 页。

[13] 牟氏赋予儒家这套观点的正式名称，应该即是他后来所谓的“道德的形上学”（Moral Metaphysics）[与牟氏所谓康德的“道德底形上学”（Metaphysic of Morals）适成对比]，亦即“从‘道德的进路’入，以由‘道德性当身’所见的本源（心性）渗透至宇宙之本源，此就是由道德而进至形上学了，但却是由‘道德的进路’入，故曰‘道德的形上学’”。《心体与性体》，第一册（台北：正中书局，1968 年），第 140 页。牟氏最重要的论点在于，儒家的道德形上学足以在人的道德性体、心体与宇宙的性体、心体之间建立“联系”（这是笔者暂时使用的词，避开牟氏所用的“渗透”“灌注”等更为具象的字眼）。在阅读牟宗三著作的过程中，笔者感到最困难的地方，即在于确定他心目中此处的联系，应该如何理解。无论如何，这种从人心窥天心的壮图（即“基于道德”去谈形上学，而不是像董仲舒之类基于宇宙论谈道德），涉及的棘手问题很多，其何以“可能”也有待探讨。本文旨在理解“道德内在说”的理论架构，并用泰勒的提问方式，显示这个架构需要设定一种超越的善之源头。至于道德内在说蕴含着什么样的形上学结论，是很棘手（但也有趣）的问题，却并非本文的有限架构所能探讨的。

[14] 《中国哲学的特质》，第 26 页。

达的人文主义的想法，强调个人承受天道，内在具备了道德的能力与资源，足以设定与肯定道德理想。接着，他们两位均关切这种内在的能力或者意识，如何在言行人格中“践仁成圣”，终于“体现天道”。“道德内在说”这个概念，看来是足以概括儒家一路（至少当代新儒家）关于道德实践的说法的。

身为哲学家，牟宗三对于道德内在说的经营，要比徐复观来得更为细致。[15]首先，他形象明确地将道德的实践描述作一种“遥契性与天道”的过程：人的内在道德性格，在实践中的落实或者具体显现，就构成了“遥契”性与天道。什么叫做遥契？简单地说，即是“与宇宙打成一片”[16]。复杂些说，遥契有超越与内在两种方式，超越的方式经由“下学上达”，带人“知天命”，进入对于超越的天的“敬畏”；内在的方式则将人带入一个“诚”的境界，“传统思想中高高在上的天道……完全可被人通过仁与诚去体会、去领悟”[17]。读者当然会希望看到更深入、完整的解说。不过，牟宗三此处的叙述有些混乱、零碎，在此将不再讨论。

接下来，牟宗三想要将两种遥契方式归类为两种原则。这里就

---

[15] 牟宗三的完整理论，应该见他的《心体与性体》，特别见第一部第三章，其中他试图说明，在什么意义上道德主体乃是一个“天道性命相贯通”的主体。本文的假定是，这样的主体概念陈义太高，不能作为探讨道德实践之意义的出发点或者设准。毕竟，我们为什么不能说，道德关心性命的保全与人间苦难的减少，更甚于性命能否上接天道？因此，本文将只涉及有关道德内在说或者“道德的形上学”的最低度陈述，亦即仅假定价值的客观性和道德实践的某些基本特色，要求我们承认某些超乎利害或者规则普遍性的标准。在这个限制内，牟先生的大体看法是可以确定的。

[16] 《中国哲学的特质》，第 31 页。

[17] 同上书，第 41 页。

涉及了道德实践与“性与天道”之间的关系，值得进一步分析。

牟宗三分别用“客观性原则”与“主观性原则”，称呼两种“遥契”性与天道的方式背后的原则。从他的叙述中，我们大致可以推知，他认为客观性原则注重天道的独立自存与自足，作为某种形上学的实体存在，并不需要借任何人格性的机缘去与人心接壤；主观性原则则强调，内心道德感在践仁的过程中上达天德之际，还有其积极的功能，对道有着“充显与恢弘”的贡献。[18]牟宗三借用“人能弘道，非道弘人”（主观性原则）以及“天行有常，不为尧存，不为桀亡”（客观性原则）两条古训，生动地说明这两种原则的强烈对比。

这种更具体的说法，促使我们重复前面针对徐复观所发的问题：（1）人的道德实践与道或者天命的关系，若如牟氏所言至为密切，究竟应该用什么样的概念来分析和描述？人性的道德资质与其道德意涵，除了仰仗儒家传统中的天命说法之外，有没有其他的途径来陈述和确定，特别是如果“天命”这个概念已经逐渐失去了意义的时候？（2）道德上“善”的目的与“对”的规范，人是如何发现或者设定的？它们的善与对，是根据什么标准而言？性与天道在什么意义上提供了这种标准？（3）进一步而言，人的道德实践，对于性与天道好像是有贡献可言；但所谓“充弘”——即“充显与恢弘”——是什么意思？牟宗三曾用基督教的神作为“道”，将耶稣作为人格来彰显为例，说明主观性原则。但是这个自有其迥异的神学思路（道成肉身以及耶稣为人类赎罪）的例子，真能帮助我们理解

[18] 《中国哲学的特质》，第46页。

儒家另树一格的道德内在论吗？

人的道德实践，要用什么方式“联系”到天所代表的价值源头，余英时先生的论述，提供了另外一种理解的途径。不同于徐、牟二位，他并没有使用“道德内在说”或者“道德的形上学”这样的名称。不过，他用“内向超越”[19]说明儒家的价值观所具有的价值特色，与徐、牟二位的理解是有相通之处的。余英时将问题具体、清晰地界定为“价值的来源问题，以及价值世界和实际世界之间的关系问题”[20]。中国文化与西方文化均认定价值的源头是超越性的，不过，中国文化追求价值之源的努力是向内而不是向外的，也就是“内在／内向超越之路”。道德意识内在于人性，其源头虽在天，但是其实现则落在心性之中。余英时根据内在超越与外在超越这一对概念，在中西文化之间做了别有见地的区分，构成了他很知名的一套说法。这套说法至少在结构上延续着徐、牟二位的思路，一方面从源头着眼，强调“性与天道”的承接关系，强调个人承受天道，内在具备了道德的能力与资源，足以设定与肯定道德理想。接着从实现着眼，这种内在的

[19] “内在超越”的说法，熊十力、唐君毅、牟宗三几位先生都早有发挥，但这个概念当初是如何出现的，笔者并没有去追索源头。余先生原先使用“内在超越”一词。后来由于常有人用西方神学的“immanent transcendence”观念来理解附会，引起了许多争议，他遂改用“内向超越”（inward transcendence）。见沈志佳编，《中国知识人之史的考察：余英时文集第四卷》（桂林：广西师范大学出版社，2004 年），第 24 页注 14。针对儒家思想使用英文的“inward transcendence”一词，似乎首见于 Benjamin I. Schwartz, “Transcendence in Ancient China,” *Daedalus*, Spring, 1975, p. 63。他是在 Karl Jaspers“轴心时代”的“哲学突破”脉络里谈这个问题，见他为 *Daedalus* 该期所写的导言。余先生曾数度引用该期的讨论。

[20] 余英时：《从价值系统看中国文化的现代意义》，收在余氏著《中国思想传统的现代诠释》（台北：联经出版公司，1987 年），第 7 页。

能力或者意识，如何在言行人格中“践仁成圣”，终于“体现天道”，构成了中国思想的主线，余先生也做了详细的举证叙述。

余英时指出，中国思想史上有过许多关于人的道德本性的论证。不过，这类哲学或者科学的证据居于次要的地位。“古今无数道德实践的实例已足证明人是天地间唯一具有价值自觉能力的动物了。”[21]余先生于此强调道德实践默认着人的价值自觉能力，是为了联系到“中国人认定价值之源虽出于天而实现则落于心性之中”，从而说明为什么中国思想家会认为，“向内”借着尽心，居然可以达到追求价值之源的目标。余先生追溯各家关于“心”与“道”的关系的见解，确定了“超越性的‘道’已收入人的内心”。因此，“道的唯一保证，就是每一个知识人的内心修养”[22]。对于余英时来说，这种关于道德实践的独特思路，在中国思想史上已经经营得很深，其实际影响也弥漫在中国的社会与文化之中。他的关怀在于描绘这套思路的面貌，展现其思想史乃至文化的意义，甚至于对比出中西价值系统的差别；至于这种思路在哲学上如何厘清和证明，尤其是其成立的条件是什么，都并不是他的关注所在。

三 道德内在说的两个前提：天道的地位与道德实践的意义

到此为止，根据上引三家的说法，历史上儒家的道德内在说的

[21] 余英时，《从价值系统看中国文化的现代意义》，第 20 页。

[22] 见《中国知识人之史的考察：余英时文集第四卷》，第 20—22 页。

基本想法，似乎可以总结为几个命题：

一、人类透过忧患意识的启发和感动，意识到天道乃是一己道德生活的目的与典范，亦即意识到自己有能力与责任在行为与意向上追求、体现天道。人之成为道德人，具备道德能力，起自这种意识。

二、这种意识代表天道进入了人性，甚至构成了人性里的某些成分，亦即天道所标举的道德目标和道德规范，不再是一个彼世的超越理想，而已成为人性里的潜在成分。亦即道德所要求的事物“内在”于人性／人心。

三、因此，对于天道的追求并不是（例如像基督教那样）全盘地贬抑和放弃自我的心与性，而是认识、彰显人性之中由天道所灌注的那些因素。道德生活即在于透过修养和言行，将这些因素表现出来。道德生活的意义，因此即在于借着道德实践，将天道从潜在状态化为现实。

四、道德实践的深重意义，在于个人可以借这个过程与天道“相契”，其中包括对于天道的认识，而天道亦得以借这个过程获得“实现”[23]。

---

[23] 晚近有关儒家“内在超越”论的讨论，不仅以上所引的徐、牟、余三家。不过这些著作，多是对前两位或者三位的响应或者发展。其中较为重要的包括了汤一介，《论儒家哲学中的内在性与超越性问题》，收在张颂之编，《二十世纪儒学研究大系，卷 12，儒家哲学思想研究》（北京：中华书局，2003 年）；冯耀明，《当代新儒家的“超越内在”说》，《当代》第 84 期（1993），第 92—105 页；李明辉，《儒家思想中的内在性与超越性》，收在李氏著《当代儒学的自我转化》（北京：中国社会科学出版社，2001 年），第 118—136 页；刘述先，《对于当代新儒家的超越内省》，见刘氏著《当代中国哲学论：问题篇》（新泽西：八方文化企业公司，1996 年）；郑家栋，《“超越”与“内在超越”：牟宗三与康德之间》，《中国文哲研究集刊》第 17 期（2000 年）等相关著作。这里面，冯耀明先生的文章属于例外，以熊十力先生为主要对象，提出了较为严格的哲学批判。

这几个命题所共同呈现的一个道德视野，应该说有其独特、丰富的内容，非但不应忽视，并且值得深究。不过一个首要的疑问殆为：这个道德视野要如何借说理去证明？这套图像是不是妥当的（valid）？为什么我们不得不接受它？必须承认，上列三家的说法，基本建立在特属于中国文化与历史的某些面向上，是不是仅具有一时一地之文化传统的意义，尚有待分析和厘清。在儒家的脉络之外，“天命”与“心”、“性”的存在与意义，今天看来已经并非自明，要它们承担重任，陈述、支撑这样一套道德视野，固然捉襟见肘；即使在儒家的门墙之内，天命与心性该如何理解，也并非自明之理，亟待概念性、哲学性（而非局限于思想史、学术史）的澄清。事实上，关于道德价值的起源和性质，关于人类道德现象的解释，东西哲学家（不谈社会科学或宗教）是有其他很不同的说法的。那么儒家这套说法，何以能自许为相对而言更高明、更准确？其他的说法是不是足以挑战儒家？总而言之，一个善意（并且等待说服）的怀疑者，有什么理由一定要接受这套说法？

这些问题都很复杂棘手。在本文中，笔者仅希望去理解两个相关的问题。第一，有关天道的假定，为什么是必要的？离开天道的概念，道德这个概念（以及实践）是不是就无法自圆其说了？如果天道本身以及它所代表的宇宙性兼道德性的价值与规范，对于“道德”这回事而言是必要的，它们可能具有什么样的存在地位？——例如牟宗三所谓的“形上学的实体”，是有意义的吗？第二，个人的道德实践，与这种“道德的源头”有什么关系？天道何以必须要借着人的道德实践来求自身的实现？——例如牟宗三所谓的“充显与恢弘”，又应该如何理解？

天或者天道的存在方式，本来属于纯粹形上学的议题，并不是我们的——也不是儒家的——直接关怀所在。而关于道德价值（或其源头）的存在地位[24]，可能是由于一向被视为当然之理，新儒诸家对此的经营也不多见。其实，就道德内在论的理论逻辑来说，天道所蕴含的道德价值与道德要求，并不需要被当作一个形上学问题来看待。它所要问的问题并不纯粹是超越的天本身是否存在，而是按照儒家方式所理解的人的道德实践，究竟需要预设什么超越性的源头，以及“天”这个概念的内容，能不能妥当地担任这种源头的角色。上面引述的当代三家学者的说法，多少验证了这才是问题所在，即使他们本人大概不会把“天”的存在视作犹待推证的项目。[25]能不能够回答这个问题，决定了我们能不能够为儒家的道德内在论，找到一套有说服力的陈述方式。

值得注意的是，这种提问方式，显然将“道德实践”或者道德

[24] 所谓“道德价值”或者“价值”，在中国哲学的讨论里，所涵盖的范围远远超过了近代西方道德哲学意义下的狭义“道德”范畴，而包括了广义道德性格（包括伦理、精神、文化性格）的价值。另一方面，它可能同时指具有客观价值的伦理理想——亦即实质性质的“有内在价值的事物／行为”，例如天、道、性、仁、君子等，以及主观意义的“好的／值得的（worthy）”评价，例如各种符合上述事物／身份所要求的言行、性格、制度等。不过，我还未能精确掌握这中间的差异分野，暂将此议题存而不论。

[25] 例如牟宗三在《中国哲学十九讲》（台北：台湾学生书局，1983年）第五讲中即强调，儒家是“基于道德”而谈形上学和宇宙论，而不是基于宇宙论来谈道德。又例如余英时明白指出：“中国人从内心价值自觉的能力这一事实出发而推出一个超越性的‘天’的观念。但‘天’不可知，可知者是‘人’。所以只有通过‘尽性’以求‘知天’。”（上引《从价值系统看中国文化的现代意义》，第42页）以道德实践揭露天道——或者说天道借人间的道德实践方可“实现／成全”自身——的含意很复杂，请见下文关于“表现论”的讨论。

生活推到了核心的位置：我们必须分析道德生活，方可了解天或天道的含意。但是“道德实践”这个概念又应该如何分析？要回答这个问题，需要先说明“人所从事的道德生活的各种表现，需要如何描述和诠释”。儒家传统在这个问题上的思考很丰富，上引三家也都提供了足以参考的说法。不过化繁为简，儒家关于道德实践的看法，独特处似乎并不仅在“内向”的追索（例如内心修养、诚意正心、主体性，等等），而更在于这种追索乃是朝向——在“质”的意义上——成为更“好”的人（亦即借着内向追索在己身实现某些价值）。这种想法，亦即在质量的意义上理解道德实践，而不仅是根据利害（效益主义），或者根据普遍法则的遵循（康德主义）去看道德实践，应该说是儒家思想的一项特色，但是儒家或者非儒家的评论者，在这一点上似乎还没有充分发挥。倒是当代西方哲学家泰勒所发展的分析架构，虽然完全出自于他自己的理论目的，却有助于分析儒家道德内在论所提供的道德图像，值得取其相关的面向加以整理，作为理解儒家观点的参考。如果泰勒有助于我们将儒家道德思想的“知其然”进一步转成哲学上的“知其所以然”，泰勒与儒家的对观，就或可免于生硬比附之讥了。

四 泰勒如何处理这两个问题

泰勒的一个关键想法是：道德生活的内容不仅涉及“什么行为是对的”（what it is right to do），更要涉及“什么样的人生是好的”（what it is good to be），进一步要追问“爱慕什么才是好的”（what it is good to love)。[26] 由于他关切这三套问题之间原本紧密而不应切断的关系，试图恢复后面两类问题在道德哲学中的核心地位，他在分析道德生活的时候，一反近代伦理学重"对"避"好"的倾向，试图证明实质性的价值或者"善"，在构成人之身份、在道德思考与道德判断两个方面，都有很重要的角色。他的分析，因此涵盖了三个主题：

一、个人（human agent）生活中比较重大的判断与决定，必然牵涉到了什么实质性的价值因素？

二、这种以价值因素为本的评价性格的思考，对于整体人生的操持有什么关系？在道德思考与道德实践中扮演什么角色？

三、就整体人生来谈的价值，最后要由什么为基础来建立？

针对第一个主题，泰勒发展了他的"强评价"（strong evaluation）理论。他认为，要说明人类的选择以及判断，必须正视这种选择与判断并不是抽离脉络、机械地运用既有的某种形式规则，更不是由主观的偏好或者欲望的强弱来决定，而是必然涉及了评价，并且这种评价是"强评价"，也就是超过了直接的好恶感觉之强弱程度的比较（这种仅诉诸欲望与偏好本身强度的评价只构成了"弱评价"），进一步根据是非、对错、好坏、高低、贵贱等"质量的差别"（qualitative distinctions）而做分辨的评价。我们时时将这种评价施用于欲望、行为、人品，等等，对它们在价值（worth）面向上做出

[26] Charles Taylor, *Sources of the Self* (Cambridge, MA: Harvard University Press, 1989), p. 79. 有关这三组问题的关联，以及泰勒检讨近代道德哲学（效益主义、康德）如何陷入只重"对"、忽略"好"的"单轴道德"（single-termmoralities），最为详尽的论述，请见 Charles Taylor, "Iris Murdoch and Moral Philosophy," in *Iris Murdoch and the Search for Human Goodness*, Maria Antonaccio and William Schweiker, eds. (Chicago and London: University of Chicago Press, 1996), pp. 3–28, 特别见 pp. 7ff.。

区分判断。在这类判断中，认为一件事物有价值，并不是由个人的欲望与偏好来决定的；人类不是因为想要获得一件事物而认为它有价值，而是因为认定它有价值才想要得到它。换言之，由于这种评价具有先于欲望或偏好的地位，对欲望与意图等，它才能够赋予不同的价值；各种欲望、选择之间遂有了质量的分辨，从而行为、动机才取得了高低、上下、贵贱的价值（worth）分辨，成为抉择与判断的评价性理由。换言之，人的抉择与判断绝对不是只有欲望的主观强弱程度可以列为根据。

我们立刻可以问：儒家有没有类似的想法？抛开细节不论，几乎可以确定的是，儒家当然不是一套规则伦理学，排斥实质利害与价值的考虑，仅以形式条件作为选择与判断的依据。儒家也不是效益主义：在各类欲望与偏好之间，它不会采取中立的立场，不做道德质量的区分，在欲望选项之间只看强度或偏好获得满足的程度。相反，儒家所从事的选择与判断，一定是强评价性的：它具有强烈的道德质量差别观点，不仅行为以及动机要论高尚与低下，德目有高下深浅之辨、人品也是分得了道德等级的。在此我们无法详细举证，但是儒家的道德内在说应该包含着“强评价”的概念，殆无疑义。

如果强评价的概念确实掌握了人类实践生活的一个基本面向，那么泰勒就有理由去说，道德判断与道德实践之所以有可能，是因为各类实质价值扮演着重要的角色，并且这类价值在品质上有评价性的区分。经过了这样的分析，接着的问题就是这类价值应该如何理解？这类价值如何会经由道德实践，使我们在“质”的意义上成为更“好”的人？

首先，我们应该追问，质量的区分以及强评价意义下的价值，在人类的道德思考中发挥了什么样的功能。泰勒的想法可以分为两个方面来说明：道德实在论以及价值的层级论。

第一，在元伦理学（meta-ethics）的方面，泰勒认为他证明了道德实在论。关于价值的存在地位，他区分道德实在论（realism）与道德投射论（projectionism）二说，历史上前者以柏拉图或者基督教为代表，认为道德价值或其源头有其独立、超越的存在，并非人类所能创生操弄；后者则包括了各种近代的“自然主义”（即将道德化约为心理、社会、文化等因素的副产品，其中包括了情绪论）以及新尼采主义和后现代主义，认为道德价值与道德信念不过是某种人类主观的偏好，或者是“自然”因素、“自然”活动的反映，因此说不上独立的存在。[27]这二说在历史上都有极大的势力，可是泰勒认为，一旦证明了道德信念、道德价值寄身于道德生活中“强评价”这项至为基本、关键的活动上，并且是道德实践的前提，你就必须接受它们的独立存在，方能说明人类道德生活的这个面向。换言之，泰勒在这里所施展的是一种先验论证（transcendental argument）：他自许已经证明了用质量差别的观点来理解的价值乃是道德生活的先验条件，故而在“质量的分辨有可能”这个实践性质的前提之下，这些价值乃是实在，或者应该说必要的。[28]

---

[27] Charles Taylor, *Sources of the Self*, ch. 3. 读者也可以参见一个较为简要的版本，即 Charles Taylor, “A Most Peculiar Institution,” in *World, Mind and Ethics: Essays on the Ethical Philosophy of Bernard Williams*, J.E.J. Altham and Ross Harrison, eds. (Cambridge: Cambridge University Press, 1995), pp. 132–155。

[28] 这一段文字，试图尽量简短地总括泰勒相关想法的大体轮廓，定然失之于粗糙。不过泰勒这些看法，在他的主要著作里多次发挥，是他思想的主调，并不很容易综述。

儒家所设定的道德价值以及这些价值的源头，显然不是属于投射论的。儒家不可能认为价值仅表达了或者仅反映着个人或者人类的态度或者偏好，儒家显然认为，道德价值具有某种独立于人类选择的必要性，标举着某种理想的人性，并非主观的态度与偏好所能左右。此外，儒家认为个人的道德成就乃是由“努力”而得到的，不是自然随性即能发展、呈现的，因此有其特殊的意义与地位；这也足以说明道德价值的地位，超越了个人的倾向与意志向往。那么儒家的道德实在论特色何在呢？与柏拉图和基督教很不同，儒家强调在人的道德实践脉络里谈天道的实现，而不是单纯设定一个超越的天道领域，作为道德追求的目标。换言之，儒家的实在论，需要有所限定。儒家大概会说，道德价值显然并不是物理宇宙时空中的项目；假设这个宇宙根本没有人存在，因此也就没有道德的考虑存在，还有天道以及它所蕴含的要求可言吗？[29]这个问题，纯粹的道德实在论会如何回答，在此暂时不去追问。不过，实践领域中的“必要”，意思应该是说，这种实在性格具有指点个人道德实践的权威含意。

其次，强评价以及质量的差别这个概念，蕴含着价值的层级之分，进一步也彰显了价值层级体系的多元。一方面，根据质量的差别做评价，预设着一个高一个层次的价值标准。这个标准之所以被采用，去判别各个选项的质量高下，说明了它在价值上要“高于”这些选项。而这种比较，进一步又预设着另一层上的价值标准，如是

[29] 这个问题借自 *Sources of the Self*, p. 56。

直到泰勒称为“最高价值”（hypergoods）的一种终极价值。另一方面，由于个别人等乃至于个别文化、社会所实行的强评价的判断各行其是，这种由终极价值所界定的价值系统，也会呈现多样的面貌。价值体系的这种多样，甚至会同时在同一个人身上形成冲突。泰勒谈到，康德、哈贝马斯甚至于效益主义等“隔离”（segregating）式的道德理论，虽然承认价值多元，却试图将道德评价与价值问题“隔离”出来，避免价值多元妨碍到以普遍性为本的道德的可能性。亚里士多德的“整全”（comprehensive）式道德理论，则试图将多元的价值包容在一个层级完整的价值系统中，避免价值的冲突。泰勒自己想要另辟蹊径，既强调价值构成层级体系，但是又强调这些体系之间的本质性的、不可共量的冲突，是他的思想的一个重要特色。[30]

如前面提到的，儒家的道德实践观，无疑也具有层级的想法：行为、动机，乃至于道德的成就，可以根据一个层级式的标准判定高下。但是儒家显然不会接受这种层级系统可以有多个，甚至于可以由道德主体来选择和发现。这个问题，我们稍后会再讨论。

道德价值的实在地位与层级性格，带我们回到了上述泰勒的第二个主题：这种道德思考，如何牵涉到了个人的生命整体，牵涉到了我是什么样的一个人，而不只是涉及个别判断或者行为的对错；也就是说，牵涉到了“美好的生活”（the good life）的议题。

泰勒强调，强评价在各项选择之间所展现的质量的区分，意义并不局限在供个人做个别的选择与决定时的参照之用，更在于协助

[30] 这个问题比较复杂，请见 *Sources of the Self*, pp. 63ff.。

个人寻找一己的价值信仰，界定一己准备认定什么样的生命是有价值的，是值得自己去活、去实现的。一旦你认定了某一件事、某一种理想具有较高的价值，你就不可能再合理地说，你不想自己的生命做到该事、尽可能体现该一理想的成分。对价值的认定，其实便是对于一己生命中价值的认定——这个想法，在价值与理想生命或者美好生活的概念之间建立了关联：美好的生活，是由某些在道德质量的区分中具有最高地位的价值所界定的。因此，对于当事人来说，肯定这些价值、追求这些价值，使自己的生活尽可能地接近这些价值，并不是随心所欲的选择，而是一种必要，一种强制，构成了个人的一种义务。[31]

泰勒的这种思路，用个别的道德判断与实践中所展现的价值标准，加以逐步地对比和排出高下，最后认定某些最重要的价值，作为界定整个人的道德成就的标准，是不是也是儒家的想法呢？儒家的某些德目，特别具有这种界定理想人生的功能。在泰勒的思想中，由于这类价值界定了什么叫作美好的生命，对于生命之所以为美好有所贡献，所以他称呼它们为“生命益品”（life goods）：它们乃是理想生命的构成成分。他举的西方思想史上出现过的例子，包括了自由、利他、普遍的正义；又例如自主的理性，日常生活的圆满，普遍无私的慈善[32]，还有勇气、虔信、本真，等等。理想的美好生

[31] 参见 *Sources of the Self*, 2.3；另外见 Charles Taylor, “Leading a Life,” in *Incommensurability, Incomparability, and Practical Reasoning*, Ruth Chang, ed. (Cambridge, Mass.: Harvard University Press, 1997), pp.170–183。

[32] *Sources of the Self*, pp. 93, 322.

活，即是包含或者体现了某种这类生命益品的生活。儒家的仁，应该便是典型的生命益品。

不过泰勒继续追问，这类生命益品的价值，又是如何建立的？为什么生命中体现了仁，或者自由，或者慈善，即有理由称为美好的生命？他认为，在生命益品的背后，还需要设定一种“构成益品”（constitutive goods），即“使生命益品成为益品”的价值。他从西方思想史举出来的例子，包括了柏拉图的善的理型、犹太基督教传统的神、亚里士多德的具有理性话语能力的人、康德的自主而理性的个人，甚至于以存在主义式的孤独面对荒谬世界的个人。泰勒强调，这种构成性益品之所以必要而且重要，除了要借它们说明各类价值信念的根基所在之外，更要借此指出，构成益品具有最高的地位，它的作用不只是说明为什么某一项生命益品能使生命变得美好、有意义，更在于它有力量鼓动、召唤人们的追求；由于它的重大价值，令人对它产生爱慕（love）。他用“赋权”（empowering）一词，表达这种价值理想构成了人们追求理想人生，甚至于超越人生而对更高的超越性价值向往、尊敬、追求的动力。泰勒称它们为“道德源头”（moral sources）。

回到儒家的思想，“天”是不是正是一种“构成益品”或者“道德源头”呢？确实，排除了天道的概念，为什么“行仁的生命乃是理想的生命”，为什么行仁构成一种使命或者“当仁不让”的义务，似乎很难得到说明。但深一层的考虑还在于，正如泰勒所强调的，人们之所以会去追求、向往一种人生的理想，需要对于这种理想有一种尊敬（respect）或者敬畏（awe, Achtung）的意识。[33] 因此，像“天”这样的超越设定，是有其必要的。但必须注意，天之所以能够扮演这种角色，表面的理由在于其超越性，但超越性格所带来的效果乃是敬畏，这才是实际的理由。这种道德动机并不是当事人所能选择、谢绝的；相反，当事人感到自己是被挑选、召唤、命令的。在这个意义上，儒家需要天的概念殆属不争，可是此一事实另有出于道德实践本质的来历，至于和儒家思想的时代、宗教背景或者其他文化因素的关系，反而并不是那么重要。

必须承认，泰勒这部分的想法，会令习惯于近代西方哲学思路的读者不知所措。他提出了一个假定（即“道德源头”之说），靠这个假定，人类的道德实践（包括其“可能性的条件”和动机）似乎才可以得到比较完整的说明；因此，这个假定是有必要的。可是这个假定本身的合理，似乎只是先验论证推导的结论，而道德源头作为动力，又似乎预设了某种具有宗教气息的道德心理学。两种情况之下，道德源头说的涵蕴是什么以及妥当与否，用近代哲学重简约、重世俗的眼光来看，都很难断定。

在这里，泰勒有关道德实践与道德源头之间关系的说法，需要认真看待，方足以掌握道德源头说的真正力道。他对于道德实践的理解，有一个至为独特的取向，那就是将实践理解为“铺陈与厘清”（articulation）。换言之，道德实践有助于铺陈与厘清道德源头：道德源头的存在与特色，并不是概念分析所能指认与说明的一种现成

[33] *Sources of the Self*, p. 94.参见Charles Taylor, *Philosophy and the Human Sciences: Philosophical Papers 2* (Cambridge: Cambridge University Press, 1985), p. 240。

事物，而是要借着人的道德实践，才能塑造、厘清其真正的面貌。说得简洁一些，泰勒的一个关键想法是：道德源头要借着人的道德实践才能出现、成形。

如上所述，泰勒（以及儒家）界定问题的方式，都是在道德实践的脉络里，探讨道德生活的条件。而我们已经知道，泰勒认为强评价在各项价值之间所默认的质量的分辨，是道德生活的这种条件之一。泰勒也告诉我们，这种质量的分辨，终于揭示了必须设定一套“道德源头”。这些，都是一系列以道德实践为前提的先验论证所演证得到的结论。但是泰勒另外也强调，道德实践本身，其实正有一种功能，可以厘清、发现、塑造、丰富这类道德实践所默认的价值。他的意思是说，道德实践并不仅是一种将已知其详情的、既定的道德观点付诸实行的活动（或者说，并不是将已经成形而明确的质量的分辨应用于个案）；这样的活动称不上道德实践，只是律法式的操演而已。其实，现实中每一次的道德判断与决定，都等于让当事人一己的价值观受到一次厘清、考验和检讨修正；道德实践的这项特色，殆为人类道德情境的常态。不过泰勒所用的论证，则涉及自我诠释（self-interpretation）的辩证性格：他认为，道德实践乃是一种追求“价值”之实现的过程，涉及了当事人如何诠释自我的动机和各种价值的主观意义[34]，因此势必需要往复地试探、补充、厘清、修正乃至于发现一己道德生活中“质量的分辨”所默认的各项

[34] 他早期使用的字眼是“意义的赋予”（import-ascription），例如 Charles Taylor, *Human Agency and Language: Philosophical Papers 1* (Cambridge: Cambridge University Press, 1985) 中的第二章，特别是 pp. 47–59。

价值。在笔者的理解中，这套运作至少包括了三个成分：第一，道德追求“善”与“对”的实现，盼望善与对成为一己言行甚至一己正身的特色。可是由于“善”与“对”这类价值概念的逻辑特色使然，对于道德实践来说，必然需要在“当下认定的善与对”与“经过当事人反思确认的善与对”之间有所区分：任何当下认定的价值，都有待当事人确定是真实的价值。[35]第二，当事人本身的信念也有待检验：我在此刻为一己的选择所提供的价值性理由，是不是我真正理解、愿意去认定的理由，需要借由实践的过程逐渐发现、修正与厘清，让我自己有修改、调整的机会。第三，这类价值的内容究竟是什么，它们的意义及涵蕴是不是获得了充分、完整的呈现，也需要借着具体的实践过程来检测。实践的结果可能令我憬悟，原先的目标并不是我所真正向往的目标；我可能仿佛大梦初醒，发现了一套此前我所不知不识的价值，才是真正召唤我的“道德源头”。换言之，道德实践其实是一个借由反思一己的道德选择，而去厘清和发现一己真正的道德理想的过程。就这类道德理想而言，这个过程正是一种泰勒从早期到后期都很重视的“铺陈厘清”（articulation）的活动。经由道德实践，真正鼓动我们、支持我们所作的质量的分辨——因此真正具有“善”与“对”之地位的最高价值，才可望逐渐浮现和成形。

在这个意义上，超越而实在的构成性益品，正需要道德实践来

[35] 这中间的区分及其涵蕴（自主性以及反思性），是很重要的概念性议题，见 Will Kymlicka, *Contemporary Political Philosophy: An Introduction* (Oxford: Oxford University, 2002), pp. 215–217 的说明。

逐渐呈现。其实，不仅在构成层次，即便在生命层次以及一般的道德判断和道德抉择的层次，“价值”（或益品）都处在一个经由“铺陈厘清”来修改与成形的过程中。在这个意义上，价值是实在的，但不是既存固定的、凝固的，而是随着道德生活逐渐发展演变的，需要由道德实践来充实、落实、证实的。上述有关构成性益品的内容之不确定性，从道德实践的这一层功能来理解，应该就不算是泰勒的分析失败，而是有待进行的“工夫”。

那么，回到前面引牟宗三“充显恢弘”时面对的道德实践与道德源头的问题，“铺陈厘清”是不是即是儒家所谓“充显恢弘”的意思？经过实践过程的发现、诠释与增补修正，天的含义才告摆脱了初始之时的含混、试探性格，逐渐取得了明确的内容与真实的地位。如果我们用“铺陈厘清”去理解儒家的实践观，儒家是不是可以接受？

五 表达论与多元论：泰勒如何与儒家分道扬镳

从笔者有限的阅读来判断，新儒家的徐、牟二位以及并非新儒家的余英时，并没有针对儒家的道德内在说发展过类似的哲学分析。对于道德价值的必要与超越地位，以及“内在”出发的道德实践的重要涵蕴，他们并没有提出如上述一套比较明确的说法。当然，这个情形无足以证明他们不能另辟其他途径，或者借镜泰勒，证明天道这个设定的必要与实在，说明内在道德实践如何增益或者“充显恢宏”天道。这个工作，或许正是今天新一代的儒家思想者应该致力的。其实，泰勒的先验实在论，以及借实践铺陈、厘清价值的说法，由于始终不忘在人的道德实践的脉络里思考道德问题与自我的问题，儒家或许会觉得格外亲近。但是，还有另一层次的考虑，又说明了儒家关于道德实践的想法是有其前现代思考模式的局限的，与泰勒属于现代脉络的理论有所抵触，值得我们注意。不过，由于这里所涉及的两个议题，已经超出了本文的主题范围，在此只能简短地提及而无法深入讨论。

首先，如果我们接受泰勒的启发，将道德实践视作“铺陈厘清”，那么进一步可能必须追问：这种道德实践所预设的“自我”，需要具有什么样的特色或者结构，方足以在道德实践的过程里进行“铺陈厘清”？泰勒在他有关自我概念的探讨中曾经指出，自我一如价值，同样不具有先天的固定形貌，而是处在一种与价值相互“构成”的关系之中。我们所追求的价值，构成了自我的正身，部分回答了“我是什么/谁”；但是我的自我意识、自我的期许与抱负，也部分地决定了一己生命里居于关键地位的价值是哪些。这种相互构成的关系，显示自我与价值并不是既定既成的，而是在这种互动过程里逐渐成形的。[1]泰勒曾用“表达论”（expressivism）一词来形容这个交互关系。[2]它极其类似艺术家的创作过程。画家胸臆之间的模糊意念，随着作画的过程获得具体的表达；但这是一个双向的过程：画家经过努力将意念在画布上具象表达的过程之后，方得以更明确地认识到自己原先意

[1] 请见他收在 *Human Agency and Language: Philosophical Papers 1* 第一部分的几篇文章。

[2] 请见 Charles Taylor, *Hegel* (Cambridge: Cambridge University Press, 1975), pp. 13ff.。

念的真相与不足，从而有机会修改、调整原先的意念。换言之，在表达论的模式下，自我与价值都不是事先完整存在的，而是需要经由道德实践逐步界定自我、界定价值。这种自我，是一个在实践过程里逐渐成形的自我。不用这样一套模式理解自我，而是将自我视作某种固定的实体，道德实践也无法被理解作一种“铺陈厘清”的努力。

儒家能不能接受这种理解自我的模式？在进一步探讨之前，我不敢确定。但是，儒家可能会在一个方面遇到困难：表达论的自我模式，蕴含着价值与自我的多元论。既然表达论预设的自我与价值都处在一种浮动不定的状态，因而表达的方式也必须属于“个人化”，即随着个人的初始浮动状态而展开表达。这样摸索的结果，是不是能获得一致的价值认定与自我认定，显然并没有保证。在表达论的前提之下，你不能提出一个固定的人性概念或者一套固定的价值体系，认定人的实践即在于落实这些道德理想。换言之，由于表达论允许个人在价值与自我均属于未定的情况之下进行追寻，那么追寻的结果难免是多样的，甚至于可能是身处的时代或者文化所无法接受的，被视为错误、失败的。表达论是一种人性论，但是表达论所产生的自我与价值，并不是“人性”这样的类属（generic）概念，而是高度个人化的“正身”（identity）与“价值观”（conceptions of the good）这样的个体概念。儒家是不是准备接受这种结果，从而容许有关圣与仁的多样、个人化的诠释，答案并不明确。[3]不过，如果不接受表达论，那么道德实践又是什么样的一种活动，且依然要能有助于天道的充显恢弘，可能还要费思量。

六 结语

儒家的道德内在说，在价值的实在论，以及道德实践的积极功能两个议题上，提出了自己的观点。徐复观、牟宗三、余英时三位，在这方面的重建贡献值得研读与重视。不过，如何证明这两项观点，他们的说法从哲学建构角度来看显得不够深入与完备。本文认为，针对儒家的道德学说，他们描述、看出了一些很重要的哲学立场，可是他们的论点要能有系统的呈现，进而独立于特定的文化、历史前提证明其妥当，泰勒在相近问题上的思考架构值得参考吸纳。泰勒对于道德实在论的界定，儒家应该可以采纳，并无问题。关于道德实践对于价值之“铺陈厘清”的贡献，泰勒所提出来的说法，儒家也可以参考，进一步丰富儒家有关“人能弘道”的基本信念。但

[3] 当代儒家学者之中，刘述先先生对于现代世界的多元论趋向最为重视和肯定，也相应地深入思考了儒家对于多元论的看法。见《“理一分殊”的现代解释》，收在刘述先，《理想与现实的纠结》（台北：台湾学生书局，1993 年），第 157—188 页；《“理一分殊”的规约原则与道德伦理重建之方向》，收在刘述先，《全球伦理与宗教对话》（台北：立绪文化公司，2001 年），第 203—229 页。刘先生用理一分殊原则处理多元论时的考虑，主要似乎在两方面：克服相对主义的威胁，以及在世界各大文化传统之间建立共通的伦理。可是就这些目的而言，并不需要假定实质意义下的“理一”：一些高度抽象的形式原则或者程序原则，例如罗尔斯的“合理”概念或者公共理性概念，又如刘先生所举的“人性”原则，似乎即足以建立社会层面（尤其在跨文化层面）的合作秩序。话说回来，价值多元论本身即是一个复杂而且暧昧的概念。因此，在刘先生阐释之下的“理一分殊”原则，与多元论的分合关系，还需要进一步厘清，并不适合在此用一个脚注妄加议论。

是本文也担心，这样理解道德实践所蕴含的表达论的自我观本身，以及这种现代自我观所带来的价值多元论，是不是新儒家所愿意接纳的，尚待进一步厘清。当然，儒家的道德内在说，还涉及了其他的关键议题。这些议题能不能与泰勒的思想做有意义的比较，本文并没有定论。

第十一章

伯林论历史与个人[1]

一 前言

自由主义关心个人安排一己生命的权利与能力，强调每个个人因其道德地位故不可取代，一方面坚持每个个人都是一样地重要，没有人是他人的工具，另一方面拒绝用超越个人的范畴去涵盖、吞噬个人的地位与利益，将个人化为集体力量的工具。在规范理论的层面，自由主义对这些主张做了大量且有说服力的论证与经营。

可是从宏观的角度来看，个人与周遭环境——尤其是社会与历史——的关系应该如何设想？个人当然不可能独立于历史与社会；相反，个人的生活、选择与行动必然需要社会与历史作为资源、脉

[1] 本文曾在北京清华大学国学研究院主办的“以赛亚·伯林与当代中国”国际学术研讨会（北京，2011年3月10—12日），以及东吴大学哲学系主办的“人文、价值与实践”学术研讨会（2011年8月24日）上宣读，最后发表于《新史学》23卷第2期（2012年6月）。

络和对象，是在其中发生而不是位在其外的事件。所谓个人自由，因此始终笼罩着由社会与历史来决定的阴影：个人生命的剧本并不是由自己所撰写；相反，他似乎是历史掌中的傀儡，由历史所操持、使用、捉弄。另一方面，在考虑历史的演变时，个人的意义似乎也显得可疑：历史的内容与变化，真的是由个人的选择与决定所塑造的吗？要理解历史，非需要透过个人的意志与活动吗？个人在历史中真能扮演有意义、有效应的角色？还是注定徒劳无用？

由于个人与社会、与历史的关系如此暧昧不清，自由主义推崇个人的规范理论往往被视为空想，与社会、历史的实际真相脱节。事实上，历来的社会理论与历史理论，确实不乏忽视、甚至于直接贬抑个人意义的倾向。面对这种情形，自由主义要如何回应？[2]

在20世纪中叶，冷战方炽，适值“历史与个人”的关系这个议题显得格外尖锐的时候，伯林发表了数篇演讲、书评与文章，挑战当时流行的几种社会观与历史观，维护个人在社会与历史中的自主地位。[3]伯林一生所介入的争论不在少数，不过论规模与激烈的

---

[2] 自由主义究竟能否发展一套关于历史变迁的系统观点？波兰尼说出了许多人的感受：“自由主义哲学最夺目的失败在于它对变迁问题的了解。”［Karl Polanyi, *The Great Transformation: The Political and Economic Origins of our Time*（Boston: Beacon Press, 1957）, p. 33.］这个感受正确吗？自由主义的确无法提出任何用单一或者少数原因、原则来化约陈述的历史理论。不过，自由主义仍然相信历史构成了一个有意义的整体，人类的绵延发展说得上是改善与进步；但是这种改善与进步并不是能够预知与规划的。这个议题很复杂，在此只能存而不论。

[3] 当时几位所谓的“冷战自由主义者”，面对马克思主义历史理论的挑战，对历史的性质与历史知识的可能性，都写出了重要的著作，伯林、阿隆（Raymond Aron）与波普尔（Karl Popper）是三位具体的例子。米勒（Jan-Werner Mueller）曾指出，第二次世界大战后，西方政治思想界出现一种“追求确定性”（quest for certainty）的趋势，美国实证主义式的社会科学，以及施特劳斯、沃格林的古典理性主义，虽然背道而驰，却都是这种趋势的表现。官方（转下页）

程度（以及带给他个人的谤誉与困扰），这场关于历史的争论相当值得一提。他关于自由的两种概念的论点引起的争议虽然既广也久，不过局限在相对而言较为专业的政治哲学的范围。可是关于历史的争论，时间上从 20 世纪 50 年代初期一直延伸到 70 年代，涉及一些当年最有影响力的史学家，并且多数的争论是在文化刊物甚至于大众媒体（例如收音机节目）而非学院学报上进行，对公众的影响更为显著。[4] 在这些著作之中，主要有三篇论文专门探讨历史之性质以及历史学之性质。[5] 不过由于本文所关切的问题是个人

（接上页）马克思主义历史唯物论，当然更可以归于此一范畴。冷战自由主义者的一个基本取向，正是要挑战这个趋势，但他们所发展的“对不确定的确定”（certainty about uncertainity）母题，主要的用意还是在批判马克思主义。见 Jan-Werner Mueller, “Fear and Freedom: On ‘Cold War Liberalism’,” *European Journal of Political Theory*, 7 (1), 2008, pp. 45-64，特别是 p. 52。伯林对历史决定论的批判，乃是他一生对一元论理性主义的批判的一个部分，固然可以放在冷战这个时代背景里了解，但是其思想史关怀的大背景应该更宽广地来看，不必局限在战后冷战时代。

[4] 这场争论相关的大量文献，在中文里可以参考林慈淑下列两篇文章所提供的丰富数据，不另赘引:《以撒·伯林的史论: 从观念史的思考到决定论的批判》,《台大历史学报》第 36 期（2005 年），第 357—406 页;《伯林与史家论“道德判断”：兼谈二十世纪英国史学的若干发展》,《台大历史学报》第 38 期（2006 年），第 219—270 页，尤其见后一篇。这两篇文章关注伯林的史学观点与其他英国历史学家的互动，旨在为伯林在英国史学传统与历史哲学的传统中寻找位置。对于本文所关注的核心议题——个人如何介入历史，分析与探讨较少。

[5] “Isaiah Berlin, ‘Historical Inevitability,’ ” (1954) in *Liberty*, ed. by Henry Hardy (Oxford: Oxford University Press, 2002), pp. 94-165; 中译本见胡传胜译《历史的不可避免性》，收在《自由论》（南京：译林出版社，2003 年），第 104—185 页。“The Sense of Reality,”（1953）in *The Sense of Reality: Studies in Ideas and their History*, ed. by Henry Hardy (New York: Farrar, Straus and Giroux, 1998), pp. 1-39; 中译本见彭淮栋译，《现实意识》，收在《现实意识》（台北：脸谱出版，2004 年），第 37—80 页。“The Concept of Scientific History,” (1960) in *The Proper Study of Mankind: An Anthology of Essays*, ed. by Henry Hardy and Roger Hausheer (New York: Farrar, Straus and Giroux, 1997), pp. 17-58；中译本见钱永祥译，《历史是科学吗？》，收在康乐、黄进兴主编，《历史学与社会科学》（台北：华世出版社，1981 年），第 1—55 页。下文中引《历史的不可避免性》一文时，括号内数字指英文版页数，引中译本页数时则另有注明。

与历史的伦理关系，我将不理会有关历史学之性质的知识论问题，而是集中根据《历史的不可避免性》一篇，来探讨伯林如何理解个人在历史中的自由。

伯林身为自由主义者，自然希望为个人在历史中的自主与有效维持一份空间。他的努力有其意义，可是也显露出了一些限制。本文拟整理伯林的想法，进而指出他的不足之处。我将设法显示，伯林根据我们的道德意识所预设的关于“人”的了解，再三申论历史必须容许个人的自主选择与作为具有实际的意义，但是由于他所理解的个人选择只是施展消极的自由，未能考虑个人的选择其实预设了评价性的主体对于社会环境与历史条件的认知、评价与互动，他对于个人与历史之间关系的理解是简化的。个人与历史的互动既不需要否认历史、社会力量的独立、客观与真实，又不应否定个人面对历史时的主体地位。伯林从道德语言与道德直觉的常识观点，将一切强调历史影响个人的理论都称为决定论，追求一种能够全然独立于历史环境的个人空间，反而使他无法看出个人介入历史的方式其实更为复杂。

二 伯林论如何借历史推卸个人责任

伯林的历史观的特色在于，他在原则上便反对历史有正面、实质的“理论”可言。他的理由在于一种后设性的看法：由于人类具有多元创造以及因应变化的能力，历史并不具有某种单一、确定以及规律的面貌。[6] 可是伯林并未将这项后设看法予以铺陈发展，也没有说明这种看法预设了什么样的个人与历史的关系。除了批评各类他认为对历史的错误看法，他并没有正面去论述历史是什么样的一回事；他所做的是描绘人们（尤其是历史学者）如何理解与描述人的现象，其中包括了对于历史人物与事件的理解与描述应该如何进行，然后指出这种实务预设了什么样的历史观。如果这种历史观受到挑战，那么挑战者便有责任去改变人们（以及历史学家）在实务上理解人事的方式。可是这牵涉到的工程太巨大，几乎得改变人们整套的概念架构与叙事所必须用到的道德语言，而这在概念上是几近不可能的。伯林想要由此反证，历史必须符合我们习用的道德语言与评价实务；与此相悖的历史观乃是荒谬的。

这显然是一种较为消极的论证途径；我们谈历史的时候之所以使用这样的语言与概念，背后其实预设了某种对于人与历史关系的特定理解，伯林却并没有去深入探讨这种关系。

在伯林的眼中，历史是由个人的活动所构成的，而只要是人的活动，对其了解与叙述就必须涉及个人的动机、目的、选择。可是一旦将这些特属于人的因素列入考虑，则一定会带出责任如何归属的问题；进一步，只要有责任可言，就不免要做价值的判断评价，也就是认为当事人的作为是应予谴责的或者是可以推崇的。自由、

[6] John Gray, *Isaiah Berlin* (Princeton, NJ: Princeton University Press, 1996), ch. 3. 伯林对历史的看法，可以参见 James Cracraft, "A Berlin for Historians," *History and Theory* 41 (2002), pp. 277–300; Ryan Patrick Hanley, "Berlin and History," in George Crowder and Henry Hardy, eds., *The One and the Many: Reading Isaiah Berlin* (Amherst, NY, Prometheus Books, 2007), pp. 159–180。

责任、评价，构成了理解人的行为的基本架构，有其概念上以及道德上的必然，不容弃置。

伯林用这个理解人之活动的基本架构，来说明历史以及史学的特质：既然历史是由个人的行为与经历所构成，任何历史观就必须容许（1）个人的选择自由以及由此而来的责任归属，以及（2）由责任所带来的评价之必要。根据历史的这两项“可能性之条件”，伯林要驳斥近现代欧洲思想家，尤其是他当时某些英国史家对于历史评价的否定或者规避。这种否定与规避，主要出之以三种形式，即历史决定论、人力无效论，以及将评价相对化的价值相对论。这三项议题，构成了伯林关于历史的后设讨论的主要内容。[7]

《历史的不可避免性》一文，是伯林批评历史决定论、人力无效论，与价值相对论的主要著作。该文的结构相当松散凌乱[8]，但大体

---

[7] 伯林的问题是：“历史中对个人的评价如何可能？”——这个问题所问的其实是三个问题：1. 个人的意志与选择真是自主的吗？抑或是由外在、超个人的历史力量所决定的？依照伯林的用语，在本文中称此为“历史决定论”。2. 历史的内容与变化，真的是由个人的选择与行为所决定、塑造的吗？要理解历史，必须透过个人的意志与活动吗？抑或个人在历史之中根本无法扮演有意义、有效应的角色？在本文中我们称此为“人力无用论”，不过伯林本人并没有使用此名称。3. 针对历史中的人与事所施加的评价，是客观、普遍的？抑或只具有一时一地或者主观的意义？在本文中，称此为“价值相对论”。由于本文主要关切的是个人在历史中如何具备自由，而不是价值判断所涉及的后设知识论问题，在本文第二部分，我将只处理前面两个问题。前面两个问题的关系是什么呢？我认为历史决定论蕴含人力无用论：如果历史规律决定了人的意志，则历史自有其规律，无待人力介入。可是人力不能影响历史，并不代表历史自有规律：例如后现代主义史观可以主张历史并无定律，但是人也无力影响历史。

[8] 这篇文章原本是伯林于1953年在伦敦政经学院的“孔德讲座”上发表的一个演讲，原题为《历史作为不在场证明》。据说这次演讲冗长凌乱，并未获得肯定。演讲时的狼狈情况，见Michael Ignatieff, *Isaiah Berlin: A Life* (New York: Metropolitan Books, 1998), pp. 205–206；事后的余波荡漾以及引起的冲突火气，参见David Caute, *Isaac and Isaiah: The Covert Punishment of a Cold War Heretic* (New Haven: Yale University Press, 2013), ch. 5。后来他将讲稿改写成文章，在（转下页）

上可以分出针对历史决定论（2—3节）以及针对历史中的价值判断问题（包括人力无用论与价值相对论两个问题）（4—6节）两个面向。由于伯林用“历史的不可避免性”为题涵盖三个主题，而“历史决定论”一词，可以同时指“历史决定自身的发展”与“历史决定人们的选择与行动”这两方面的“决定”，全篇文章并没有清晰地分辨历史决定论、个人的无效论，以及价值相对论三种排斥价值评断的立场之间的关系。由于这篇文章中问题意识的逻辑结构不够明晰，笔者将根据自己的理解分节讨论这三个不同的问题。

1. 历史决定论

伯林沿袭一般的说法，把历史理论分为“人力的”（personal）与“非人力的”（impersonal）两类（98—102）。[9] 他指出，所谓“人力的”理论，认为历史是由特定个人或者由不特定的大量的个人的意愿与目的所决定。这类理论认为，历史学家的责任在于透过个人的意志与行为解释历史。但有许多历史观，试图对历史做“非人力的”解读，也就是用各种在人力之外或者之上的因素，说明事件的发生以及历史的进程。这类史观相信，历史有其秩序（patterns）、规律、结构或者趋

（接上页）1954年出版。这篇文章的长度比《自由的两个概念》多了二十页。在笔者看来，即使以伯林习见的烦琐雕琢文笔来说，这篇文章的行文也显得特别堆砌冗长，结构很散乱，所举的“决定论”思想的例证也经常难以服人。伯林曾将文章单行本寄给保守派史学家纳米尔，对方的响应是“你一定是非常聪明，才能了解你在写什么”。（上引Caute书第66页）

[9] “人力的”与“非人力”的两词，并不是很达意的翻译。伯林所着重的是人（甚至于人格神）的意志是否介入，一套历史理论如何看待人的意志与其作用。至于这里的“人”（或者人格神）是单数抑或复数，是以什么形式介入，则属于次要。

势；历史背后一定有某种非人力的、超越人力的客观、稳定的因素或力量在作用，历史才不至于沦为凌乱的事件之堆积，而是具有明确的因果关系，呈现了清晰的意义，从而显示出这类秩序。这种非人力史观，伯林整理出了三个主要类别：目的论、形而上学、以及科学主义，并且对其做了冗长、详细的解说（104—109）。它们都认定，所谓说明一个历史事件，就是将该事件纳入某个一般性的程序之下，作为该一般性定律、秩序或者力量的个例。说明一个事件，其实就是回答以下问题对目的论而言："它（的发生、内容与结果是）为了实现什么不变的目的？"；对形而上学而言："它（的发生、内容、与结果是）由什么不变的秩序所决定的？"；对科学主义："它（的发生、内容、与结果是）由哪个原因造成的？"尤有进者，用这种说明方式，不仅陈述了事实的来由与真相，也对于事件进行了"证成"，也就是显示事情不仅是如此这般发生，并且是因应某种客观的道理而应该如此发生。由此进一步，就会产生评价的效果：凡应该发生的事情就是对的、好的；而企图违逆该非人力因素的影响，则是错的、坏的（110）。

这些非人力史观，伯林统称之为"决定论"；照他的说法，所有的决定论都一致主张：

> 世界具有某种方向并受规律支配；通过运用适当的研究方法，这种方向与这些规律在某种程度上是能够发现的。更进一步，只有那些认识到个体的不管是精神方面还是物质方面的生活、性格与行动受他们所属的更大"整体"支配的人，才能把握这些规律的作用。正是这些"整体"的独立演化，

才构成所谓的“力量”（forces），而根据这些力量的方向，真正“科学的”（或“哲理的”）历史才能被阐明。要发现特定个体、群体为什么以这种方式而不是以别的方式行动、思考与感受，人们必须首先寻求理解这些“整体”的结构、发展状态与方向，如个体所属的社会、经济、政治与宗教制度；一旦整体被认知，个体（或他们中最具代表性者）的行为就几乎能够逻辑地推导出来，而不构成一个独立的问题。（114，参见110；中译文经修改，第127页）

各种决定论理论所设定的事物或者力量（“整体”）是什么不一而足：伯林随手举出的例子包括了“种族、肤色、教会、民族、阶级，气候、灌溉方式、科技、地缘政治的位置，文明、社会结构、人类精神、集体无意识”（114）。

可是决定论必然会消除个人对于世间事件的责任：

如果世界历史起因于可以辨别的力量的作用，而不是起因于自由的人类意志或自由选择（不管它们有没有出现）或没有受其影响，那么，必然要根据这些力量的演化，才能对所发生的事情进行合适的解释。于是就存在这样一种倾向，说并不是个体，而是这更大的实体，要负最后的“责任”。（115；中译本第128页）

既然事件的发生是由外力所造成，“必然而且无可避免”，那么个人当然无法或者无需对于世间事件负责任，从而对人的行为作赞许或者谴责都不可能，或者都无必要了。换言之，决定论这种针对个别行为者取消责任与评价的结果，乃是伯林的关怀焦点。伯林强调：

> 这里我不想说决定论必然是错误的，而只想说，我们无论在言说还是在思考中，都没有把它当作是真的，而且难以设想（这也许超出了我们正常的能力）。如果我们认真地相信它，我们关于世界的图像将会是怎么样的。（122；中译本第136页）。

十几年之后他补充道：

> 我唯一争辩的是，对决定论的信念是与那些深嵌在我们普通人与历史学家的正常言说与思考中的信念不相容的……（21；中译本第24页）

他解释说：设想一个决定论的宇宙，其困难不会亚于设想一个没有时间维度的世界，或者设想世界的空间具有十七个维度。为什么这么困难？因为在一个决定论成立的世界里，既然个人无力作自由的选择、决定，对他们自然不能认真地做道德评价，加以指责或者褒扬，也不能设想事件可能会有不同的发展，或者汲取历史的教训。结果，人类所熟知的整套语言体系与概念架构都得调整或者抛弃。伯林认为这是不可能的。

伯林承认，虽然决定论与我们所预设的对于人类的理解与想象相枘凿，因此应予抛弃，但它仍有助于提醒我们，人类自由的幅度其实有其限制，能够真正由自己选择的范围很小，许多内在、外在、先天、环境的因素在决定我们的行为，人类自由与责任的范围也随之收缩。很多时候，我们只是出于无知，以为历史人物具有足够的自主性，于是妄想对历史人物或者事件进行评价。事实上，非人的因素在历史中的确具有庞大的影响力，不仅限制、影响了个人的选择与决定，甚至限制、影响了我们去看历史时所使用的价值标准。换言之，伯林在指出决定论与人类习用的道德语言与思考架构冲突之后，也承认决定论有其警告的功能。不过，在申论过决定论无足以否定人类的自由之后，对于人类在历史中的自由、责任与评价，尚有来自另一方向的质疑需要他处理，那就是质疑个人是不是真有能力负责任，历史学家是不是真有能力作价值判断。这质疑又分成两类，一类较为特定，或可取名为“人力无效论”：在这里，伯林用当时英国两位重要的历史学家卡尔与巴特菲尔德为对象，处理他们对于历史判断的质疑；另一类则是更一般的价值相对论，即主张个人——尤其是历史学家——受制于更大力量的支配，历史判断中的价值概念只能具有主观、相对的妥当性。

2. 人力无效论：卡尔与巴特菲尔德

人力的无效论与历史决定论之间，有什么样的逻辑关系或者概念关联呢？伯林为什么要在一篇表面上谈决定论意义下的“历史的不可避免性”的文章里，用可观的篇幅来谈这里称为“无效论”的一种观点？那是因为，从不同的方向，出于不一样的理由，无效论与决定论都反对历史评价；它们从不同的方向，一致地否认个人对自己的言行可以负责任，可以做明确的对错分野。决定论借用外在非人的力量否认个人的自由与责任；无效论则从个人面对历史时的有限、无知与无力来否定个人对历史要负责任。但是个人的无知与无力会有不同的呈现方式，伯林用当时英国史学家卡尔与巴特菲尔德来做代表。他与这两位史学家缠斗已久，自然不忘在这篇演讲中加以批评。[10]

伯林用“知道得太多”与“知道得太少”来分辨卡尔与巴特菲尔德在责任问题上的态度。所谓知道得太多，预设了外在决定论的基本观点，意思是说身为史学家的我们，对于当事人行为的环境与因果因素知道得越多，发现当事人的行为受到环境、因果等非人力因素决定的程度越大，就越不会、不敢对其言行做价值判断。在这个意义上，知识解放人，因为知识使人摆脱了责任的拖累。

另外一种反对追究责任、反对评价的观点，理由却是人“知道得太少”。意思是说人的认知与价值观都只是一时一地的一得之见，历史人物如此，历史学家的判断能力也是一样，只是偏狭局部的。卡尔一方面指出知道得越多越了解人之有限；另一方面则指出人实际上正是无知而有限的，即使当事人（以及历史学家）总会以为自己的看法所根据的是普遍性的原则与价值，但人们的见识与理由实

[10] 伯林与卡尔的争论，见 Richard J. Evans, “Introduction,” in E.H. Carr, *What is History?*, 40th Anniversary Edition (Basingstoke: Palgrave, 2001), pp. ix–xlvi; 此书（包括该导言）在台湾以及大陆各有一个中文译本。伯林与巴特菲尔德的争论，见 C. T. McIntire, *Herbert Butterfield: Historian as Dissenter* (New Haven: Yale University Press, 2004), pp. 251–252。也请参见本章注 4 所引林慈淑的两篇文章。

际上乃是由时代、阶级等因素所笼罩、规定的，适用性是局部的、有限的。这种情况下，我们的眼光受到特定阶级地位、特定权力关系、特定时代的社会结构所决定，只能从局部看事情，不可能形成客观的理解与评价。我们知识的有限，决定了成见永远在作祟，评价所表达的永远是成见。既然评价只是成见，并没有任何普遍的意义，那么当下为人们所普遍接受的评价，只可能是胜利者、得势的阶级的价值观（132）。伯林认为，卡尔最后从不可知论滑到了一种从结果回论历史的成王败寇理论。

另一种“知道得太少”的看法，伯林取自巴特菲尔德。出于基督教的立场，巴特菲尔德认为“人的难局”——由于人的软弱、自私、虚荣与无知等形成的处境——使然，渺小而无知的个人虽然表面上似乎有意成就什么，其实只是惊涛骇浪中的一根稻草，对于事件根本没有能力去控制，因而很难要人类为自己的言行负责。即使历史学家，也不要以为自己有能力去了解历史的复杂与多面，甚至于狂妄地想要做评价。伯林指出，针对历史中的个人之渺小与无力，巴特菲尔德提出了“无效论证”，即人的选择与决定通常并没有效果；针对历史学家，他则提出了“无知论证”，指出史学家的所知永远只是沧海一粟，根本不可能从千头万绪的因素中整理出个人应该负的责任。这两套论证，分别取消了个人的责任以及历史学者作评价的可能性。[11]

[11] 一位《新史学》的审阅人质疑，巴特菲尔德固然相信历史学家对历史人物难以评价，但他未必认为个人不该或者不能为自己的作为负责。关于这个问题，由于笔者并未读过巴特菲尔德的著作，此处行文只能综述伯林的说法［见 *Liberty*，pp.133–136，中译本（转下页）

在伯林看来，如果说马克思与卡尔等人的思路强调个人以及史学家都受限于无所逃避的偏狭成见，因此评价为不可能，卸下了人的评价责任，巴特菲尔德则诉诸人类的软弱与无知，认定“人的难局”才是历史中真正发生作用的核心因素，一样卸下了人的责任（134）。这两种观点虽然旨在强调人的认识与能力之有限，不过其涵蕴则是直指价值判断的主观性、相对性：没有任何一种评价的标准，在客观上比另外的标准更为妥当。伯林称此为一种“对历史客观性的一般怀疑论”（137n. 1）。从这里，伯林开始讨论相对论的议题。

3. 价值相对论：历史学家评价的主观与客观

在历史决定论与人力无效论的影响之下，历史所呈现的面貌、历史人物的作为似乎都不容许价值评断。那么历史学家是不是也受到了同样的影响，受制于决定论与无效论，结果不能进行评价工作呢？伯林认为，历史学家无法逃避评价这件事，因为评价的范畴乃是内建在他所使用的语言之中的。

（接上页）第 148—152 页］。而伯林本人两次说到巴特菲尔德持某看法时，都表现出异常的审慎（“如果我对他的理解正确”，p. 133；“除非我严重地误解了他的著作”，p. 135, n. 2）。无论如何，如果当事人（即便受到过太多的干扰因素作祟）需要为自己的作为负责，那么历史学家也很难以受到同样的干扰因素作祟为理由，放弃道德评价的责任。至于历史人物的责任问题，从韦伯的“责任伦理”的角度来看，个人并不可以用自身的“渺小”为理由解脱责任。但这中间的问题相当复杂，在此只能搁置。

> 因为我们的历史语言，我们试图用来对过去的人或事进行反思与描述的词语和思想，体现着道德的概念与范畴——也就是各类标准，它们有些永久，有些暂时——其根深蒂固一如其他的价值概念。（144；中译本第161页，译文经修改）

不过，这些评价的原则与字眼，是不是都是主观、相对的？是不是如流行的相对论所言，史学家使用的方法、概念、观点、评价标准，都受制于时代与文化？对于这一点，伯林的答复分两方面。在消极的一方面，他提出了某种逻辑或者概念性格的论证，即主观、相对这些概念都是对比性的概念：如果客观并无可能，一切都是主观，那么主观本身会变成一个没有意义的概念；如果一切皆属于时代所决定，随时代而变迁，那么除非预设了一种超越时代的标尺，你根本无从指陈时代带来了改变。换言之，在相对论的模式之下所谈的历史相对性或者主观相对性，其实都预设了某种跨越相对、跨越主观的客观性视野。结论是相对论其实是一种在逻辑上不可能自圆其说的想法。在积极的一方面，伯林则提出了各种文明之间仍有“共同的假设”，足以作为沟通的基础：

> 只要我们自许理解别人的标准……自许懂得不同的传统及态度的代言人告诉我们的一切，自许理解他们为什么想其所想、说其所说，那么，只要这类自许并非错到离谱，其他文明的“相对主义”与“主观主义”并不能排除我们与他们共享某些基本的假定，使我们足以与他们进行沟通，

> 足以达到一定程度的理解与被理解。这种共通的基础正是被正确地称作客观性的东西。靠它，我们才能指认别人与别的文明起码是人性与文明的（152；中译本第170页，译文经修改）。

这个“共通人性”的看法，在该文中伯林着墨不多，不过却是他始终很重视的一个基础性概念。[12]在这里他似乎是说，如果竟有超出了共同人性的所谓相对、所谓主观，那这种相对与主观也不值得列入考虑。因为这种在共通人性之外的主观与相对，无足以证明在共通人性范围之内不能有客观与绝对的判断。

伯林没有忘记，历史决定论本身在价值判断问题上也有可能流为相对主义。无论是宇宙论的决定论，或者社会学的决定论，既然认为一切事件都有其发生的客观道理，没有个人做选择、负责任的余地，那么史学家如果还想使用评价语言，岂不只是剩下表达“喜欢”或者“讨厌”等情绪层面的形容？甚至于为了避免这种情绪反应，无妨接受再教育，让个人所认同的价值正好配合事件的发展结果。从这种荒唐的假想，伯林认为历史决定论到最后会沦为道德情绪论，并且有完全顺从现实之虞（153—154）。

[12] 特别是在他讨论多元论与相对论的著作中，例如“Alleged Relativism in Eighteenth-century European Thought,” in *The Crooked Timber of Humanity* (London: John Murray, 1990), p. 79ff.。

三 个人与历史

伯林有没有驳倒历史决定论与历史评价的相对论呢？多年之后，他自己再三解释：

> 我的论点并不像我的一些最激烈的批评者所主张的那样，即认为决定论肯定是错的（我仍然无法证明这一点）；我的论点只是说，支持决定论的那些论证还不是结论性的；而且，如果它真的成为一个广泛接受的信念并进入一般的思想与行为结构中，那么，某些居于人类思想核心部分的概念与词语的意义与用法，将要么变得过时，要么被根本改变。（4—5；中译本第5页）
>
> 我从未否认（也从未考虑过）这样一种逻辑的可能性：有一些版本的决定论在原则上……可能的确是关于人类行为的妥当理论；我更不认为我已经驳斥了决定论。……我不知道有支持决定论的最终论据。但这并不是我的论点。（21；中译本第24页，译文经修改）

那么他的论点究竟是什么呢？他提出了明确的非决定论“史观”吗？

答案应该是否定的。伯林对决定论、无效论以及相对论的批评都相当一般性，失之于含糊，以至于无法推出明确的、有排除效力的结论。首先，他以道德语言的存在事实为根据，强调任何人不可能一致地主张决定论：

> 人类从来在日常谈论之中就视选择自由是理所当然之事。我进一步论证道，如果人们真的坚信这个信念是错误的，那么，这种发现所要求的基本词汇和观念的修正与变革，要比当代大多数决定论者意识到的似乎更大，也更具破坏力。除此之外我没有多说，也不想多说。（6—7；中译本第 7 页）

伯林的论证是说：道德评价语言的存在，显示（要求）至少有一些个人自由选择或者个人影响历史的个例存在，因此至少对这些个例，历史决定论不适用。但是这个说法并没有排除历史决定论还是有适用的情况。问题是在于：伯林把历史决定论看作一种普遍性的主张，有如自然科学定律，不容例外。然后他一方面认为道德语言的适用构成了决定论的否证，另一方面却不考虑也许确实有道德语言不适用而决定论却适用的情况。要理解人的自由意志与外在的因果力量之间的关系，并不能靠简单的二分法，以为道德语言的存在与不可替换，即足以否定外在非人力因素的决定性作用。其实，有时候人的意志可以自行做主，但也有很多——太多——时候，历史规律与社会力量会决定人的意志与行动。单从自由意志，不能说明历史，一如单从决定论的逻辑，也无法说明历史一样。伯林的论证成功地驳斥了那些最绝对的决定论版本，但自由意志以什么方式面对庞大的历史与社会决定性因素，在他这种论证模式中根本无从提问。

其次，伯林强调，追问个人的意图与目的等，乃是理解人类的行为与选择的必要条件。他也强调特定的脉络与背景，能决定什么历史诠释是“可能的”、是合乎“历史感”的，亦即脉络与背景即使不会决定什么事情会发生，也可以影响甚至于否定什么样的事情可能发生或者不会发生。[13]这当然完全正确。但是指出这些脉络与背景包括哪些事物，它们又如何影响个人的意图与行为，乃是任何一种历史观点的一个关键部分。决定论史观或许过分突出这些因素的决定性力量，可是没有任何史观能完全抹杀这类脉络与背景的角色，因此在“决定”与“自由”之间似乎构成一个光谱，容许多种的可能。承认理解与评价在历史工作中的关键地位，足以排除绝对的决定论，却尚不足以判断什么样的历史观才是最合理的。伟人史观与平民史观强调某些英雄人物或者庶民的感受与意图具有历史意义，都不是严格意义上的决定论，但是如何借由这些不同范畴的人物去说明历史，当然又牵涉到个人与历史的关系要如何设想，简单地承认脉络与背景的重要性，并不足以说明历史解释的要件。

第三，伯林认为历史乃是对于个人或者人群之活动与经历的描述和理解；历史所处理的乃是个人及其活动。这一个论点直接支撑着他关于责任与评价的坚持，可是这种由个人所构成的“历史”要如何理解，在伯林笔下却还是模糊的，值得在此略作讨论与分辨。

---

[13] 这是伯林在他的《历史是科学吗？》一文中的主要论点：“如果你看不出在一个时代有可能的事，到了另外一个时代可能完全无法想象，那么——对于社会生活、人类思想、经济成长或其他序列在发展时事实上或必然要遵循的唯一可能方式的了解，便遗漏了某些普遍而基本的东西。”伯林指出，这种相信历史具有某种客观秩序的想法，是产生历史决定论的源头之一。（见上文注5所引中译本第11—13页。）但另一方面，这种“秩序感”又正是史家的本分所在。（第42页）“把已知的事实安排出一个秩序来”，并且这种秩序不是来自统计、归纳或者套定律，其妥当性“在于我们的一般经验，在于我们对于人的态度和行为里表现出来的思想及行动习惯加以了解的能力，在于一般所谓的对人生的认识，对实在的体会”（第36页及其他多处）。

“历史”无论如何理解，都很难纯粹由个人所构成，因为有一些因素，虽然明显与人力无关，却也明显是历史的一个部分，任何历史探讨均不能排除之。首先，历史并不排除自然的、非人力的因素，例如生理、地理、环境、气候等；伯林完全承认这些因素对于个人的选择与责任构成某种或许重要但并非决定性的限制。其次，伯林也不会排除非人力但肇因于人力的因素，其中包括了“非预期的后果”，包括了当事人并不理解自己的行为或者起因（26）等关于人类的事实。这两类因素都是历史的一部分，也或深或浅地影响历史，不过伯林可以把它们看作外在于个人的因素，因此对于人的自由与评价并不构成严重的问题。

但是历史还包含一类因素，那就是来自于人却又不能等同于个人的历史力量。在这方面，伯林的态度如何呢？

显然，他必须在历史与传记之间有所区分，所以，他不能把历史局限于个人；他也要承认“大量的不特定个人”甚至于个人的结合 [例如社会（157）] 也就是各种集体在历史中的意义与角色（97）；他也应该会要求“选择”与“责任”的概念能够附加在其上。不过，把个人的行为归结于本身不能分解为个人行为的“非人的社会力量”（impersonal social forces）的行为，乃是伯林坚决反对的（26）。由此可知，他眼中的历史并不局限在个人身上，但是他显然接近某种方法论上的个体论，要求集体性格的概念能够化约为个体。可是他所能接受的集体性概念范围有多广呢？在此，我们不谈他所列出的目的论或者形而上学的决定论。他随手举出的历史决定论例子——诸如“种族、肤色、教会、民族、阶级，气候、灌溉方式、科技、地缘政治的位置，文明、社会结构、人类精神、集体无意识。”（114）——也可以排除在外。但是，当他谈到历史决定论的“经验论证”，尤其是“伟大的社会学历史理论（the great sociological theories of history）（158）时，我们会注意到，他的批评对象尤其不确定，几乎无所不包：从孟德斯鸠以降，所有的唯物论与科学主义史观、19 世纪的圣西门主义、黑格尔主义、孔德、马克思、达尔文、自由主义经济学家、弗洛伊德、帕累托、索雷尔、法西斯主义；人类学与社会学的研究、知识社会学，乃至于“集体精神、20 世纪之神话、‘价值的崩溃’、信仰的危机、现代人、资本主义的最后阶段”似乎都涉嫌入罪（158）；各种伟人论、阶级论、群众论、战争、革命、专政（159）——不胜枚举的例子与文化现象，都被伯林划入这个纷杂奇怪的组合之中，他指责这些都是“庞大超人力事物的神秘存在”（occult presence of vast impersonal entities）。

读到最后，我们发现，伯林的意思可能只是说，如果你要推卸责任，这些都可以作为借口。但是我们需要反问：只因为这些概念所指的现象或者力量，都属于人的非意图因子，或者由人的并非出于计划的互动所产生，不能化约到任何一个或多个个人的意图或者目标，那么它们的存在地位（ontological status）真的因此就可以怀疑、否定吗？轻率地把它们归为“新物灵论”（new animism）（158），我们岂还能有意义地谈论社会与历史？而如果我们坦承这些因素在历史中确实扮演着角色，我们在什么意义之下仍然可以坚持个人——或者个人的组合——的自由与责任呢？伯林担心它们沦为否定个人自由的借口，因此将它们的地位与意义一笔抹杀；但我们希望知道，如果必须承认这类社会与文化的宏观现象在影响历史的进程，我们该如何为作为历史角色的个人维持一个自主的空间？

伯林的问题所在逐渐清楚了：他无法把历史彻底地化约到个人的层次，因为他知道有许多在个人之外或者之上的因素在历史中发挥着重大的作用；但是他担心这些因素有可能阻碍——无论是由于这些因素本身的存在地位可疑、或者是由于遭利用——个人的自由选择与历史责任。面对这种忧虑，伯林理应探讨个人与这些因素的关系究竟是什么，但伯林并没有面对这个问题。

四 自由主义如何看待历史

身为自由主义者，为什么伯林没有正面处理个人与历史的明确关系？他对历史与自由的想法，对一般自由主义有什么启发？表面上看，他坚持个人或者人群面对历史能做选择、能负责任，应该是自由主义看待历史的一个必要条件：如果个人在历史中无法做自由的决定，又或者虽然做了决定却对历史的发展变化毫无意义，只能如同刍狗，由天地外力之不仁所捉弄，自由主义关于个人道德地位的信念岂不显得蹈空而滑稽了？不过我想指出，自由主义不必如伯林一般，由于坚持这个条件，便对于历史做并不切实际的理解，认为历史现象与历史变化都要能够化约为或者回溯到个人的抉择。相反，自由主义应该追问人类做选择与决定是怎么一回事，而这样的选择与决定又是如何“介入”历史、具有历史意义的。必须承认，个人通常不能直接影响历史的进程，但是个人的选择与行为却仍然可以具有主体介入历史的意义，是有责任与是非对错可言的。

伯林对于历史决定论的主要批评在两方面：历史决定论认为历史自有秩序或者规律，这类秩序或者规律或（1）决定了个人的意志与作为，或（2）自行运作而不受个人的意志与作为之影响，从而淘空了人类行动的历史意义。（还有一种不可知论的可能，即个人意图与历史的关系太复杂，故根本无从掌握。）但是伯林对于个人意图与作为的理解方式，忽略了“意图”、“作为”等现象牵涉到了什么，以及个人作为历史中的主体与历史的关系之多样。伯林对于意志的自由与有效，完全从“阻碍之阙如”来做理解。例如他说：

> 行动的自由并不仅仅取决于这类或那类致命的阻碍（如物理的或生物的）之不存在，而别的阻碍（比方说心理障碍，如性格、习惯、强迫性的动机等等）仍然存在；它需要的是这样一种情境，在其中此类的原因之总和并不至于全然决定结果，也就是说，在其中，仍然存在着某个领域，不管多么狭窄，选择不是完全被决定的……如果我说“我不得不做如此这般的选择”是正确的，那么我便没有自由。说在决定情势的因素中有我的性格、习惯、决定、选择等等，这无疑是正确的，但这对事情并不能有所改变，或者说，在唯一相关的意义上，并不能带给我自由。（116n；中译本第 130 页）

这个说法将“自由的选择”与“由内在、外在原因决定”做了二分，自由的选择与内外在原因的决定（阻碍）显得非此即彼不可兼容，于是选择变成只需要“空间”的问题。可是“选择”到底是怎么一回事？“选择”岂不正是个人主体与多种类的环境因素（包括内外因）的有意识的互动吗？

伯林强调，人的行为一定涉及当事人的意图与目的。但是很明显的，在从事选择与决定行动的时候，意图与目的不可能只是冲动（impulses）或者欲望（desires）；它们一定包括了如此选择与行动的理由，并且这种理由不会简单到只是陈述欲望、偏好，而是评价性的理由，对于自己的抉择与作为提供价值上的依据，其中反映的包括了自己的自我形象、对环境的理解、对于行为各种选项的衡量、对于行为本身的评价、对于结果的期待等众多评价性的因素[14]。在这些思虑与价值认同之背后，是不是有着客观因素在发挥强大的影响甚至塑造作用呢？当然极可能有，可是由于当事人要为自己的思虑与价值观寻找评价性的理由，而不只是描述自己当下的感受与欲求，这些因素在原则上会受到当事人的评价性的检验。这个过程不会有一个终点，让当事人完全透明地看清楚并且评价所有可能影响他的外在、内在因素，可是只要这个过程能够进行，个人就在一定的条件之下面对各类的环境因素做主动的理解与评价，修改自己的意见，但也可能拒斥外在的环境。"选择"涉及这种与环境因素的互动与评价，并且常常导致对于环境因素的批评和抗拒。这样比较复杂的互动的关系，不是伯林那种在环境因素与自由选择之间作截然二分的思路所能掌握的。

伯林简化了个人与历史之间的互动关系，结果也影响到了他对于历史这件事的理解。他所批评的各种决定论将历史设想为自有其

---

[14] 有类似想法的哲学家不在少数，明确的论证请见 Charles Taylor, "The Concept of a Person," in *Human Agency and Language: Philosophical Papers 1* (Cambridge: Cambridge University Press, 1985), pp. 97–114。

秩序、规律或者其他形而上原动力的自足系统，伯林则盼望在历史之中为个人的自由且有效的选择、行为保留余地，于是简单地假定了历史乃是个人抉择与行为的后果。但是在（1）强调历史的自主发展，与强调（2）个人对历史的自主作用这两者之间，是不是还有第三种设想历史的方式？

近代历史意识的发展历程，在此产生了意想不到的模拟。伯林对于个人与历史、社会的看法，不自觉地复制了早先社会契约论的一些思路，特别是个人的自足自主、意志的有效，以及社会与历史可以经由个人的意志的效用来说明。他所批评的历史决定论，则主要表现在18世纪启蒙运动的理性主义、科学主义史观，认为历史自有其普遍性的原理或者规律，不受个人的意志左右。如果说后者完全疏忽了个人的作用、物化了历史，而前者则简化了人与历史的互动关系。在伯林所大力发掘与推许的“反启蒙”思想潮流中，反而可以窥见上述的第三种历史观的雏形。

在近代的历史意识的变革过程中，反启蒙思潮相当重要。伯林笔下畅谈反启蒙思潮对近代历史意识所产生的革命性作用，包括了对启蒙式“科学主义”的批判，对于个体特殊性的重视，以及强调个人与周遭环境的互动构成了个人的个体性正身。由于批评启蒙的科学主义，反启蒙思想家强调对于人类行为的理解必须要采取“内在观点”（inside view），也就是从当事人的意图与目的着手，不能仅仅着眼于外在的事件与规律；这一点，构成了伯林反对“历史学作为科学”的主要论点，在他处有深入的发挥。[15] 由于着重特殊性，反启蒙思想家注重特定历史阶段、特定社会的独特之处，拒绝用普遍主义的标准去理解和评价历史；这一点，伯林在讨论民族主义与浪漫主义的著作中多有触及。由于强调个人与环境的互动，反启蒙思想家注重个体的活动会逐渐形成集体、客观的制度，而这类制度又会塑造具有时空特殊性的人性。最后这一点，有助于厘清历史与个人之间的关系，在伯林关于历史性质的著作里却正好没有加以发展。

伯林讨论决定论的时候，认为一切被设定的“超个人”力量都具有决定论的含意。可是在反启蒙思想家心目中，社会与历史所表现的“超个人”力量，与目的论、形而上学，以及科学主义的“超个人”力量，在性质上并不相同，并且有其正面的功能。维柯强调历史与社会是由人所创造，所以构成了真正的知识对象。伯林充分意识到这个问题值得探索：“我们大可以问：在什么意义上，人‘创造’了自己的历史？”[16] 他针对“人创造历史”这个概念提出了一连串的问题与质疑，认为维柯并没有清楚的答案。

但是到最后，他只注意到这个问题的知识论涵蕴，凸显了关于人的知识必须不同于关于自然物体的知识。可是值得强调，按照反启蒙的思考逻辑，“人创造历史”预设了个人与超个人力量的相互创

---

[15] 见《历史是科学吗？》。上引中译本第 43 页，英文见 *The Proper Study of Mankind: An Anthology of Essays*, p. 48.

[16] Isaiah Berlin, *Against the Current: Essays in the History of Ideas*, Henry Hardy, ed. (Oxford: Oxford University Press, 1981), pp. 115ff.

造关系。它一方面指向一种对社会制度与社会力量的理解方式，强调制度与文化乃是无数个人行动的结果，但是并不假定每一个特定、有名个人的行动一定是具有历史意义的、能影响历史的。另一方面，由于个人与环境的互动牵涉到了意图与目的，也就牵动到了个人对环境因素的诸多评价性的诠释与迎拒，因而需要对这种“创造”做最宽泛的理解，不必斤斤计较“创造”即是“有结果的影响”。相反，个人是以主体的身份面对历史的趋势与力量，即使对历史并没有明确的影响，却依然可以对历史有所反应、对抗、论述、评价；这些努力可能失败，可能毫无具体可见的结果，却仍然表达了主体对于历史的看法、感受与态度，正好构成了历史的一个真实部分。不把人的这些努力视为“介入”历史，无异于把历史视作成功者的功绩簿，否定了无数小人物乃至于失败者的作为与看法一样在“活出”历史，同样在历史中有其合法的地位。历史不只是人的作为与遭遇，也包含了人对于遭遇与作为的评价和反应。伯林正确地指出，人的活动之特色在于意图与目的；可是重视意图与目的，也即是重视人作为历史主体的身份。伯林关于人的自由的想法，没有凸显人如何扮演历史主体，是一项重大的缺憾。

五 结论

《伯林传》的作者称《历史的不可避免性》是“为知识分子作为道德捍卫者（moralist）的辩解”。该文的论证说明，“人们如果对于自身作为道德主体的能力变得犬儒或者生疑，如果接受了一套看法，认为自己在道德上是木偶，是政治操纵者手里的傻瓜与玩具，他们护卫自由社会的意愿会被摧毁”[17]。确实，针对历史决定论对于个人行为之道德意义的否定，伯林提出了广泛的反击，试图为个人的自由选择维持应有的空间。如果个人在历史中只有消极、被动的角色，面对各种外在势力，个人的判断能力与道德地位不再具有最高的权威，自由主义的现实意义将荡然无存。在这个意义上，伯林批驳历史决定论、人力无效论，乃至于价值相对论，当然是有高度现实意义的。

但是如何为个人在历史中找到积极、主动的角色？这不只牵涉到历史是不是有规律可言，更牵涉到个人在历史脉络中的选择与行动本身是不是包含积极、主动的因子。本文认为，选择与行动不只是表达欲望与偏好，更包含着评价，呈现了主体对于客观环境的判断。这种判断构成了历史的重要部分，让历史不只系于事实上发生了什么事件，更将事件呈现为道德判断的对象，具备好坏是非的评价。在这个意义上，历史乃是一个具有道德色彩的世界。这个世界由个人所创造，也是个人施展自由与有效介入的世界。在这一点上，伯林的思路是失之于太消极了。

---

[17] Michael Ignatieff, *Isaiah Berlin: A Life*（New York: Metropolitan Books，1998)，p. 206.

后 记

《动情的理性：政治哲学作为道德实践》于2014年在台湾问世。这本书用中文探讨政治哲学问题，当然很盼望有机会与同样读写中文的大陆同道切磋。事实上，书中的不少章节，涉及了自由主义、普遍主义、哈耶克的演化论、施密特的政治观、施特劳斯对现代性的批评等，都是大陆学界所高度关注的议题，我在当初写作时即以大陆的相关争议为语境，也以大陆读者为对象。如今本书终于在大陆出版，能让大陆读者读到此书，我还是为了夙愿得偿而感到高兴。

在今天重读这些旧作，难免要自问：书里的观点是不是已经过时了？或许是因为几年来自己的关注移转到了其他主题，我发现昔日的观点并不需要很大的调整。我甚至相信，本书所提出的一些想法，例如如何掌握自由主义的道德意识，普遍主义究竟主张什么，普遍主义与相对主义、多元主义的关系，演化论所造成的道德评价难题，“承认”与多元文化主义的界线，还有对“美好生活”这个概念的检讨等，仍然有其一得之见。我的论述很可能无法令读者满意，但我盼望他们会觉得有一些参考的价值。

如今看来，原书最令我觉得不足的部分，应该是“导论”。问题出在我想用“导论”综合性地表达一些基本的观点，于是在有限的篇幅中，谈到了正面道德与负面道德的对比，谈到了政治与道德的关系，谈到了情感（特别是同情）在政治哲学中的角色；这些都是过于庞大的题目，需要更深入、更分析性的论证，当时与今天都力有未逮，只能寄望于来日。不过“导论”曾经提出一种设想“人”的方式，堪称全书的立足点，如今利用书后篇幅，我想稍做补充，提请读者注意。

在“导论”中，我提出了“人本主义”这个观点，分别说明了这种人本主义如何理解“人的生活”，以及这种对于人的理解如何挑战政治哲学应该采取的道德态度。我强调，所谓“个人”，不能简化到人格、理性、意志等从具体生活抽离出来的单薄概念。所谓具体生活，是指每个个人的一生都在过一场有起始有终点的生活，生老病死是其必然的结构，每个人都有需求与向往，在日常生活中历经各种感受与遭遇，有的人尽力追求终于有所成就，但多数人得承受各种剥夺、挫败与伤害，不能够充分发挥生命赋予的众多可能性。因此，针对每个个人，与其设定高远的人生理想，不如踏实地追问“活得好不好”。关怀个别个人的生活情况，乃是道德的第一要求。政治哲学的道德关怀，就表现在如何针对政治制度思考，设法回答这个问题。一种政治哲学，如果接受人本主义，承认“个人具有最高的价值”这个原则，其实就是强调“活得好不好”这个问题乃是政治哲学最重要、最需要优先考虑的道德问题。沿着这个思路，我希望把政治哲学拉回现实人生。

但是，我在书中对“人的生活”这个概念的描述，浮泛而缺少理论的架构。其实理论架构是现成的：我可以直接借用努斯鲍姆所提出来的一种她称为“厚实、含糊的人性观”，一样可以表达我的想法，读者也可以得到一种相当成熟的理论范式作为参考。在我看来，这种源自亚里士多德以及马克思的人性观，比起一般关于人性的想象有一个突出的特色（更是优点）：它不用心灵、理性、自我意识等不着形体的概念界定人性，而是从物种的角度看人，把人的生命看成马克思所谓的“物种存有”（类存有，species being），从而人类与众多动物一样，是一种肉体生命的形态。但是人类进行生命活动自有其属于人类的方式；人类的特色并不在于我们不从事其他动物所做的事，也不在于只有人类会思考、会推理、会说故事，或者如18世纪维柯所言，会结婚、会宗教崇拜、会埋葬死者。从物种的角度出发，可以看出人类的生命涵盖了生物的面向、动物的面向、理性与社会的面向，甚至超越的面向。从物种的角度，方能够把人性的这些面向都纳入视野，“人”的存有才能呈现其应有的厚实。这种人性观设法寻找人类生存一些必备的状态与活动，努斯鲍姆称之为“运作”（functionings）。她列举出来的运作，包括了活着（“活”本来就需要勉力而为），肉身机能（饮食、营养、遮蔽身体、性生活、移动），感知到愉快与痛苦，进行认知（知觉、想象、思考），从幼小时期长大成人，从事评价、选择与创造，与其他人类建立各种关系，与其他动物以及大自然互动，从事娱乐休闲，等等。这样的人性观仍然保持着模糊性格，因为随着时代、环境、发展程度等条件，以及个人选择的不同，人类的运作不可能用一张清单罗列穷尽。不过，任何对人性的理解，都不能摆脱物种给人类设定的这些需求与限制。

在这里，我不能也不必讲述努斯鲍姆理论的全貌。但是需要指出的是，从物种的角度所理解的人性，要比政治哲学中诸如康德、罗尔斯、效益主义等理论所理解的人性观来得全面、厚实。进一步而言，努斯鲍姆强调，“物种”这个概念不仅是描述，也提出了评价性的标准；从物种出发的生命观，对于该物种所属个体的生活是可以判断其好坏、成败的，也即判断一个个体“活得好不好”。这是因为，只要对于“人类”这个物种有一些直观的认识，我们对于人类应该享有的生活状态与需要从事的活动，就掌握了一些明确但容许模糊、弹性却又不失其严格的标准，即使只是门槛意义下的标准。每一个个人都期待能在起码的程度上维持温饱与健康，生命安全受到保障，有机会受教育，培育认知与感情的能力，病痛时能找到医药，拥有生活所需的技能、常识和劳动机会，在社会上获得尊重与帮助，与他人能平等往来，知道如何表达情感，在公共生活中有立足之地，等等。当一个人在这些方面无法达到起码的标准，我们会说他并没有过上“人”应该过的生活。这时候，他失去了作为人不应该被剥夺的权益以及尊严；换言之，他活得不够好。这里所谓的“不够好”，不正符合了霍布斯所描写的“孤独、匮乏、污秽、野蛮、短命”的状态？

不容讳言，在世界各地，还有不少人陷身在这种“次人”的生活状态中，这是今天人类的道德意识必须因应的挑战。政治哲学根据这样的道德意识，设法落实“个人具有最高的价值”这项原则，其实是一种非常踏实、具有强烈现实感的道德实践。这时候，上述从物种角度出发的“厚实、含糊的人性观”，提供了很好的标尺，值得政治哲学的研究者重视。

本书在台湾出版之后，李筠、陈晓旭、曾瑞明、马华灵、林垚等几位年轻的同道曾撰写书评或者私下通信，对全书或其中的某些部分提出批评，让我受益很多，我却一直未能妥当地回应。在此，我要向他们表达迟到的谢意与歉意。多年来，劳烦三辉图书的几任编辑为本书费心，直到最近的王倩蔚，仍在细心校读一些不够晓畅的表达方式，我也要致上感谢。

钱永祥

2020 灾难之年于南港

参考文献

中文部分

水亦栎，2004，《政治与哲学：甘阳和刘小枫对斯特劳斯的两种解读》，《开放时代》第3期，第53—70页。

甘　阳，2003，《政治哲人施特劳斯：古典保守主义政治哲学的复兴》，香港：牛津大学出版社。

托洛茨基（Trotsky，Leon），出版年不详，《他们的道德与我们的道德》，香港：信达出版社。

江宜桦，2001，《自由民主的理路》，台北：联经出版公司。

牟宗三，1968，《心体与性体》第一册，台北：正中书局。

牟宗三，1983，《中国哲学十九讲》，台北：台湾学生书局。

牟宗三，2003，《中国哲学的特质》，台北：联经出版公司。

余英时，1987，《中国思想传统的现代诠释》，台北：联经出版公司。

余英时，2004，《中国知识人之史的考察：余英时文集第四卷》，沈志佳（编），桂林：广西师范大学出版社。

伯　林（Berlin, Isaiah），1981，《历史是科学吗？》，钱永祥译，《历史学与社会科学》，第1—55页，台北：华世出版社。

伯　林（Berlin, Isaiah），2003，《自由论》，第104—185页，胡传胜译，南京：译林出版社。

伯　林（Berlin, Isaiah），2004，《现实意识》，第37—80页，彭淮栋译，台北：脸谱出版。

李明辉，2001，《当代儒学的自我转化》，北京：中国社会科学出版社。

汪　晖，2008，《去政治化的政治：短20世纪的终结与90年代》，北京：生活·读书·新知三联书店。

周保松，2006，《自由主义、宽容与虚无主义》，《中国学术》第22期，第1—39页。

周保松，2009/2013，《自由人的平等政治》，北京：生活·读书·新知三联书店。

金里卡（Kymlica, Will），2003，《当代政治哲学导论》，刘莘译，台北：联经出版公司。

金里卡（Kymlica, Will），2005，《自由主义、社群与文化》，应奇、葛水林译，上海：上海译文出版社。

林毓生，1983，《思想与人物》，台北：联经出版公司。

林毓生，1989，《政治秩序与多元社会》，台北：联经出版公司。

林慈淑，2005，《以撒·伯林的史论：从观念史的思考到决定论的批判》，《台大历史学报》第36期，第357—406页。

林慈淑，2006，《伯林与史家论“道德判断”：兼谈二十世纪英国史学的若干发展》，《台大历史学报》第38期，第219—270页。

韦 伯（Weber, Max），1991，《学术与政治：韦伯选集I》，钱永祥等译，台北：远流出版公司。

葛 雷（Gray, John），2002，《自由主义的两种面貌》，蔡英文译，台北：巨流图书公司。

徐复观，1977，《中国人性论史：先秦篇》，台北：台湾商务印书馆。

徐复观，1979，《儒家政治思想与民主自由人权》，台北：八十年代出版社。

徐复观，1985，《学术与政治之间》，台北：台湾学生书局。

殷海光，1966，《中国文化的展望：殷海光全集8》，林正弘（编），台北：桂冠图书公司。

殷海光，1990a，《殷海光书信集：殷海光全集10》，林正弘（编），台北：桂冠图书公司。

殷海光，1990b，《政治与社会（上）：殷海光全集11》，林正弘（编），台北：桂冠图书公司。

殷海光，1990b，《政治与社会（下）：殷海光全集12》，林正弘（编），台北：桂冠图书公司。

殷海光，1990c，《学术与思想（一）：殷海光全集13》，林正弘（编），台北：桂冠图书公司。

殷夏君璐，1990，《殷海光纪念集：殷海光全集18》，林正弘（编），台北：桂冠图书公司。

马克思（Marx, Karl），1997，《哥达纲领批判》，中共中央马克思恩格斯列宁斯大林著作编译局（编），北京：人民出版社。

特尔慈（Troeltsch, Ernst），1960，《基督教社会思想史》，戴盛虞、赵振嵩编译，香港：基督教文艺出版社。

努斯鲍姆（Nussbaum, Martha C.），2007，《逃避人性：恶心、羞耻与法律》，方佳俊译，台北：商周出版社。

汤一介，2003，《论儒家哲学中的内在性与超越性问题》，见张颂之（编），《二十世纪儒学研究大系，卷12，儒家哲学思想研究》，第587—597页，北京：中华书局。

黑格尔（Hegel, G.W.F.），1985，《法哲学原理》，范扬、张企泰译，台北：里仁书局。

冯耀明，1993，《当代新儒家的"超越内在"说》，《当代》第84期，第92—105页。

刘小枫，2002，《刺猬的温顺：讲演及其相关论文集》，上海：上海文艺出版社。

刘小枫，2009，《施特劳斯与中国：古典心性的相逢》，《思想战线》第35（2）期，第59—65页。

刘述先，1993，《理想与现实的纠结》，台北：台湾学生书局。

刘述先，1996，《当代中国哲学论：问题篇》，新泽西：八方文化企业公司。

刘述先，2001，《全球伦理与宗教对话》，台北：立绪文化公司。

德沃金（Dworkin, Ronald），2003，《至上的美德：平等的理论与实践》，冯克利译，南京：江苏人民出版社。

郑家栋，2000，《"超越"与"内在超越"：牟宗三与康德之间》，《中国文哲研究集刊》第17期，第339—369页。

邓正来，1993，《台湾民间社会语式的研究》，《中国社会科学季刊》第 5 期，第 88—102 页。

钱永祥，1992，《伟大的界定者：霍布斯绝对主权论的一个新解释》，《人文及社会科学集刊》第 5（1）期，第 87—127 页。

钱永祥，2001，《纵欲与虚无之上：现代情境里的政治伦理》，台北：联经出版公司。

钱永祥，2012a，《“道德进步”：一本书与一种历史观》，《政治与社会哲学评论》第 40 期，第 203—218 页。

钱永祥，2012b，《为什么道德要关注“受苦”？关于“道德进步”的一项补充》，《政治与社会哲学评论》第 41 期，第 207—213 页。

谢世民，1999，《论德我肯的资源平等观》，《人文及社会科学集刊》第 11（1）期，第 123—153 页。

英文部分

Abbey, Ruth. 2000. *Charles Taylor*. Princeton: Princeton University Press.

Anderson, Elizabeth S.. 1999. “What is the Point of Equality?” *Ethics* 109(2): 287-337.

Anderson, Perry. 1992. *A Zone of Engagement*. London: Verso.

Arendt, Hannah. 1977. *On Revolution*. New York: Penguine Books.

Barry, Brian M.. 2001. *Culture and Equality: An Egalitarian Critique of Multiculturalism*. Cambridge: Polity Press.

Benhabib, Seyla. 1992. *Situating the Self*. New York: Routledge.

Benhabib, Seyla. 1994. "Deliberative Rationality and Models of Democratic Legitimacy," *Constellations* 1(1): 26-52.

Benhabib, Seyla. 2002. *The Claims of Culture: Equality and Diversity in the Global Era*. Princeton: Princeton University Press.

Benn, Stanley I.. 1967. "Equality, Moral and Social," pp. 38-42 in Paul Edwards, (ed.), *The Encyclopedia of Philosophy*, vol. 3. New York: Macmillan.

Berlin, Isaiah. 1969. *Four Essays on Liberty*. Oxford: Oxford University Press.

Berlin, Isaiah. 1981. *Against the Current: Essays in the History of Ideas*. Oxford: Oxford University Press.

Berlin, Isaiah. 1990. *The Crooked Timber of Humanity*. London: John Murray.

Berlin, Isaiah. 1997. *The Proper Study of Mankind: An Anthology of Essays*. New York: Farrar, Straus and Giroux.

Berlin, Isaiah. 2002. *Liberty*. Oxford: Oxford University Press, 2002

Black, Antony. 1992. *Political Thought in Europe 1250-1450*. Cambridge: Cambridge University Press.

Brown, Henry P.. 1988. *Egalitarianism and the Generation of Inequality*. Oxford: Clarendon Press.

Butler, Judith. 1987/1999. *Subjects of Desire: Hegelian Reflections in Twentieth-Century* France. New York: Columbia University Press.

Calhoun, Craig. 1997. *Nationalism*. Minneapolis: University of

Minnesota Press.

Carter, Ian. 1999. *A Measure of Freedom*. Oxford: Oxford University Press.

Caute, David. 2013. *Isaac and Isaiah: The Covert Punishment of a Cold War Heretic*. New Haven: Yale University Press.

Cohen, Joshua. 2003. "For a Democratic Society," pp. 86-138 in Samuel Freeman (ed.), *The Cambridge Companion to Rawls*. Cambridge: Cambridge University Press.

Coleman, Janet. 2000. *A History of Political Thought: From Ancient Greece to Early Christianity*. Oxford: Blackwell.

Cooke, Maeve. 1994. *Language and Reason: A Study of Habermas's Pragmatics*. Cambridge, MA: The MIT Press.

Cracraft, James. 2002. "A Berlin for Historians," *History and Theory* 41: 277-300. Descombes, Vincent. 1980. *Modern French Philosophy*. Cambridge: Cambridge University Press.

Dworkin, Ronald. 1977/1978. *Taking Rights Seriously*. Cambridge, Mass.: Harvard University Press.

Dworkin, Ronald. 1981. "What is Equality? Part 2: Equality of Resources," *Philosophy and Public Affairs* 10(4): 283-345.

Dworkin, Ronald. 1983. "Comment on Narveson: In Defense of Equality," *Social Philosophy and Policy* 1 (1): 24-40.

Dworkin, Ronald. 1985. *A Matter of Principle*. Cambridge, Mass.: Harvard University Press.

Dworkin, Ronald. 2000. *Sovereign Virtue*. Cambridge, MA: Harvard

University Press.

Eccleshall, Robert. 1978. *Order and Reason in Politics: Theories of Absolute and Limited Monarchy in Early Modern England*. Oxford: Oxford University Press.

Elster, John (ed.). 1998. *Deliberative Democracy*. Cambridge: Cambridge University Press.

Evans, Richard J.. 2001. "Introduction," pp. ix-xlvi in E.H. Carr, *What is History* ?, 40th Anniversary Edition, Basingstoke: Palgrave.

Fanon, Frantz. 1966. *The Wretched of the Earth*. New York: Grove Press.

Fanon, Frantz. 1967. *Black Skin, White Masks*. New York : Grove Press.

Flew, A.G.N.. 1967/1970. *Evolutionary Ethics*. London: Macmillan.

Fraser, Nancy and Axel Honneth. 2003. *Redistribution or Recognition? A Political-Philosophical Exchange*. London: Verso.

Freeman, Samuel. 2003. "Congruence and the Good of Justice," pp. 277-315 in Samuel Freeman (ed.), *The Cambridge Companion to Rawls*. Cambridge: Cambridge University Press.

Galston, William. 2010. "Realism in Political Theory," *European Journal of Political Theory* 9(4): 385-411.

Gaus, Gerald F.. 2000, *Political Concepts and Political Theories*. Boulder, Colorado: Westview.

Gaus, Gerald F.. 2003. *Contemporary Theories of Liberalism*. London: Sage Publications.

Geuss, Raymond. 2008. *Philosophy and Real Politics*. Princeton and Oxford: Princeton University Press.

Goodin, Robert E. and Philip Pettit (eds.). 1997. *Contemporary Political Philosophy: An Anthology*. Oxford: Blackwell.

Gray, John. 1996. *Isaiah Berlin*. Princeton, NJ: Princeton University Press.

Gray, John. 1998. *Hayek on Liberty*. London: Routledge.

Greenfield, Liah. 1992. *Nationalism: Five Roads to Modernity*. Cambridge, Mass.: Harvard University Press.

Gutmann, Amy. 1980. *Liberal Equality*. Cambridge: Cambridge University Press.

Gutmann, Amy. 2003. *Identity in Democracy*. Princeton: Princeton University Press.

Gutmann, Amy and Dennis Thompson. 1996. *Democracy and Disagreement*. Cambridge, MA: Harvard University Press.

Hajdin, Mane(ed.). 2001. *The Notion of Equality*. Burlington, Vermount: Ashgate.

Hanley, Ryan Patrick. 2007. "Berlin and History," in George Crowder and Henry Hardy, eds., *The One and the Many: Reading Isaiah Berlin*, pp. 159-180. Amherst, NY: Prometheus Books.

Hayek, Friedrich A.. 1960. *The Constitution of Liberty*. Chicago: The University of Chicago Press.

Hayek, Friedrich A.. 1973. *Law, Legislation and Liberty*, vol. 1: *Rules and Order*. Chicago: The University of Chicago Press.

Hayek, Friedrich A.. 1976. *Law, Legislation and Liberty*, vol. 2: *The Mirage of Social Justice*. Chicago: The University of Chicago Press.

Honneth, Axel. 1995. *The Struggle for Recognition: The Moral Grammar of Social Conflicts*. Oxford: Polity Press.

Ignatieff, Michael. 1998. *Isaiah Berlin: A Life*. New York: Metropolitan Books.

Jahanbegloo, Ramin. 1992. *Conversations with Isaiah Berlin*. London: Phoenix Press.

Jünger, Ernst. 2008. *On Pain*. New York: Telos Press.

Kleinberg, Ethan. 2005. *Generation Existential: Heidegger's Philosophy in France 1927-1961*. Ithaca: Cornell University Press.

Korsgaard, Christine M.. 1996. *Creating the Kingdom of Ends*. Cambridge: Cambridge University Press.

Korsgaard, Christine M.. 2009. *Self-constitution: Agency, Identity, and Integrity*. Oxford: Oxford University Press.

Krasnoff, Larry. 2008. *Hegel's Phenomenology of Spirit: An Introduction*. Cambridge: Cambridge University Press.

Kukathas, Chandran. 1989. *Hayek and Modern Liberalism*. Oxford: Clarendon Press.

Kundera, Milan. 1998. *The Art of the Novel*. New York: Harper & Row.

Kymlicka, Will. 2002. *Contemporary Political Philosophy: An Introduction*. Oxford: Oxford University Press.

Larmore, Charles. 1987. *Patterns of Moral Complexity*. Cambridge:

Cambridge University Press.

Larmore, Charles. 1996. *The Morals of Modernity*. Cambridge: Cambridge University Press.

Korsgaard, Christine M.. 2002. "Public Reason," pp. 368-393 in Samuel Freeman (ed.), *The Cambridge Companion to Rawls*. Cambridge: Cambridge University Press.

Lecky, W.E.H.. 1917. *History of European Morals: From Augustus to Charlemagne*, vol. I. New York and London: D. Appleton and Co.

Lin, Yu-sheng（林毓生）. 2001. "A Dialogue between Kant and Confucius (and Mencius) concerning Human Rights," paper presented at the International Conference on Political Philosophy, Beijing.

Lukács, György. 1972. *Tactics and Ethics: Political Writings 1919-1929*. London: New Left Books.

MacIntyre, Alasdair. 1984. *After Virtue*. Notre Dame, Indiana: University of Notre Dame Press.

Mansfield, Harvey C, Jr. 1978. *The Spirit of Liberalism*. Cambridge, MA: Harvard University Press.

Marshall, T.H.. 1997. "Citizenship and Social Class," pp. 291-313 in Robert E. Goodin and Philip Pettit (eds.), *Contemporary Political Philosophy: An Anthology*. Oxford: Blackwell.

McIntire, C.T.. 2004. *Herbert Butterfield: Historian as Dissenter*. New Haven: Yale University Press.

Mead, George Herbert. 1934. *Mind, Self, and Society*. Chicago: University of Chicago Press.

Michelman, Frank I.. 2002. "Rawls on Constitutionalism and Constitutional Law," pp. 394-425 in Samuel Freeman (ed.), *The Cambridge Companion to Rawls*. Cambridge: Cambridge University Press.

Mill, J.S.. 1982. *On Liberty*. Hammondworth: Penguin.

Mueller, Jan-Werner. 2008. "Fear and Freedom: On 'Cold War Liberalism' ," *European Journal of Political Theory* 7(1): 45-64.

Nussbaum, Martha. 2000. *Women and Human Development: The Capabilities Approach*. Cambridge: Cambridge University Press.

Nussbaum, Martha. 2001. *Upheavals of Thought: The Intelligence of Emotions*. Cambridge: Cambridge University Press.

Nussbaum, Martha. 2004 *Hiding From Humanity: Disgust, Shame, and the Law*. Princeton, NJ.: Princeton University Press, 2004.

Palmer, R.R.. 1973. "Equality," pp. 138-148 in Philip P. Wiener(ed.), *Dictionary of the History of Ideas*, vol. II. New York: Charles Scribner' Sons.

Pangle, Thomas L.. 2006. *Leo Strauss: An Introduction to his Thought and Intellectual Legacy*. Baltimore, MD.: The John Hopkins University Press.

Paul, Ellen F.. 1988. "Liberalism, Unintended Orders and Evolutionism," *Political Studies* 36(2): 251-272.

Phillips, Anne. 1999. *Which Equalities Matter?* Cambridge: Polity Press.

Pinker, Steven. 2011. *The Better Angels of our Nature: Why Violence has Declined*. New York: Norton.

Pinkard, Terry. 1994. *Hegel's Phenomenology: The Sociality of Reason*. Cambridge: Cambridge University Press.

Polanyi, Karl. 1957. *The Great Transformation: The Political and Economic Origins of our Time*. Boston: Beacon Press.

Rawls, John. 1971. *A Theory of Justice*. Cambridge: Harvard University Press.

Rawls, John. 1993. *Political Liberalism*. New York: Columbia University Press.

Rawls, John. 1996. *Political Liberalism*, with Introduction to the Paperback Edition. New York: Columbia University Press.

Rawls, John. 1999a "Social Unity and Primary Goods," pp. 359-387 in Samuel Freeman (ed.), *Collected Papers*. Cambridge: Harvard University Press.

Rawls, John. 1999b. *The Law of Peoples*. Cambridge, MA: Harvard University Press.

Rawls, John. 2001. *Justice as Fairness: A Restatement*. Cambridge, MA: Belknap Press.

Riley, Jonathan. 1998. *Mill on Liberty*. London: Routledge.

Riley, Patrick. 1982 . *Will and Political Legitimacy*. Cambridge, MA: Harvard University Press.

Ruse, Michael. 1996. *Monad to Man: The Concept of Progress in Evolutionary Biology*. Cambridge, Mass.: Harvard University Press.

Sakai, Naoki (酒井直树). 1997. *Translation and Subjectivity: On*

Japan and Cultural Nationalism. Minneapolis: University of Minnesota Press.

Scanlon T.M.. 2002. "Rawls on Justification," pp. 139-167 in Samuel Freeman (ed.), *The Cambridge Companion to Rawls*. Cambridge: Cambridge University Press.

Schneewind, J.B.. 1992. "Autonomy, Obligation, and Virtue: An Overview of Kant's Moral Philosophy," pp. 309-341 in Paul Guyer (ed.), *The Cambridge Companion to Kant*. Cambridge: Cambridge University Press.

Schneewind, J.B.. 1998. *The Invention of Autonomy: A History of Modern Moral Philosophy*. Cambridge: Cambridge University Press

Schwartz, Benjamin I.. 1975. "Transcendence in Ancient China," *Daedalus* 104(2): 57-68.

Sen, Amartya. 1992. *Inequality Reexamined*. Cambridge, Mass.: Harvard University Press.

Shklar, Judith N.. 1990. *The Faces of Injustice*. New Haven: Yale University Press.

Sikka, Sonia. 2011. *Herder on Humanity and Cultural Difference: Enlightened Relativism*. Cambridge: Cambridge University Press.

Singer, Peter. 1981/2011. *The Expanding Circle: Ethics, Evolution, and Moral Progress*. Princeton, NJ: Princeton University.

Spencer, Vicki. 2007. "In Defense of Herder on Cultural Diversity and Interaction," *The Review of Politics*, 69(1): 79-115.

Strauss, Leo. 1953. *Natural Right and History*. Chicago: The

University of Chicago Press.

Strauss, Leo. 1963. *The Political Philosophy of Hobbes*. Chicago: The University of Chicago Press.

Strauss, Leo. 1989. *An Introduction to Political Philosophy: Ten Essays*. Detroit: Wayne State University Press.

Taylor, Charles. 1975. *Hegel*. Cambridge: Cambridge University Press.

Taylor, Charles. 1985a. *Human Agency and Language: Philosophical Papers 1*. Cambridge: Cambridge University Press.

Taylor, Charles. 1985b. *Philosophy and the Human Sciences: Philosophical Papers 2*. Cambridge: Cambridge University Press.

Taylor, Charles. 1989. *Sources of the Self*. Cambridge, MA: Harvard University Press.

Taylor, Charles. 1992. *Multiculturalism and "The Politics of Recognition"* . Princetion: Princeton University.

Taylor, Charles. 1995a. "A Most Peculiar Institution," pp. 132-154 in J.E.J. Altham and Ross Harrison (eds.), *World, Mind and Ethics: Essays on the Ethical Philosophy of Bernard Williams*. Cambridge: Cambridge University Press.

Taylor, Charles. 1995b. *Philosophical Arguments*. Cambridge, MA, Harvard University Press.

Taylor, Charles. 1996. "Iris Murdoch and Moral Philosophy," pp. 3-28 in Maria Antonaccio and William Schweiker eds., *Iris Murdoch and the Search for Human Goodness*. Chicago and London: University of

Chicago Press.

Taylor, Charles. 1997. "Leading a Life," pp. 170-183 in Ruth Chang (ed.), *Incommensurability, Incomparability, and Practical Reasoning*. Cambridge, Mass.: Harvard University Press.

Taylor, Charles. 2004. *Modern Social Imaginaries*. Durham: Duke University Press.

Walzer, Michael. 1987. *Interpretation and Social Criticism*. Cambridge, Mass.: Harvard University Press.

Williams, Bernard. 1962. "On the Idea of Equality," pp. 110-131 in Peter Laslett and W.G. Runciman(eds.), *Philosophy, Politics and Society*. Oxford: Basil Blackwell.

Williams, Bernard. 2005. *In the Beginning was the Deed: Realism and Moralism in Political Argument*. Princeton and Oxford: Princeton University Press.

Williams, Robert R.. 1997. *Hegel's Ethics of Recognition*. Berkeley and Los Angeles, CA: University of California Press.

Wolff, Jonathan. 2005. "Economic Justice," pp. 433-458 in Hugh LaFollette(ed.), *The Oxford Handbook of Practical Ethics*. Oxford: Oxford University Press.

Zuckert, Catherine and Michael. 2006. *The Truth about Leo Strauss: Political Philosophy and American Democracy*. Chicago: University of Chicago Press.

索　引

主题索引

D

H

J

人名索引

A